Steve Blamires

Baum-Magie
mit dem
keltischen Ogham-Alphabet

Aus dem Englischen von Gabriele Brosza

Die Originalausgabe erschien unter dem Titel *Celtic Tree mysteries.
Secrets of the Ogham* bei Llewellyn Publications, St. Paul, USA.
© Steve Blamires 1997

Der Verlag übernimmt keinerlei Haftung für die im Buch gegebenen
Ratschläge und Rezepte.

*Für Helen mit dem goldenen Haar –
Träum', mein Liebling, träum'.*

Die Deutsche Bibliothek – CIP-Einheitsaufnahme
Blamires, Steve:
Baum-Magie mit dem keltischen Ogham-Alphabet / Steve Blamires.
Aus dem Engl. von Gabriele Broszat. – Kreuzlingen ; München :
Hugendubel, 2001
(Kailash)
Einheitssacht.: Celtic tree mysteries <dt.>
ISBN 3-8289-4157-5

Sonderausgabe 2001 für den Weltbild Verlag, Augsburg

© der deutschen Ausgabe Heinrich Hugendubel Verlag,
Kreuzlingen/München 2001
Alle Rechte vorbehalten

Umschlaggestaltung: Zembsch'Werkstatt, München
Produktion: Maximiliane Seidl
Satz: Impressum, München
Druck und Bindung: GGP Media, Pößneck
Printed in Germany

ISBN 3-8289-4157-5

Inhalt

Einführung 11

TEIL I 13

Kapitel 1: Die Ursprünge des Ogham 15
Die Zeichen des Ogham-Alphabets 20
    Das Baum Ogham 20
    Das Fluss-Ogham 21
    Das Farben-Ogham 21
    Das Festungs-Ogham 22
    Das Vogel-Ogham 22

Kapitel 2: Die Gültigkeit des Baumkalenders 34

Kapitel 3: Die Entwicklung des Baum-Ogham 39
Tabelle 1 – Die Baum-Alphabete aus dem Buch von
    Ballymote 40
Tabelle 2 – Das Bobel-Loth-Alphabet 42
Tabelle 3 – Das grundlegende Alphabet des Baum-Ogham   47

TEIL II 55

Kapitel 4: Die drei Ebenen der Bäume 57
Einführung in die Praxis 59
Das Baum-Ritual 63

Kapitel 5: Birke 67
Physische Ebene 67
Mentale Ebene 69

Spirituelle Ebene 71
Praktische Arbeit 72

Kapitel 6: Eberesche 75
Physische Ebene 75
Mentale Ebene 76
Spirituelle Ebene 79
Praktische Arbeit 82

Kapitel 7: Erle 84
Physische Ebene 84
Mentale Ebene 85
Spirituelle Ebene 88
Praktische Arbeit 89

Kapitel 8: Weide 90
Physische Ebene 90
Mentale Ebene 92
Spirituelle Ebene 94
Praktische Arbeit 96

Kapitel 9: Esche 97
Physische Ebene 97
Mentale Ebene 98
Spirituelle Ebene 101
Praktische Arbeit 103

Kapitel 10: Weißdorn 108
Physische Ebene 108
Mentale Ebene 109
Spirituelle Ebene 113
Praktische Arbeit 113

Kapitel 11: Eiche 115
Physische Ebene 115
Mentale Ebene 117
Spirituelle Ebene 120
Praktische Arbeit 122

Kapitel 12: Stechpalme 125
Physische Ebene 125
Mentale Ebene 126
Spirituelle Ebene 128
Praktische Arbeit 129

Kapitel 13: Haselstrauch 131
Physische Ebene 131
Mentale Ebene 133
Spirituelle Ebene 135
Praktische Arbeit 136

Kapitel 14: Apfelbaum 138
Physische Ebene 138
Mentale Ebene 139
Spirituelle Ebene 143
Praktische Arbeit 144

Kapitel 15: Weinstock 147
Physische Ebene 147
Mentale Ebene 148
Spirituelle Ebene 150
Praktische Arbeit 151

Kapitel 16: Efeu 154
Physische Ebene 154
Mentale Ebene 155
Spirituelle Ebene 157
Praktische Arbeit 158

Kapitel 17: Ginster 160
Physische Ebene 160
Mentale Ebene 161
Spirituelle Ebene 163
Praktische Arbeit 164

Kapitel 18: Schwarzdorn 166
Physische Ebene 166
Mentale Ebene 167
Spirituelle Ebene 170
Praktische Arbeit 171

Kapitel 19: Holunder 173
Physische Ebene 173
Mentale Ebene 174
Spirituelle Ebene 177
Praktische Arbeit 178

Kapitel 20: Föhre 180
Physische Ebene 180
Mentale Ebene 181
Spirituelle Ebene 183
Praktische Arbeit 185

Kapitel 21: Stechginster 187
Physische Ebene 187
Mentale Ebene 188
Spirituelle Ebene 190
Praktische Arbeit 191

Kapitel 22: Heidekraut 192
Physische Ebene 192
Mentale Ebene 193
Spirituelle Ebene 195
Praktische Arbeit 197

Kapitel 23: Espe 198
Physische Ebene 198
Mentale Ebene 199
Spirituelle Ebene 200
Praktische Arbeit 202

Kapitel 24: Eibe 204
Physische Ebene 204
Mentale Ebene 206
Spirituelle Ebene 207
Praktische Arbeit 209

TEIL III 211

Kapitel 25: Baumkombinationen 213
Praktische Arbeit 227

Kapitel 26: Der Wahnsinn des verrückten Sweeney 229
Praktische Arbeit 240

Kapitel 27: Bäume, die nicht im Baum-Ogham enthalten sind 244

Danksagung 248

Anhang 249
Wahrsagen mit den Ogham-Stäben 249
Über den Autor 253
Glossar 254
Bibliographie 262
Diskographie 266
Zeitschriften und Gesellschaften 268
Register 269

Verirrt euch nicht im Wald

Wenn Sie dieses Buch aufschlagen, haben Sie bereits einen Weg durch den dichten Wald der Keltischen Grünen Welt auf eine Lichtung gefunden.

Sie werden ein klares Verständnis vom Baum-Ogham und seiner praktischen Anwendung für geistiges Wachstum entwickeln. Mit dem Buch *Baum-Magie mit dem keltischen Ogham-Alphabet* werden Sie nicht im Dickicht verloren gehen. Es wird immer bei Ihnen sein, als ein Begleiter, der Sie immer wieder auf diese Lichtung zurückführen wird – an jenen besonderen Ort, an dem Sie über Ihre geistigen Errungenschaften und Bestrebungen nachdenken können.

Es soll Ihnen den Weg zu Ihrer eigenen Transformation weisen. Auf diesem Weg werden Sie ein enges Band und eine tiefe Verbindung zu den zwanzig magischen Bäumen des Baum-Oghams knüpfen. Diese tief verwurzelte Bindung befähigt Sie dann, sich in die höheren Ebenen spirituellen Bewusstseins zu verzweigen.

Die *Baum-Magie mit dem keltischen Ogham-Alphabet* bietet Ihnen – dem Reisenden auf dem Weg der Spiritualität – eine willkommene Erholung vom grellen Licht der irdischen Welt. Nehmen Sie sich die Zeit und ruhen Sie sich eine Weile unter den schattigen Ästen der Bäume des Oghams aus. Wenn Sie sich erfrischt und geerdet fühlen, fahren Sie fort – wachsen Sie weiter – hoch hinauf bis über die Wipfel der Eiche.

Einführung

Dieses Buch ist eine genaue Analyse des Baum-Alphabets – jener praxisnahen Magie, die wie kaum eine andere missverstanden wurde. Außerdem wird die gleichermaßen missverstandene Ogham-Schrift in diesem Buch behandelt, die häufig mit dem älteren Baum-Alphabet gleichgesetzt wird. Ich möchte aufzeigen, dass es sich hierbei in Wirklichkeit um zwei getrennte Systeme handelt, auch wenn sie sich für magische Zwecke miteinander kombinieren lassen. Doch über die akademische Diskussion hinaus soll dieses Buch auch ein praktisches Handbuch mit wichtigen und sinnvollen Informationen für die Arbeit mit Bäumen, Baum-Magie und der persönlichen geistigen Entwicklung sein.

Jede Form der Magie zielt nicht nur auf eine Veränderung der physikalischen Welt, sondern hat auch eine Änderung der Spiritualität des Magiers zur Folge. Diese einfache Tatsache wird gerne übersehen oder von jenen falsch verstanden, die Magie praktizieren. Laut keltischer Tradition sind die physikalische und die geistige Ebene untrennbar miteinander verbunden. Die eine lässt sich nicht ohne die andere berühren. Aus diesem Grund lege ich großen Wert auf die spirituelle Entwicklung des Magiers selbst. Diesen Umstand sollten Sie im Gedächtnis behalten, wenn Sie sich der praktischen Arbeit zuwenden. Am Ende des Buches werden Sie diese alte Form der Magie gründlich kennen und in Ihrem täglichen Leben anwenden können. So werden Sie sich auf spiritueller Ebene weiter entwickeln.

Bäume sind lebende, sich verändernde Wesen der Grünen Welt – und auch die mit ihnen verbundene Magie lebt und ändert sich. In diesem Buch wird ein System beschrieben, das im Laufe der Jahrhunderte immer weiter entwickelt und an die Veränderungen in der Gesellschaft angepasst wurde. So wie es hier dargelegt wird, ist es an unseren modernen Lebensstil angepasst und kein Versuch, einem bereits überholten System neue Relevanz zu geben.

Man könnte sagen, das Einzige, was seit den Tagen der alten irischen Druiden gleich geblieben ist, sind die Bäume selbst. Aus diesem Grund habe ich der Betrachtung der physikalischen Ebene der Bäume auch einigen Raum gegeben. Die meisten Leser haben sicherlich schon viele verschiedene Bäume gesehen, können einige davon namentlich benennen und erkennen sie vielleicht an der Rinde oder an der Maserung des Holzes. Dies sind hilfreiche Fähigkeiten, die das Verständnis von den höheren Aspekten der Bäume erweitern. Viele dieser Aspekte sind Ihnen jetzt vermutlich nicht bewusst. Die Lebensformen in der Grünen Welt können uns viel lehren; zu viel davon ist im Laufe der Jahrhunderte in Vergessenheit geraten, denn wir haben uns selbst von den Kräften um uns herum und in uns abgeschnitten. Ich hoffe, dass wir zusammen einen Weg gehen, auf dem wir dieses Ungleichgewicht wieder korrigieren können.

TEIL I

Kapitel 1
Die Ursprünge des Ogham

Wer die magische Tradition der Kelten bereits kennt, wird sich vielleicht wundern, warum die Ogham-Schrift und das Baum-Alphabet in diesem Buch getrennt erläutert und nicht – wie sonst üblich – als ein und dasselbe Thema behandelt werden. Die Gründe dafür werden später in diesem Buch genau dargelegt. Im Moment soll ein Überblick zum Ogham genügen: Wann und wie es verwendet wurde und was wir darüber wissen. Über diese Grundfragen herrschen häufig Verwirrung und Uneinigkeit, doch wenn Sie die Zusammenhänge verstanden haben, können Sie zu den mehr esoterischen Interpretationen des Ogham und seiner Verbindung zum Baum-Alphabet weitergehen.

Die Ogham-Schrift (*oh-am* gesprochen) besteht meist aus einer Reihe von Kerben oder Linien, die als *flesc* (flayshk) bezeichnet werden. Diese sieht man entlang einer vertikalen Grundlinie in aufrecht stehende Steine eingemeißelt, die man in ganz Irland und auf den Britischen Inseln gefunden hat. Sie sind die besten Zeugnisse für diese Form des Schreibens. Die Buchstaben selbst werden *feda* (fay-da) genannt, die Konsonanten heißen *tae-bomnai* (tay-bow-nih). Es gibt eine weitere Gruppe von Buchstaben, die *forfeda* (fore-fay-dah) genannt wird; dabei handelt es sich um ergänzende Zeichen, die in alten irischen Ogham-Manuskripten entdeckt wurden, auf den Steinen aber eher selten zu finden sind. Sie scheinen erst zu einem späteren Zeitpunkt in das Alphabet aufgenommen worden zu sein, eventuell um eine größere

Übereinstimmung mit den griechischen und lateinischen Alphabeten zu erzielen. Die alten Namen für die Kerben, Buchstaben und Konsonanten sind eventuell der Ursprung für die Verbindung zwischen den Bäumen und dem Ogham. Das Wort *flesc* bedeutet »Zweig«, *feda* bedeutet »Wald« oder »Bäume«, und *taebomnai* bedeutet »Seite des Baumstamms«. Wie wir später sehen werden, haben diese Bezeichnungen symbolische Bedeutung, sie beziehen sich nicht auf wirkliche, natürliche Bäume wie das Baum-Ogham.

Die Ogham-Schrift hat sich anscheinend nicht aus einer früheren Schreibform entwickelt, sondern steht für sich selbst wie ein einzelner Gedanke in einem komplexen System. Dies ist nicht so unwahrscheinlich, wie es zunächst scheinen mag. Die Entwicklung des Ogham in Irland fand zeitgleich mit der Einführung der lateinischen Sprache und des römischen Alphabets für kirchliche Zwecke statt. Als die Iren lernten, Latein mit dem römischen Alphabet zu schreiben, beschlossen damals vielleicht zur selben Zeit andere gelehrte Männer, eine Art keltische Schreibform zu entwickeln. Die ältesten bekannten Steininschriften basieren auf derselben Struktur wie das lateinische Alphabet, verwenden aber die primitive irische Sprache. Das primitive Irisch datiert aus einer Zeit vor dem 6. Jahrhundert, wobei alle bekannten Ogham-Steine aus der Zeit zwischen dem 5. und 7. Jahrhundert stammen, mit Ausnahme einiger piktischer Steine in Schottland, die vermutlich aus dem 9. Jahrhundert datieren. 332 in irischer Sprache mit Ogham beschriftete Steine wurden in Irland entdeckt, die meisten davon in Munster und jenen Gegenden, die von den Stämmen Deise und Laighin bevölkert waren. Es gibt 40 Steine in Wales, einige davon tragen eine gleich lautende Inschrift in Ogham und in römischen Buchstaben. Diese Waliser Steine befinden sich alle in Regionen, die von ursprünglich irischen Stämmen bewohnt wurden. In England gibt es acht Steine, auf der Isle of Man vier, und zwei in Schottland – plus zusätzlicher 27 Steine in Schottland, die in piktischer Sprache beschriftet sind. Diese piktischen Steine weisen denselben Stil auf wie die Ogham-Inschriften, aber da uns nichts von der piktischen Sprache bekannt ist, sind alle Versuche, sie zu übersetzen, fehlgeschlagen. In den letzten Jahren wurden in Nordamerika einige Ogham-Steine identifiziert, wodurch sich für die

Erforschung keltischer Migration ein ganz neuer Ansatz bietet. Doch dies soll nicht Thema dieses Buches sein.

Die geringe Anzahl entdeckter Steine bietet nur wenige Ansatzpunkte für die Untersuchung der Inschriften. Da diese Inschriften zudem ausschließlich aus Namen bestehen, ist nur wenig über die Grammatik und die konkrete Anwendung der Schrift zu erkennen. Aus diesem Grund müssen wir uns auf andere Quellen stützen, um diese Informationen zu erhalten. Davon gibt es glücklicherweise sehr viele.

Über die Ursprünge des Ogham und seiner möglichen Beziehungen zu den altnordischen und germanischen Runensystemen ist bereits viel geschrieben worden. Die Namen der Buchstaben sind aller Wahrscheinlichkeit nach aber irisch und scheinen nicht aus anderen Sprachen entliehen zu sein. Viel Aufhebens wurde auch um die Tatsache gemacht, dass das Ogham eine extrem mühsame und nicht sehr praktische Form des Schreibens ist. An diesem Punkt sollten wir uns allerdings vor Augen halten, dass das Ogham dazu gedacht war, kurze Inschriften an aufrecht stehenden Steinen anzubringen. Eine Reihe gerader Linien entlang oder senkrecht zu einer Steinkante einzumeißeln ist aber bedeutend einfacher als Kurvenlinien, Kreisformen oder verbundene Buchstaben in Stein zu hauen. Eine andere unwahrscheinliche Theorie lautet, Ogham sei eine Art magische Schrift oder Geheimschrift, die für die Druiden gedacht und nur von ihnen interpretiert werden konnte. Diese aufrecht stehenden Steine sollten aber eindeutig von allen Vorbeikommenden gesehen und gelesen werden können. Die Waliser Steine, auf denen die gleich lautenden Inschriften zusätzlich in Latein stehen, sind leicht zu lesen und zu verstehen.

Es gibt verschiedene Manuskripte, die als primäre Quellen für Informationen zum Ogham gelten, darunter *Auraicept Na nEces (The Scholar's Primer), De Duilib Feda na Forfid (Values of the Forfeda)* und *Lebor Ogham (Buch von Ogham)*. Diese Quellen werden im *Buch von Leinster* aus dem 12. Jahrhundert und im *Buch von Ballymote*, 1391 geschrieben, zitiert. Auch im *Buch von Lecan*, 1416 von Gilla Isa Mor Mac Firmis geschrieben, gibt es Bezüge auf das Ogham und auf viele frühere Werke. Im Grunde stammen alle Informationen über das Ogham aus diesen Manuskripten, die erst mehrere Jahrhunderte nach der letzten praktischen Anwendung des Ogham entstanden sind. Diese Quellen enthalten lange Abhandlungen über das Ogham, aber nirgendwo in diesen Büchern ist eine magische Interpretation des Ogham zu finden. Stattdessen liefern sie ausführliche und detailverliebte Diskussionen zur irischen Grammatik, Rechtschreibung und zum Satzbau. Wissend, dass diese alten Texte immer für drei Interpretationsebenen geschrieben wurden, lässt sich darin dennoch ein magischer Kontext erkennen, wenn wir *zwischen* den Zeilen lesen.[1] Im *Buch von Ballymote* zum Beispiel beginnt der Abschnitt über die Ogham-Schrift mit folgender Passage:

> Wann ist Ogham eins? Nicht schwer: in seiner Gesamtheit.
> Wann sind es zwei? Nicht schwer: Vokale und Konsonanten.
> Wann sind es drei Dinge? Nicht schwer: Vokale, Diphthonge und Konsonanten. Wann sind es vier? Nicht schwer: die drei Konsonantengruppen und die zehn Hauptvokale. Wann sind es fünf? Nicht schwer: Vokale, Diphthonge und die drei Konsonantengruppen. Wann sind es sechs? Nicht schwer: die drei zusammengesetzten Buchstaben des Ogham – nG, Sr, Qu. Wann sind es sieben? Nicht schwer: die drei Zusätze zum Lehrbuch *Primer,* Ho, Forsail und Arnin.[2]

Diese Informationen waren für die Ausbilder der Barden und Poeten besonders wichtig, denn sie mussten die strengen Regeln der Grammatik und Syntax befolgen, wenn sie Gedichte und Sinnsprüche erschufen. Dieselben grammatikalischen Regeln sind auf die magische Ebene in diesen Gedichten und Sinnsprüchen anwendbar, und es ist möglich, dieses Verstehen der irisch-keltischen magischen Techniken so umzusetzen, dass sich die tiefere Bedeutung beim Lesen enthüllt und sinnvolles, praktisches Material ergibt.

---

[1] Im keltischen System glaubte man, alles existiere auf drei Ebenen: der physischen, der mentalen und der spirituellen Ebene. Im Fall des Ogham ist die physische Ebene die Tinte auf dem Papier bzw. die Kerben im Stein, die mentale Ebene ist das Wort oder der Buchstabe, den die Tinte oder die Kerben darstellen sollen, und die spirituelle Ebene sind alle Assoziationen, die der Buchstabe oder das Wort in sich birgt, wenn es als Teil eines Systems zur geistigen Entwicklung betrachtet wird.

[2] Sofern nicht anders vermerkt, sind alle Zitate aus dem Lehrbuch *The Scholar's Primer* entnommen, das von George Calder, Edinburgh: Long, 1917, ins Englische übersetzt wurde. Die Übersetzungen ins Deutsche stammen jeweils von Gabriele Broszat.

Die Manuskripte beziehen sich auf über hundert verschiedene Arten des Ogham. Alle diese Typen haben eigene Namen und verschieden geformte Kerben für die Buchstaben. Der allgemein akzeptierte Zeichensatz des Ogham wird auf den nächsten Seiten, zusammen mit der alphabetischen Ordnung, dargestellt. Beachten Sie, dass diese Ordnung auch in den zusätzlich dargestellten Beispielen dieselbe bleibt, auch wenn sich die Bezeichnungen für die Buchstaben ändern. Die Namen scheinen aus einem einfachen Grund gewählt worden zu sein: Weil sie dieselben Anfangsbuchstaben besitzen. Auf diese Weise wollte man sich offensichtlich eine Erinnerungsstütze für die Buchstaben jedes Alphabets und deren Reihenfolge schaffen. (In unseren Schulen verwenden wir ein ähnliches System, damit sich die Kinder durch Assoziation mit einem Gegenstand die alphabetische Folge besser merken können: A für Apfel, B für Ball, C für Chamäleon und so weiter.) Gibt es bei dieser Zuordnung einen magischen Aspekt? Vielleicht gibt es den, und vielleicht würden die Kinder darin sogar ein eigenes magisches System entdecken. Ich weiß, dass das Baum-Ogham einen praktischen Zweck für die Magie hat. Dieser Aspekt wird im zweiten Teil des Buches erläutert.

Es gibt auch andere Ogham-Alphabete, die zwar dieselben Grundelemente der Kerben verwenden, deren Abweichung aber darin besteht, dass sie jeden zweiten Buchstaben oder den letzten und ersten Buchstaben wiederholen, jeden Konsonanten verdoppeln, und so weiter. Dadurch ist ein unüberschaubares Spektrum an Lautverschiebungen entstanden. Doch keine dieser Schriften ist je auf einem Ogham-Stein gefunden worden, was die Vermutung nahe legt, dass sie zu einem anderen Zweck benutzt wurden. Bezeichnend ist auch, dass sich das Ogham auf den Steinen ebenfalls vom Ogham in den Manuskripten unterscheidet. Die Vokale in den Manuskripten sind in Form vertikaler Linien dargestellt, die sich mit der horizontalen Grundlinie kreuzen, während die Vokale auf den Steinen als Punkte entlang der Grundlinie erscheinen. Die meisten Steininschriften werden vertikal gelesen, am Stein entlang von unten nach oben und manchmal auf der anderen Seite auch wieder von oben zurück nach unten. Trotz der über hundert verschiedenen Ogham-Alphabete sind die nachfolgend dargestellten Schriftzeichen diejenigen, die am häufigsten verwendet wurden und sich auf den aufrechten Steinen befinden.

Die Zeichen des Ogham-Alphabets[3]

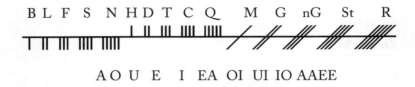

DAS BAUM-OGHAM

Gruppe B

B	L	F	S	N
Beithe	Luis	Fern	Sail	Nion

Gruppe H

H	D	T	C	Q
hUath	Dui	Tinne	Coll	Queirt

Gruppe M

M	G	nG	St	R
Muin	Gort	nGetal	Straiph	Ruis

Gruppe A

A	O	U	E	I
Ailm	Onn	Ur	Edhadh	Idhadh

---

3   Aus Lesbarkeits- und Vergleichsgründen wird das Ogham-Alphabet hier und im gesamten Buch horizontal dargestellt. Das vertikale Schriftbild, das jeweils auf der ersten Seite jedes Kapitels abgebildet ist, soll Ihnen einen Eindruck davon vermitteln, wie die Schrift in Wirklichkeit auf den Steinen aussieht.

Das Fluss-Ogham

Gruppe B

B	L	F	S	N
Berba	Luimnech	Febal	Sinand	Nid N

Gruppe H

H	D	T	C	Q
h'Othain	Derg	Teith	Catt	Qusrat

Gruppe M

M	G	nG	St	R
Muinten	Gabal	nGrian	Srur	Rigi

Gruppe A

A	O	U	E	I
Aru	e'Obul	Uisiu	Erbos	Indiurnn

Das Farben-Ogham

Gruppe B

B	L	F	S	N
Ban	Liath	Flann	Sodath	Necht
(weiß)	(grau)	(rot)	(pastell)	(klar)

Gruppe H

H	D	T	C	Q
Huath	Dub	Temen	Cron	Quair
(schrecklich)	(schwarz)	(dunkelgrau)	(braun)	(mausgrau)

Gruppe M

M	G	nG	St	R
mBracht	Gorm	nGlas	Sorcha	Ruadh
(bunt)	(blau)	(grün)	(hell)	(rot)

Gruppe A

A	O	U	E	I
Alad	Odhar	Usgdha	Erc	Irfind
(scheckig)	(schwärzlich-braun)	(harzig)	(rot)	(sehr weiß)

Das Festungs-Ogham

Gruppe B

B	L	F	S	N
Bruiden	Lifi	Femin	Seolae	Nemthend

Gruppe H

H	D	T	C	Q
h'Ochae	Dindrigh	Temair	Cerae	Quorann

Gruppe M

M	G	nG	St	R
Mide	Gabarn	Garmon	Streulae	Roigni

Gruppe A

A	O	U	E	I
Ae	Ogba	Uisnech	Emain	Iliu

Das Vogel-Ogham

Gruppe B

B	L	F	S	N
Besan	Lachu	Faelinn	Segh	Naescu
(Fasan)	(Ente)	(Möwe)	(Falke)	(Schnepfe)

Gruppe H

H	D	T	C[4]	Q
Hadaig	Droen	Truiteoc		Querc
(Rabe)	(Zaunkönig)	(Star)		(Huhn)

Gruppe M

M	G	nG	St	R
Mintan	Geis	nGeigh	Stmolach	Rocnat
(Meise)	(Schwan)	(Gans)	(Drossel)	(Krähe)

Gruppe A

A	O	U	E	I
Aidhircleog	Odoroscrach	Uiseoc	Ela	Illait
(Kiebitz)	(Seeschwalbe)	(Lerche)	(Schwan)	(Adler)

---

4   Der Buchstabe C im Vogel-Ogham fehlt im Manuskript der originalen Quelle tatsächlich. Wir wissen nicht warum.

Die alten Kelten besaßen ein tiefes Wissen um die Eigenschaften der Bäume und die Kräfte und Energien der Grünen Welt. Dieses Wissen war mit der irischen Sprache verbunden und fand im Baum-Ogham seine Ausdrucksform. Was wir heute als ein und dieselbe Sache betrachten – das Wissen um die Kräfte der Bäume –, bestand ursprünglich aus zwei sehr verschiedenen Konzepten: einer Form der praktischen Anleitung für Magie und Spiritualität und zum anderen einem Konzept für Orthographie und schriftlichen Ausdruck. Darauf wird im *Buch von Ballymote* Bezug genommen, wie das folgende Zitat aus Calders *The Scholar's Primer* zeigt:

> Es gibt zwei Einteilungen im *Beithe Luis Nion* – Vokale und Konsonanten. Daraus ergeben sich zwei Arten: die künstlichen Bäume aus dem Baum-Ogham und die natürlichen Bäume im Wald.

Beithe Luis Nion ist der alte Name für das Baum-Ogham. Daraus geht eindeutig hervor, dass ein Unterschied gemacht wurde zwischen den Bäumen – natürlich und künstlich (was lange Zeit eine Quelle magischer Energie war) – und der Ogham-Schrift. Eine weitere Unterteilung lässt sich aus der folgenden Passage entnehmen:

> Was ist das Maßsystem für die Buchstaben aus dem Ogham-Alphabet? Es ist deren Anzahl, fünf oghmische Gruppen, zum Beispiel fünf Männer pro Gruppe und für jeden von ihnen eine bis fünf. Und das sind ihre Zeichen: rechts von der Grundlinie, links von der Grundlinie, quer durch die Grundlinie, schräg durch die Grundlinie und über der Grundlinie. Genauso wird ein Baum erklommen: Zuerst mit den Füßen auf der Wurzel, dann mit deiner rechten Hand zuerst, danach dann die linke, dann gegen die Grundlinie abstemmen, quer dazu und schließlich darüber.

Die oghmischen Gruppen sind die Unterteilungen in Gruppe B, Gruppe H, Gruppe M und Gruppe A. Die Beschreibung im *Buch von Ballymote* ist an jener Stelle, an der von den oghmischen Gruppen die Rede ist, etwas verwirrend. Zunächst scheint von fünf Gruppen die Rede zu sein, dabei gibt es aber nur vier. Doch dann erklärt sich diese Textstelle von selbst, denn eigentlich sind die fünf Männer (oder Kerben) in jeder dieser Gruppen gemeint. Die erwähnten Kerben sind die Äste der künstlichen Bäume auf jeder

Seite der Grundlinie beziehungsweise des Stammes. Die Namen der Buchstaben bezeichnen die natürlichen Bäume – jene großen hölzernen Pflanzen aus der Grünen Welt.

Wer die großen irischen Legenden auf allen drei Ebenen liest, erhält zahlreiche Anleitungen für praktische Magie, doch das Ogham wird darin nur gelegentlich erwähnt und hat scheinbar keine allzu große Bedeutung gehabt. Das *Buch von Ballymote* enthält folgende Bezugnahme:

> Oghma, ein guter Kenner der Dialekte und Gedichte, erfand das Ogham als geheime Zeichensprache, die nur jene verstehen, die darin unterrichtet wurden.

Oghma war ein *trenfher*, was wörtlich übersetzt »starker Mann« derjenigen Götter und Gottheiten bedeutet, die auch unter dem Namen Tuatha De Danann (gesprochen: tuu-ah dje dahnahn) bekannt sind. Sein kompletter Name war Oghma Grianainech (oh-mah gree-an-aneh), was »Oghma mit dem Sonnenantlitz« bedeutet. Obwohl er bei den Tuatha De Danann als großer Wettkämpfer galt, ist hier nicht von seinen körperlichen Fähigkeiten die Rede, sondern ausschließlich von seiner Beredsamkeit. Ebenfalls beachtenswert ist, dass ihm die Erfindung des Ogham als geheime Zeichen*sprache* im Gegensatz zu Geheim*schrift* zugeschrieben wird. Diese »geheime Zeichensprache« kann sich auch auf drei Ogham-Arten beziehen, die im *Buch von Ballymote* erwähnt und als Fuß-Ogham, Nasen-Ogham und Hand-Ogham bezeichnet werden. Der Abschnitt über das Fuß-Ogham besagt:

> Für die Buchstaben lege man die Finger der Hand über das Schienbein: auf die rechte Seite des Schienbeins für Gruppe B, auf die linke Seite für Gruppe H, schräg darüber für Gruppe M und quer für Gruppe A.

Die Anleitungen für das Nasen- und Hand-Ogham sind ähnlich, das Schienbein wird durch den Nasenrücken beziehungsweise die Handinnenfläche ersetzt. Um eine Nachricht mitzuteilen, verwendet man ein bis fünf Finger als Symbol für die Kerben und nimmt Schienbein, Nase oder Hand als Grundlinie. Obwohl hier ein Kommunikationssystem beschrieben wird, scheint es doch zweifelhaft, ob diese Zeichensprache in der Praxis große Verbreitung gefunden hat oder gar für magische Arbeit eingesetzt wurde.

Einige Quellen berichten, dass Nachrichten in Ogham auf Eibenstücke geschrieben und von einer Person an eine andere versandt wurden. Vielleicht handelte es sich dabei um schlichte Kommunikation, vielleicht aber auch um verschlüsselte Nachrichten für magische Zwecke. Andere Quellen interpretieren die Eibenstücke als Hilfsmittel für Weissagungen. Cuchulain (kuu-huu-lin), der große Ulsterheld, scheint eine besondere Verbindung zum Ogham gehabt zu haben. In seinem kurzen Leben entpuppten sich alle Vorkommnisse, die mit dem Ogham in Zusammenhang standen, als Vorboten wichtiger Ereignisse. Als er zum Beispiel noch ein kleiner Junge war, fand er einen Eisenring, auf dem in Ogham die folgenden Worte geschrieben standen: »Wenn ein Mann auf diese Wiese tritt, der ein Krieger ist und Waffen trägt, so ist es für ihn *geis* (tabu), diesen Ort ohne Zweikampf wieder zu verlassen.« Cuchulain schlug die Warnung in den Wind und warf den Ring in einen nahe gelegenen See. Wenn Cuchulain bereits in frühen Jahren mit dem Ogham vertraut war, ist anzunehmen, dass nicht nur Druiden die Ogham-Schrift lesen und schreiben konnten. Die Ogham-Schrift spielt auch später im Leben des Kriegers einige Male eine Rolle, insbesondere während des Tain Bo Cuailnge (toyn bo cuuly), dem »Viehraub von Cooley«. Einmal hielt er die vorrückenden Armeen der Königin Medb von Connacht auf, indem er einen mit Ogham beschrifteten Holzring um einen aufrecht stehenden Stein legte. Damit verbot er den Armeen, daran vorbeizuziehen, bis die Bedeutung des Textes entziffert war.

Später soll er ein Holzstück aus vier Gabeln in die Mitte eines Flusses gelegt haben, auch darauf war eine Ogham-Inschrift angebracht, die eine Armee so lange am Vordringen hindern sollte, bis die Bedeutung verstanden war. Und noch später fällte er einmal eine ganze Eiche und beschriftete diese mit Ogham-Zeichen, die besagten, dass die Armee erst vorrücken könne, wenn ein Mann in einem Streitwagen über den umgefallenen Baum gesprungen sei. Diese Beispiele belegen die magische Seite des Ogham, denn wären es einfach nur gewöhnliche, unbedeutende Holzstücke gewesen, hätten die Armeen sie wohl zur Seite gestoßen und wären daran vorbeimarschiert. Doch das wagten sie nicht, sondern sie fühlten sich an die Anweisungen des Ogham gebunden. Dies ist ein eindeutiger Hinweis auf die Macht, die dem Ogham zugesprochen wurde.

Bezüge auf das Ogham gibt es auch in vielen anderen Gedichtsammlungen und Geschichten über andere große irische und schottische Helden. Als beispielsweise Bran mac Feabhail (bron mak fay-vahl) von seiner langen Reise in die Anderswelt zurückkehrte, befahl er, alles, was er gesehen und erlebt hatte, in der Ogham-Schrift festzuhalten. Er wollte, dass sich alle Männer daran erinnerten, während er selbst darauf Richtung Sonnenuntergang segelte und nie wieder gesehen wurde. In der Legende von Etain und Midhir verwendet der Druide Dallan in einem Ritual vier mit Ogham beschriebene Ruten, um das Schicksal der vermissten Edain zu erfahren.

Aus den Legenden lässt sich nicht entnehmen, welche der verschiedenen Oghams jeweils verwendet wurde. Ungeachtet dieser Hinweise befinden sich die einzigen je gefundenen und übersetzten Ogham-Inschriften auf Gedenksteinen. Diese Inschriften bestehen aus persönlichen Namen und scheinen keinerlei magische Bedeutung zu haben. Unter oder in der Nähe dieser Steine sind keine menschlichen Überreste gefunden worden, weshalb es zweifelhaft ist, dass sie an Verstorbene erinnert haben sollen (obwohl einige der Manuskriptautoren dies annahmen). Jüngere Forschungen über die Ogham-Steine weisen darauf hin, dass deren ursprünglicher Zweck auch die Kennzeichnung von Besitzständen gewesen sein könnte, die Steine also als Grenzmarkierung von Ländereien dienten. Diese These wird durch ein irisches Gesetz aus dem 7. Jahrhundert gestützt. Es besagt, dass sich Streitigkeiten um Ländereien schlichten ließen, wenn eine der Parteien nachweisen könne, dass sie mit der Person verwandt sei, die auf einem Ogham-Stein genannt ist, der sich auf dem umstrittenen Land befindet.

Auch wenn das Ogham auf Eibenholzstücken für magische und weissagende Zwecke verwendet wurde, so ist es unwahrscheinlich, dass diese hölzernen Artefakte die Zeit überdauert haben. Aus diesem Grund bleiben uns nur die aufrecht stehenden Steine als wirkliche Zeugen der damaligen Zeit.[5]

In den verfügbaren Quellen wird das Ogham auch als stilisierte, formale Art der Rede interpretiert und nicht als geschriebene Sprache. Wie bereits erwähnt, gilt der Meisterkämpfer Oghma aus dem Volk der Tuatha De Danann als Erfinder des Ogham, das eine Geheimsprache gewesen sein soll. (Sein Name wurde erst später mit der geschriebenen Schrift in Verbindung gebracht.) Der irische Gott Oghma hat dieselbe Funktion wie der gallische Gott Ogmios, dessen Name auch denselben Wurzeln wie Ogham entstammt. Der griechische Reisende Lukian von Samosata gibt im 2. Jahrhundert eine lebhafte Beschreibung von Ogmios und bezieht sich dabei auf ein Gemälde, das er auf seiner Reise durch Gallien sah.

> Die Kelten nennen Herakles in der Sprache ihres Landes Ogmios. Er ist ein sehr alter Mann mit einer Halbglatze, seine noch verbliebenen Haare sind ganz grau, seine Haut ist faltig und von der Sonne gegerbt. Doch auch wenn er nicht aussieht wie Herakles, so ist er doch wie er gekleidet, denn er besitzt die Haut eines Löwen und hält in der rechten Hand eine Keule. Er ist ordnungsgemäß mit einem Köcher ausgestattet, die linke Hand spannt einen Bogen. Der alte Mann zieht eine große Zahl von Männern hinter sich her, dünne Schnüre aus gedrehtem Gold und Bernstein führen durch ihre Ohren und binden die Männer an ihn. Und obwohl sie nur von diesen schwachen Fesseln gezogen werden, scheinen sie keinen Fluchtversuch zu unternehmen, sich zu widersetzen oder dagegen anzukämpfen. Nein, im Gegenteil, sie scheinen ihm in freudiger Erwartung zu folgen und preisen den, dem sie folgen, frohen Mutes. Der Maler durchstößt die Spitze seiner (Ogmios) Zunge und stellt so dar, dass die Menschen von ihr angezogen werden. Der Gott wendet sich in lächelnder Haltung jenen zu, die er anführt. Ich stand lange Zeit, um diese Szene zu betrachten, als ein bestimmter Kelte neben mir sagte: »Ich will dich in die Geheimnisse dieses Bildes einweihen. Wir Kelten sprechen die Macht der Rede nicht Hermes zu, sondern wir stellen sie mit den Instrumenten des Herakles dar, denn er ist viel

---

[5] Um diese Aussage ein wenig zu relativieren, soll ein eher amüsantes Stück Ogham-Schrift nicht unerwähnt bleiben, das am Rand eines Manuskripts mit dem Titel *Codex Sangallensis 904* gefunden wurde. Dort entschuldigt sich der Verfasser für seine wenige Arbeit an diesem Tag, als Grund wird Katzenjammer angegeben!

stärker. Auch solltest du dich nicht darüber wundern, dass für die Darstellung ein alter Mann gewählt wurde, denn die Macht des Wortes entfaltet erst im Alter ihre Perfektion. Wenn also dieser alte Mann Herakles, die Macht des Wortes, Männer hinter sich her zieht, die mit ihren Ohren an seine Zunge gebunden sind, gibt es keinen Grund, sich darüber zu wundern, denn du solltest dir über die enge Verbindung zwischen Zunge und Ohren im Klaren sein. Mit einem Wort: Wir Kelten sind der Meinung, dass Herakles alles aufgrund der Macht seiner Worte erreicht hat. Seine Waffe ist seine Ausdruckskraft, die scharf ist und gut zielt – bereit, das Bewusstsein zu durchdringen.«[6]

Aus dieser Passage lässt sich entnehmen, das Ogmios von den Galliern zwar als Meisterkämpfer angesehen wurde, dass er seine Heldentaten aber nicht allein durch körperliche Kraft ausübte, sondern auch durch den geschickten Einsatz seiner Worte. Der schottisch-gälische Name für Ogham ist *oidheam* (oy-am), was auch »Idee«, »Ahnung« oder »Hinweis« bedeuten kann. Der Name stellt also keine Verbindung zum Schreiben dar, sondern zu abstrakten, mentalen Konzepten. Der Name Ogmios ist auch ein schottisch-gälisches Wort mit der wörtlichen Bedeutung »junger Monat«. Dies ist der Name des Monats Juni und lässt sich mit Sonnenschein in Verbindung bringen, daher also »Oghma, das Sonnenantlitz«. (Die Bedeutung »Junger Monat« bezieht sich auf den keltischen Kalender, in dem der Sommer zu Bealtaine im Mai begann und der Juni also der erste, oder jüngste, volle Monat des Sommers war.) Es gibt gute Gründe anzunehmen, dass auch der irische Meisterkämpfer Oghma die Rede als Machtmittel einsetzte und sich nicht allein auf seine körperliche Stärke verließ, um seine Position als Champion bei den Tuatha De Danann zu behaupten.

Die Form der Rede, die von diesen Meisterkämpfern benutzt wurde, erschien oft im Gewand eines formalisierten Frage- und Antwortpaares. Vielleicht wurde das ursprünglich gesprochene Ogham in dieser besonderen Form verwendet. Ein Beispiel für diese ritualisierte Redeweise ist im *Cath Maige Tuired* (kah moy

---

6 Zit. aus: Kendrick, T. D.: *The Druids*. Banton Press, 1990. Übs. ins Deutsche von Gabriele Broszat.

tura), der »Schlacht von Moytura«, in jenem Abschnitt überliefert, in dem Lugh um Einlass nach Tara bittet und vom Torwächter befragt wird.[7]

Der Torwächter fragte ihn daraufhin: »Welche Kunst übst du aus? Wer keine Kunst ausübt, darf Tara nicht betreten.«

»Frag' mich«, sagte er, »ich bin ein Baumeister.«

Der Torwächter antwortete: »Wir brauchen dich nicht. Wir haben schon einen Baumeister, es ist Luchta mac Luachada.«

Er sagte: »Frag' mich, Torwächter, ich bin ein Schmied.«

Der Torwächter antwortete: »Wir haben schon einen Schmied, es ist Colum Cualeinech mit den drei neuen Techniken.«

Er sagte: »Frag' mich. Ich bin ein Meisterkämpfer.«

Der Torwächter antwortete: »Wir brauchen dich nicht. Wir haben schon einen Meisterkämpfer, Oghma mac Ethlend.«

Wieder sagte er: »Frag' mich. Ich bin ein Harfespieler.«

»Wir brauchen dich nicht. Wir haben schon einen Harfespieler, Abcan mac Bicelmois, der von den Männern der drei Götter auf den Grabhügeln auserwählt wurde.«

Er sagte: »Frag' mich. Ich bin ein Krieger.«

Der Torwächter antwortete: »Wir brauchen dich nicht. Wir haben schon einen Krieger, Bresal Etarlam mac Echdach Baethlaim.«

Dann sagte er: »Frag mich, Torwächter. Ich bin ein Dichter und Historiker.«

»Wir brauchen dich nicht. Wir haben schon einen Dichter und Historiker, En mac Ethamain.«

Er sagte: »Frag' mich. Ich bin ein Zauberer.«

»Wir brauchen dich nicht. Wir haben bereits Zauberer – unsere Druiden und viele andere mächtige Menschen.«

Er sagte: »Frag' mich. Ich bin Arzt.«

»Wir brauchen dich nicht. Wir haben bereits Dian Ceacht als Arzt.«

---

[7] Lugh ist einer der wichtigsten keltischen Götter, viele Ortsnamen in ganz Europa lehnen sich auch heute noch an diesen Namen an. In dieser speziellen Legende ist er der Held, der die Armee zusammenstellt, sie ausbildet und zum Kampf gegen die Formorier ermutigt.

Er sagte: »Frag' mich. Ich bin ein Mundschenk.«

»Wir brauchen dich nicht. Wir haben bereits mehrere Mundschenke: Delt und Drucht und Daithe, Tae und Talom und Trog, Gle und Glan und Glesse.«

Er sagte: »Frag' mich. Ich bin ein guter Kupferschmied.«

»Wir brauchen dich nicht. Wir haben bereits einen Kupferschmied, Credne Cerd.[8]

Dieses formale Frage- und Antwortspiel wird in der gesamten Legende an verschiedenen Stellen in anderer Form wiederholt. Offensichtlich handelt es sich hierbei nicht um eine normale Konversation, sondern um eine klar definierte, ritualisierte Kommunikation. Beachtenswert ist zum Beispiel, dass Lugh jeden Satz mit der Aufforderung »Frag' mich« beginnt, der Torwächter ihn aber nie fragt. Der Torwächter beginnt dagegen jede Antwort mit der negativen Feststellung »Wir brauchen dich nicht«. Dieser verbale Austausch war ebenso Vorbedingung für den Zugang zu Tara wie die physischen Fähigkeiten von Lugh. Die Antworten, die der Torwächter gibt, sind – oberflächlich betrachtet – ein wenig sonderbar. Warum behauptet er, sie hätten nur einen Meisterkämpfer und einen Krieger in Tara, während sich im späteren Verlauf der Legende herausstellt, dass es viele Krieger in Tara gibt? Warum werden neun Mundschenke namentlich genannt, während die mächtigen Druiden und Zauberer überhaupt keine namentliche Erwähnung finden? Könnte dieses Gespräch nicht einen magischen Inhalt von größerer Bedeutung haben als eine einfache Konversation zwischen einem Torwächter und Lugh?

In einer Legende aus dem Ulsterzyklus[9] mit dem Titel *Tochmare Emire*, das »Werben um Eimhear«, hat der Held Cuchulain eine Begegnung mit Lady Eimhear, um die er werben möchte.

---

8   Zit. aus: E. A. Gray, Übers., *Cath Maige Tuired*. Dublin: Irish Texts Society, 1983. Übs. ins Deutsche von Gabriele Broszat.

9   Der Ulsterzyklus ist ein umfassender Begriff für zahlreiche Legenden, die sich mit den Abenteuern des Königs Conchobhar und seiner Ritter vom Roten Zweig befassen. Der größte Held in diesen Legenden ist der Ulsterkrieger Cuchulain.

Dann hob Eimhear ihr hübsches Gesicht und sagte zu ihm: »Woher kommst du?« Er antwortete in Rätseln, damit ihre Begleitung nicht verstehen konnte, was zwischen ihnen ausgetauscht wurde: »Nicht schwer zu beantworten. Aus Intide Emna.«

Eimhear fragte ihn: »Wo hast du geschlafen?«, und er antwortete: »Nicht schwer zu beantworten. Im Haus, das dem Mann gehört, der das Vieh auf den Weiden von Tethra hütet.«

»Was hast du dort gegessen?«, fragte sie. »Nicht schwer zu beantworten. Die Ruine eines Wagens.«

Sie fragte: »Auf welchem Weg bist du hierher gekommen?«, und er sagte: »Nicht schwer zu beantworten. Zwischen den Zwei Bergen aus Holz hindurch, von der Decke des Meeres, über die Großen Geheimnisse der Tuatha De Danann; durch den Schaum der Pferde von Eamhain, über Mor-Riaghains Garten und den Großen Saurücken; durch das Tal des Großen Damms, zwischen dem Gott und seinem Druiden, über das Mark der Frau zwischen dem Eber und seinem Damm, über den Waschplatz von Deas Pferden, zwischen König Ana und seinem Diener, nach Muincille an den Vier Ecken der Welt, über das Große Falsch-Machen und die Überreste des Großen Festes, zwischen der Großen Grube und der Kleinen Grube zu den Gärten von Lugh, zu den Töchtern von Tethra.«

»Wodurch bewährst du dich?«, fragte Eimhear.

»Nicht schwer zu beantworten«, sagte er, »ich bin ein Neffe des Mannes, der sich im Wald des Badhbh in einen anderen verwandelte.«

»Wodurch bewährst du dich?«, fragte Cuchulain.

»Nicht schwer zu beantworten,« entgegnete Eimhear, »ich bin Tara auf dem Hügel, ein Beobachter, der niemand sieht; ein Aal im Wasser, die Eile außerhalb der Reichweite. Die Tochter eines Königs ist eine Flamme der Gastfreundschaft und eine gesperrte Straße. Ich habe die besten Kämpfer als Gefolgsleute, die mich vor feindlichen Übergriffen bewahren.«

»Wer sind diese Kämpfer?«, fragte Cuchulain. »Nicht schwer zu beantworten, Luath und Lath Goible mac Tethra, Triath und Trescath, Brion und Balur, Bas mac Omnach, Condla und Cond, Sohn von Forgall. Jeder Einzelne hat die Stärke von hundert Mann und neun Heldentaten begangen. Forgall selbst ist stärker als jeder andere, wissender als die Druiden und von schnellerer Auffassungsgabe als die Dichter.«

»Was ist deine Stärke?«, fragte Eimhear Cuchulain. Er erwiderte: »Nicht schwer zu beantworten. Wenn ich mich schwach fühle, kann ich zwanzig verteidigen, ein Drittel meiner Stärke ist genug, um dreißig zu verteidigen, aber wenn ich bei Kräften bin, kämpfe ich gegen vierzig und beschütze hundert Männer.«[10]

Dies war keine gewöhnliche Unterhaltung zwischen zwei Liebenden. Im ersten Absatz wird kundgetan, dass sie diese Form der Rede wählen, damit die Mädchen, die Eimhear begleiten, nicht verstehen, was sie einander wirklich sagen wollen. Nur ein Druide, Barde, Zauberer oder Dichter, versiert in Ogham oder vertraut mit der Verwendung so genannter *Kennings* – poetischer Anspielungen auf Personen und Dinge, die in hochsymbolischen Begriffen verklausuliert wurden –, wäre in der Lage gewesen, diese Unterhaltung zu interpretieren. Wer über diese Kenntnisse nicht verfügte, für den musste die Unterhaltung wie blanker Unsinn klingen.

Der jüngste Bezug in einem Manuskript auf Ogham als Redeform stammt aus einem Eintrag in den *Annalen von Clonmacnoise* aus dem Jahr 1328:

> Morish O'Gibelan, Meister der Kunst, ein ausgesprochener Kenner der neuen und alten Wege, des bürgerlichen und kanonischen Rechts, ein erstaunlicher und fähiger Philosoph, ein ausgezeichneter Dichter des Irischen, ein eloquenter und genauer Redner jener Sprache, die auf Irisch Ogham genannt wird, und einer, der in vielen anderen Wissenschaften hoch angesehen war.[11]

Am Ende dieses Kapitels lässt sich festhalten, dass das Original-Ogham, das immer mit dem Meisterkämpfer Oghma in Verbindung gebracht wurde, als eine Art Visitenkarte verwendet wurde. Sie wurde als Instrument zur Erkennung oder als Test zwischen Helden, Meisterkämpfern, Barden und Druiden benutzt. Der

---

10 Zit. aus: Elanor Hull, Übers., *Cuchulain: Hound of Ulster*. London, 1911. Übs. ins Deutsche von Gabriele Broszat.

11 Zit. aus: *Annalen von Clonmacnoise*. Dublin: Dublin Institute for Advanced Studies, 1953. Übs. ins Deutsche von Gabriele Broszat.

Name »Ogham« wurde dem geschriebenen Alphabet, das auf den Steinen zu finden ist, erst viel später gegeben, und zwar erst einige Zeit, nachdem die Verwendung der mündlichen Originalsprache in Vergessenheit geraten war. Wenn wir gleichzeitig die Bedeutung des gesprochenen Wortes bei der magischen Arbeit bedenken, wird deutlich, dass wir das Ogham in seiner ursprünglichen Form betrachten müssen – als ritualisierte Art der Sprache – und uns selbst mit dessen Grammatik und Struktur befassen sollten.

Die nahe liegende Frage ist natürlich: Wenn das Ogham eine Form der Sprache ist, zu wem sollten wir darin sprechen? Ich würde behaupten, wir sollten zu den Bäumen und zu unserem eigenen Inneren oder Höheren Selbst sprechen. Die tiefe Kommunikation und der Dialog mit den Bäumen und unserem wahren Selbst erlauben es uns, von den Lehren zu profitieren, die es uns geben kann. Dies ist jedoch ein nonverbaler Dialog, der auf der mentalen und spirituellen Ebene stattfindet. Doch darauf wird im praktischen Teil dieses Buches noch genau eingegangen.

Kapitel 2
Die Gültigkeit des Baumkalenders

In Büchern über keltische Magie scheint die Liste der Entsprechungen zwischen den Ogham-Zeichen und nur allem Vorstellbaren obligatorisch geworden zu sein. Diese Listen stammen aus verschiedenen Quellen, manche akzeptabel, manche fragwürdig, und sind sehr beliebt bei modernen keltischen Gruppen und bei Praktizierenden der alten heidnischen Religionen geworden. Viele dieser »magischen Tabellen« der Entsprechungen sind nicht mehr als Beispiele für das Ogham, wie auch in Kapitel 1 dargestellt. Wir wissen, dass dies niemals magische Listen sein sollten, sondern Hilfestellungen zum grammatikalischem Verständnis.

Eine vorherrschende Assoziation zum Ogham betrifft den Kalender und die Erfassung der Zeit. In diesem System entsprechen die Daten bestimmten Zeichen des Baum-Ogham und erweitert den jeweils zugehörigen Bäumen. Diese These ist mittlerweile so beliebt geworden, dass sich viele Bücher, ohne zu hinterfragen, auf den »keltischen Baumkalender« beziehen. Doch dieser stammt nicht aus einer alten keltischen Praxis oder einem Glauben, und er wird auch nicht in den alten Schriften erwähnt, in denen das Ogham behandelt wird. Die These vom keltischen Baumkalender scheint aus dem Buch *Die Weiße Göttin* entliehen, das von Robert Graves geschrieben und erstmalig 1947 veröffentlicht wurde.[12] In dieser Arbeit untersucht Herr Graves die

---

12 Robert Graves: *Die Weiße Göttin*. Reinbek: Rowohlt Verlag, 1985.

Ogham-Zeichen, insbesondere das Baum-Ogham. Meiner Meinung nach hat er nicht genügend hervorgehoben, dass die Verbindung zwischen den Bäumen und der Ogham-Schrift nur eine von vielen Verbindungen ist, aber nicht die einzige. In den Büchern von *Ballymote*, *Lecan* und *Leinster* gibt es über hundert verschiedene Oghams, und gemäß diesen Quellen mussten die Dichter mindestens 150 verschiedene Oghams lernen. Alle dienten dazu, grammatikalische Regeln und Anleitungen weiterzugeben – von Zeiteinheiten oder dem Verrinnen der Zeit ist hier in keinster Weise die Rede.

Wenn Einzelne für sich selbst oghmische Entsprechungen herausgearbeitet und nicht einfach aus Büchern kopiert haben, so mögen sie Gültigkeit und praktischen magischen Nutzen haben, aber dann sollte verstanden werden, dass es sich nicht um authentische alte keltische Assoziationen handelt. Einige Autoren glauben sicher ganz ehrlich daran, dass sie irgendwie »das Geheimnis des Ogham« als magisches System geknackt haben, aber das setzt voraus, dass es überhaupt ein Geheimnis gibt, das zu enträtseln wäre. Wenn wir bedenken, dass es nicht einmal einen kleinen Hinweis auf ein solches kalendarisches System von auch nur einem einzigen bedeutenden keltischen Gelehrten gibt, der in den Jahrhunderten vor 1947 gelebt hat, so scheint die Existenz des Baumkalenders doch ausgesprochen fraglich.

Werfen wir einmal einen Blick auf das Zeitverständnis der Kelten, denn dann wird schnell klar, dass Bäume und Monate darin überhaupt nicht existierten. Für die ersten Kelten fand Zeit ganz einfach statt. Alles spielte sich im Hier und Jetzt ab. Die Konzepte von Vergangenheit und Zukunft sind in den alten Schriften nur sehr selten zu finden. Die Legenden enthalten keinerlei Bezüge auf vergangene oder künftige Ereignisse; die Erzählungen sind fast ausschließlich in der Gegenwartsform abgefasst. Die späteren Kelten, besonders die christlichen Kelten, übernahmen eine Form der Zeiterfassung, aber auch dabei spielten weder Bäume noch eine andere Form des Ogham eine Rolle.

Die wichtigste Zeitspanne, die von den vorchristlichen Kelten zur Datierung von Ereignissen verwendet wurde, war »das Große Jahr«. Dabei handelt es sich um eine Zeitspanne von fast 19 Sonnenjahren. Das Große Jahr lässt sich am besten als vollständiger Zyklus der Sonne, des Mondes und der Erde beschreiben. Die Sonne geht am selben Tag eines Jahres immer am selben Punkt des Horizonts auf und auch unter, obwohl sich diese Position an den aufeinander folgenden Tagen innerhalb eines Jahres jeweils leicht verschiebt. In anderen Worten: Wo die Sonne heute aufgeht, dort wird sie in genau einem Jahr wieder aufgehen. Morgen geht sie allerdings nicht an derselben Position auf. (Die Sonne scheint jedes Jahr exakt am Tag der Wintersonnenwende durch den Eingangsbereich der großen megalithischen Grabkammer Newgrange im Boyne Valley.) Der Mond dagegen benötigt fast 19 Jahre, um zur selben Aufgangs- und Untergangsposition am Horizont zurückzukehren. Ein Großes Jahr ist also die Zeit, die Sonne und Mond benötigen, um ihre kompletten Zyklen zu durchlaufen und erneut an denselben Positionen auf- und unterzugehen.

Der Zyklus eines Großen Jahres kann an jedem beliebigen Tag beginnen, und es werden von da an immer 19 Jahre sein, bis Sonne und Mond wieder in derselben Konstellation zusammenfallen. Der 19-jährige Kalender wird durch eine physische Position auf der Erdoberfläche bestimmt und nicht durch einen festen Tag oder ein Datum. Newgrange mag dazu benutzt worden sein, den Zyklus eines Großen Jahres zu bestimmen, aber es gibt keinen Beweis für einen derartigen Verwendungszweck (geklärt ist nur die Verwendung der Stätte als Grabkammer). Auch andere wichtige Orte wie Tara, Uisneach oder Eamhain Macha könnten dafür benutzt worden sein. Wir wissen einfach nicht, wann die Zyklen des Großen Jahres, die eventuell von den Druiden als aufeinander folgende Zeiteinheiten verwendet wurden, angefangen und geendet haben. Wir wissen auch nicht sicher, welche Bedeutung das Große Jahr für ihre magische Arbeit wirklich hatte, wir wissen auch nicht, wie oder ob der Jahresübergang gefeiert wurde.

Ein weiteres Datierungssystem, das in einigen modernen Büchern über Druiden erwähnt wird, ist der fünfjährige Zyklus von Ritualen und Beobachtungen. Dieses System basiert auf dem Kalender von Coligny, einer großen bronzenen Tafel, die 1897 in Frankreich gefunden wurde. Obwohl davon nur noch Fragmente erhalten sind, gibt es genügend Hinweise darauf, dass es sich hierbei wirklich um eine Art Kalender gehandelt hat. Die Inschriften darauf kennzeichnen die Monate über eine Zeitspanne von fünf Jahren. Neben jedem Namen ist ein kleines Loch, als ob Nägel oder ein anderes Markierungsinstrument dort hinein gesteckt wurden. In Wahrheit wissen wir aber nicht, ob der Kalender von Coligny überhaupt den Druiden zuzuordnen ist. Neuere Untersuchungen haben ergeben, dass es eventuell ein später römischer Versuch war, ein gallisches – nicht notwendigerweise druidisches – Zeitsystem zu rekonstruieren. Eine rituelle oder magische Funktion konnte diesem Kalender nie abgerungen werden.

Um die Dinge noch komplizierter zu machen: In frühen christlichen Aufzeichnungen aus Irland wird für die Datierung von Ereignissen ein Zyklus von 84 Jahren verwendet. Dies hat zu erheblichen Schwierigkeiten bei der Bestimmung genauer Zeitpunkte aus den alten Annalen geführt, denn häufig war nicht klar, ob der Autor den 84-jährigen oder den 100-jährigen Zyklus verwendete. Oder ob er gar Daten aus dem einen mit Daten aus dem anderen Zyklus verwechselt und daher falsch übernommen hat. Stellen Sie sich vor, wie heute ein Datum ohne Jahrhundertangabe geschrieben würde (wie »Dies und jenes geschah '68«. Welches '68? 1968? 1868? 1368?). Bedenken Sie, welche Probleme auftreten, wenn Datumsangaben in der oben beschriebenen Weise gemacht werden und nicht klar ist, welcher Zyklus dafür verwendet wurde.

Wir wissen nicht einmal, warum und zu welcher Gelegenheit der 84-jährige Zyklus benutzt wurde. Die einzigen Menschen, die vermutlich in irgendeiner Weise mit den Datierungsmethoden, dem Erstellen von Annalen und der Aufzeichnung historischer Daten befasst waren, waren die Druiden. Der 84-jährige Zyklus war vielleicht ein Relikt alter druidischer Praxis. Doch auch dies verrät uns nicht, wann oder wie er benutzt wurde. Eine Interpretation für die Zahl 84 geht davon aus, dass es sich dabei um die Anzahl der Tage pro Woche multipliziert mit der Anzahl der Monate im Jahr handele. Doch auch dieses Zahlenspiel erklärt nicht, welche Bedeutung dieser Zyklus hatte.

Sie sehen, wie wenig wir von den druidischen oder keltischen Datierungssystemen wissen. Wir können nur sagen, dass keines der bekannten Systeme darauf basiert, die Monate zu zählen, und auch eine Verbindung zu Bäumen ist nirgendwo zu finden. Doch die Magie und der Symbolismus entwickeln sich ständig weiter. Es ist also nichts dagegen einzuwenden, wenn Einzelne oder Gruppen ihre eigenen symbolischen Systeme erschaffen, die auf der Ogham-Schrift basieren. Es gibt keine Einwände gegen die moderne Interpretation eines alten Systems. Ich für meinen Teil habe mich auf das sinnvolle und praxisnahe Baum-Ogham konzentriert und nicht auf den wenig praktikablen und relativ nutzlosen Baum-Kalender. Ich bin der Meinung, ein Verständnis von den natürlichen Bäumen im Wald trägt mehr zur Erklärung der irischen Legenden bei als ein abstraktes Datierungssystem. In Teil 3 dieses Buches werden diese Aspekte erläutert, aber zunächst werfen wir einen Blick auf die einzelnen Bäume, aus denen das Baum-Ogham besteht. Konzentrieren wir uns darauf, wie wir sie erkennen und von ihnen lernen können.

Kapitel 3
Die Entwicklung des Baum-Ogham

Die doppelte Liste mit Buchstaben, Namen und Bäumen, die Sie unten sehen, ist dem *Buch von Ballymote* entnommen und erscheint in vielen Manuskriptquellen, in denen diese Aspekte getrennt von der Ogham-Schrift erörtert werden (siehe Tabelle 1 auf Seite 40). Obwohl die Anfangsbuchstaben der einzelnen Bäume und ihre Reihenfolge mit den Buchstaben, die den Ogham-Kerben zugewiesen wurden, identisch sind, sollten diese Listen getrennt von der eigentlichen Ogham-Schrift betrachtet werden.

Es wurden zwei beinahe identische Listen in vielen alten und neuen Schriften über das Baum-Ogham als Ausgangspunkt verwendet. Das *Buch von Ballymote* enthält diese zwei Listen vielleicht wegen leichter grammatikalischer Unterschiede in der Verwendung der Buchstaben. Wir wissen heute nicht mehr, warum die Unterschiede wichtig waren, und kennen keine konsequenten Verwendungen des Ogham, durch die dieser Unterschied deutlich würde. Wenn Sie andere Quellen studieren, finden Sie dort vielleicht Listen, die von den Autoren etwas gekürzt wurden oder die veränderte Buchstaben-Baum-Verbindungen enthalten, oder Listen, in denen Entsprechungen auftauchen, die wiederum in den Originallisten nicht erscheinen.

Laut Überlieferung wurden dieses Alphabet und die Reihenfolge der Buchstaben von einem gewissen Fenius Farsaidh zusammengestellt – mit Unterstützung von Goidel mac Etheoir und Iar mac Nema. Es heißt, Fenius habe sich

Tabelle 1
Die Baum-Alphabete aus dem Buch von Ballymote[13]

Buchstabe	Name	Baum	Buchstabe	Name	Baum
B	Beithe	Birke	B	Beithe	Birke
L	Luis	Eberesche	L	Luis	Eberesche
F	Fearn	Erle	F	Fearn	Erle
S	Sail	Weide	S	Sail	Weide
N	Nion	Esche	N	Nion	Esche
H	Huath	Weißdorn	H	Huath	Weißdorn
D	Duir	Eiche	D	Duir	Eiche
T	Tinne	Stechpalme	T	Tinne	
C	Coll	Haselstrauch	C	Coll	Haselstrauch
Q	Queirt	Apfelbaum	Q	Queirt	Apfelbaum
M	Muin	Weinstock	M	Muin	Weinstock
G	Gort	Efeu	G	Gort	Efeu
nG	nGetal	Ginster	nG	nGetal	Schilf
St	Sraibh	Schwarzdorn	P	Pethboc	
R	Ruis	Holunder	St	Straiph	Schlehe
A	Ailm	Föhre	R	Ruis	Holunder
O	Onn	Stechginster	A	Ailm	Föhre
U	Ur	Heidekraut	O	Onn	Stechginster
E	Edhadh	Espe	U	Ur	Heidekraut
I	Ido	Eibe	E	Edhadh	Espe
EA	Ebhadh	Espe	I	Idhadh	Eibe
OI	Oir	Efeu	EA	Eabhadh	Espe
UI	Uilleand	Geißblatt	OI	Oir	Efeu
IO	Iphin	Stachelbeere	UI	Uilleann	Geißblatt
			IO	Ifin	Stachelbeere
			AE	Amhancholl	

13 Sofern nicht anders angegeben, sind alle Belege aus *The Scholar's Primer* entnommen, übersetzt von George Calder, Edinburgh: Long, 1917. Übs. ins Deutsche von Gabriele Broszat.

zu Zeiten des Turmbaus zu Babel im Heiligen Land aufgehalten. Die Bibel berichtet, dass es zu dieser Zeit nur eine einzige gemeinsame Sprache gab, die von allen Menschen auf der Erde gesprochen wurde. Diese gemeinsame Sprache wurde von Gott verändert, zerstört und in alle Himmelsrichtungen verstreut, um die Menschen für ihren Versuch zu bestrafen, durch den Turmbau von Babel in seine Höhen zu gelangen. Daraufhin habe Fenius seine 72 Gelehrten in alle Welt ausgesandt, um alle diese neuen Sprachen zu studieren und zu lernen. Nach zehn Jahren kehrten die Gelehrten zurück zum Turm, und Fenius wählte die besten Sprachen der Welt aus, um daraus *in Berla tobaide* zu schaffen – die »ausgewählte Sprache«.

Der Name, der dieser neu erfundenen Sprache gegeben wurde, war *Goidelisch*, benannt nach Goidel mac Etheoir. Sie war ein Vorläufer des Gälischen. Um seinen hart arbeitenden Gelehrten zu danken, benannte Fenius die Buchstaben der neuen Sprache nach ihnen. Diese Liste ist auch unter ihren ersten beiden Buchstaben bekannt: Bobel Loth, was gleichzeitig »Zerstörung von Babel« bedeutet. Sie finden sie, wie sie in Auraicept Na nEces (The Scholar's Primer) enthalten ist, in Tabelle 2. In derselben Passage befindet sich auch eine Erläuterung der *forfeda*, der ergänzenden Zeichen:

> Was in jeder Sprache das Beste war und das Weiteste und Feinste, das wurde für das Gälische ausgewählt. Und für die Klänge, für die sich in allen anderen Alphabeten keine Zeichen finden ließen, wurden die folgenden Zeichen aus dem *Beithe Luis Nion* des Ogham gewählt:

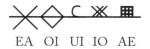
EA OI UI IO AE

Es ist nicht bekannt, ob das Bobel-Loth-Alphabet jemals zu magischen Zwecken verwendet wurde, es scheint aber eher unwahrscheinlich, weil das obige Zitat der einzige Bezug zu ihm in allen Manuskripten ist, die sich mit dem Ogham beschäftigen. Trotz-

Tabelle 2
Das Bobel-Loth-Alphabet

Buchstabe	Name des Lehrers
B	Bobel
L	Loth
F	Foronn
S	Saliath
N	Nabgadon
H	Hiruath
D	Davith
T	Talemon
C	Cai
Q	Qualep
M	Mareth
G	Gath
nG	nGoimer
Sd	Stru
R	Ruben
A	Achab
O	Ose
U	Uriath
E	Etrocuis
I	Iachim

dem ist es interessant, dass die Erfindung der Schrift und Sprache einem einzigen Mann zugewiesen wird. Gelehrte sind ähnlicher Ansicht, was die Herkunft des Ogham betrifft.

Der Name, der dem Baum-Ogham gegeben wurde, *Beithe Louis Nion*, verträgt sich nicht mit der Theorie, dass der Name ähnlich wie bei unserem »ABC« von den ursprünglich ersten Buchstaben des Alphabets stammt. Die ersten drei Buchstaben, die wir heute benutzen, sind *Beithe*, *Luis* und *Fearn*. Das hat Spekulationen darüber verursacht, dass wir eventuell im Besitz einer falschen Reihenfolge der Buchstaben sind, oder dass der Name selbst geändert wurde. Es könnte aber auch sein, das der Name *Beithe Louis Nion* korrekt ist, die Reihenfolge der Buchstaben ebenfalls, aber dass der Name selbst für etwas anderes steht. Einige haben gemutmaßt, dass die Buchstaben vielleicht vom keltischen Gott *BeLiNos* stammen. In der irischen und schottisch-gälischen Sprache finden sich ebenfalls Worte, die diese drei Konsonanten enthalten, und eventuell für das Baum-Ogham und seine Anwendung von größerer Relevanz sind.

Es gibt zum Beispiel das Wort *BaLlaN*, das ein natürliches, tassenförmiges Loch in einem Stein bezeichnet, eventuell auch Ringsteine oder Ogham-Steine. Das Wort *BeaLaN* bedeutet »kleiner Mund« oder »mundvoll« und könnte das Ogham als mündliche Überlieferungsform bezeichnen. Es gibt im Gälischen auch ein Wort, das kein direktes Äquivalent im Englischen hat: *BliNn* bedeutet »Spucke des toten Mannes«. Dies lässt sich vielleicht mit den merkwürdigen Assoziationen verbinden, die in Kapitel 8 zu *Sail/Weide* gemacht werden. Zwei wichtige Zeichen aus der Arthus-Tradition, die ihren Ursprung in der keltischen Mythologie haben, sind *BaLiN* und *BaLaN*, die ebenfalls diese drei wichtigen Konsonanten im Namen enthalten. Es kann auch sein, dass die Bezeichnung *Beithe Louis Nion* ein verschlüsselter Bezug auf die magische Verwendung des Baum-Ogham ist und nicht die unterbrochene Kette der ersten drei Buchstaben. Darüber hinaus gibt es das altirische Wort *BiLe* (Plural *BiLeN*), das »heiliger Baum« bedeutet und eine deutliche Verbindung zum Baum-Ogham anzeigt.

Wer mit dem modernen Schottisch oder dem irischen Gälisch vertraut ist, wird bemerken, dass es im *Beithe Louis Nion* mehrere

Buchstaben gibt, die im modernen gälischen Alphabet nicht vorkommen. Diese zusätzlichen Buchstaben und Buchstabenkombinationen stammen eventuell aus dem Latein. Kommentare in Manuskripten weisen darauf hin, dass Mönche des geschriebenen Gälisch ebenso mächtig waren wie des Latein, wodurch sich einige grammatikalische Verschiebungen ergeben haben könnten. Dies bezieht sich zwar nicht auf magische Belange, doch ein Verständnis dieser Änderungen hat auch Auswirkungen auf unsere Verwendung des Baum-Oghams als magisches System. Im Auraicept steht dazu:

> H zuerst. Es erweitert B, bis es die Kraft des P findet, für B als Hauchlaut wird P verwendet, damit H es erweitert, denn P ist der Hauchlaut im Gälischen. Die volle Kraft steckt sowohl in den Vokalen als auch in den Konsonanten, einzige Ausnahme ist das H.

H existiert in der gälischen Sprache nicht als Buchstabe mit einem eigenen Laut. Er ist zwar in schriftlicher Form zu finden, dient aber ausschließlich als Signal, das den Klang des nachfolgenden oder vorherigen Buchstaben ändert. Zum Beispiel gibt es einige gälische Worte, bei denen nach den Buchstaben B und M der Buchstabe H folgt, was dazu führt, dass sich der Klang der Buchstaben B oder M in ein V verändert – einen weiteren Buchstaben, der im gälischen Alphabet nicht existiert. Der Buchstabe H »erweitert« die Stärke von B. Kurz gesagt, der Buchstabe H ist nur ein Akzent, der die Aussprache anderer Buchstaben verändert. Wenn H weder ein Vokal noch ein Konsonant ist, muss er etwas anderes sein. Das heißt, im Baum-Ogham muss es für ihn eine Bedeutung geben, die sich von den anderen Buchstaben und Bäumen unterscheidet. Wir werden diesen wichtigen Punkt in Kapitel 10 noch einmal aufgreifen.

Der Buchstabe P kam ursprünglich im geschriebenen Gälisch ebenfalls nicht vor, obwohl der Laut P in der gesprochenen Sprache sehr wohl existiert. Dieser Laut wurde in der Schriftsprache durch ein B wiedergegeben. Dies ist auch heute noch der Fall, denn ein B wird oft als P gesprochen, zum Beispiel im schottisch-gälischen Namen für Schottland, *Alba* (al-ah-pah).

Das *Auraicept* kommentiert auch die anderen nicht-gälischen Buchstabenkombinationen des Baum-Ogham:

> Drei zusammengesetzte Buchstaben gibt es im Ogham: Qu, nG und Sr.
> Wo das C vor dem U steht, muss Queirt geschrieben werden;
> wo das N vor dem G steht, muss nGetal geschrieben werden;
> wo das S vor dem D steht, muss Straiph geschrieben werden.

Auch diese Regel zeigt, dass die Buchstabengruppen keine eigenen Buchstaben sind, sondern Kombinationen, die nur unter bestimmten Umständen angewendet werden. Wenn wir diese Buchstaben, ebenso wie den Buchstaben H, aus dem Baum-Ogham entfernten, würden jene Buchstaben und Bäume übrig bleiben, die das moderne gälische Alphabet bilden.

Die letzte Gruppe von Buchstaben, die für die gälische Sprache und die Bildung korrekter gälischer Worte irrelevant ist, sind die doppelten Vokale – die *forfeda,* die sich am Ende der doppelten Liste in Tabelle 1 befinden. Diese fünf Doppelvokale wurden von Fenius aus dem einzigen Grund erfunden, weil es keine anderen Buchstaben gab, die diesen spezifischen Laut im Gälischen wiedergaben. Es ist wohl eindeutig anzunehmen, dass diese »künstlichen« Buchstaben nicht wirklich als Teile des *Beithe Louis Nion* gelten, das aus den »*natürlichen* Bäumen des Waldes« zusammengestellt wurde.

Schließlich sollte noch darauf hingewiesen werden, dass die Buchstaben D und T ursprünglich mehr oder weniger austauschbar waren. Sie sind sowohl im *Beithe Louis Nion* als auch im *Bobel Loth* direkt hintereinander aufgeführt. Beachten Sie ferner, dass in der ersten Baum/Buchstaben-Liste in Tabelle 1 das T einem Baum zugeordnet ist, der Stechpalme, in der zweiten Liste aber keine Zuordnung erfolgt. Es gab dafür das Argument, dass anstelle der Stechpalme (engl. *holly*), auf die hier Bezug genommen wird, eigentlich eine bestimmte Eichenart *(holly-oak)* gemeint sei. Durch diese Annahme wird die Verbindung zwischen den Buchstaben D und T noch weiter verstärkt, denn dem Buchstaben D ist die Eiche zugewiesen. Im *Dinneen's Irish Dictionary*[14] steht, dass

---

14 *Dinneen's Irish Dictionary.* Dublin: Irish Texts Society, 1927.

das T vor Vokalen häufig den Platz des D übernimmt und das T überragt.

In der *Irish-English Dictionary*-Ausgabe von de Bhaldraithe[15] wird dieser Punkt ebenfalls angeführt. In *Maclennans Scottish Gaelic Dictionary*[16] wird angemerkt, dass T für »d« oder »do« (dt.: *dein*) steht, wenn es vor einem Wort vorkommt, das mit einem Vokal oder einem Hauchlaut beginnt. Dieser Aspekt des T, sozusagen der kleinere Bruder des D zu sein (der Eiche, die das Symbol des Hohen Königs war), spiegelt sich auch im alten irischen Sozialgefüge, in dem der König einen zweiten Mann oder ein Double besaß, der *Tainaiste* genannt wurde. Der *Tainaiste* des Königs war beinahe ebenso bedeutend wie der König selbst, denn bei einigen Gelegenheiten nahm er sogar dessen Platz ein. Dieser Begriff wird auch heute noch im parlamentarischen System Irlands verwendet und bezeichnet den Premierminister. Das Word *Tainaiste* hat seine Wurzeln im Wort *Tinne*, ebenso wie das englische Wort *tannin*, der Saft der Eiche. Die Eiche, Buchstabe D, wurde auch »König der Bäume« genannt, und die Stechpalme, Buchstabe T, ist deren *Tainaiste* oder Stellvertreter.

Der Buchstabe namens *Pethboc*, in der rechten Liste in Tabelle 1, ist eigentlich eine Abwandlung von *Beithe Beag*, was »kleine Birke« bedeutet. Dies bedeutet auch »weiches B«. Ein weiches B ist der Buchstabe P, der im Altirischen nicht existiert.

Das grundlegende Baum-Ogham entspricht dem in Tabelle 3 dargestellten Alphabet. Die Buchstaben und Bäume, die aus der ursprünglichen Liste entfernt wurden, sind dennoch sinnvoll und spielen eine Rolle, aber jeweils nur in Verbindung mit einem oder mehreren Hauptbäumen des Alphabets. Auch auf der magischen Ebene funktionieren sie auf diese Weise, der eine symbolisiert den anderen.

Für das weitere Verständnis ist es wichtig, immer wieder die Bezüge zwischen Baum-Ogham und grammatikalischer Anleitung für das geschriebene Ogham herzustellen. Dies ist vielleicht am einfachsten, wenn Sie im Gedächtnis behalten, dass die »gespro-

---

15 de Bhaldraithe, *Irish-English Dictionary*, 1978.
16 Malcolm Maclennan, *Scottish Gaelic Dictionary* (Acair: Edinburg, 1925), 329.

Tabelle 3
Das grundlegende Alphabet des Baum-Ogham

Buchstabe	Name	Baum
B	Beithe	Birke
L	Luis	Eberesche
F	Fearn	Erle
S	Sail	Weide
N	Nion	Esche
H	Huath	Weißdorn
D	Duir	Eiche
T	Tinne	Stechpalme
C	Coll	Haselstrauch
Q	Queirt	Apfelbaum
M	Muin	Weinstock
G	Gort	Efeu
nG	nGetal	Ginster
St	Straiph	Schwarzdorn
R	Ruis	Holunder
A	Ailm	Föhre
O	Onn	Stechginster
U	Ur	Heidekraut
E	Edhadh	Espe
I	Iddhadh (Ido)	Eibe

chene« Sprache der Bäume in Wirklichkeit ein innerer, mentaler, abstrakter Vorgang ist. Um diesen Prozess in Gang zu setzen, ist es jedoch notwendig zu wissen, wie es sich entwickelt hat. Glücklicherweise gibt uns das *Buch von Ballymote,* wie im *Auraicept* zitiert, einige Informationen über das Wesen der Bäume und darüber, wie sie ihre Ogham-Namen erhalten haben:

Beithe wurde nach der Birke benannt, wegen der Ähnlichkeit des Äußeren mit dem Stamm der Birke. Von vertrocknetem Stamm und grauem Haar ist die Birke.

Luis ist benannt nach der Eberesche, Moutain Ash ist der alte gälische Name für diesen Baum. Die Eberesche ist die Freude des Auges wegen der Schönheit ihrer Beeren.

Fearn, die Erle, Vorhut der Kriegerscharen, denn daraus sind die Schilde.

Sail, die Weide, die Farbe der Leblosen, dank der Ähnlichkeit ihrer Farbe mit einer toten Person.

Nion, die Esche, ein Schlag gegen den Frieden ist Nion, denn aus ihr werden die Speerschafte gemacht, durch die der Frieden gebrochen wird.

Huath ist der Weißdorn, eine Hundemeute ist der Weißdorn; dies verdient er wirklich aufgrund seiner Dornen.

Duir, die Eiche, höher als die Büsche ist eine Eiche.

Tinne, die Stechpalme, ein dritter Teil des Rades ist die Stechpalme, denn die Stechpalme ist eines der drei Hölzer, aus denen Wagenräder gemacht werden.

Coll, aus schönem Holz ist der Haselstrauch; jeder isst von seinen Nüssen.

Queirt, der Apfelbaum, Schutz für die Hirschkuh bietet der Apfelbaum.

Muin ist ein Weinstock von höchster Schönheit, denn er wächst hoch empor.

Gort ist Efeu, grüner als die Weiden ist der Efeu.

nGetal, der Ginster oder Farn, die Stärke eines Arztes hat der Ginster.

Sraibh ist der Schwarzdorn, die Hecke an einem Strom ist Sraibh.

Ruis ist Holunder, das Rot der Scham.

Ailm, eine Föhre, eine Kiefer.

Onn, das ist der Stechginster.

Ur ist das Heidekraut.

Edhadh (*Ed Uath* – Schreckliche Gram), Testbaum oder Espe.

Ido, die Eibe.

Diese Auflistung gibt uns einen Hinweis auf die verschiedenen Eigenschaften und Funktionen der einzelnen Bäume. Auch wenn die obige Kommentierung oberflächlich ist, bietet sie doch für all jene, die sich mit diesem Thema erstmalig beschäftigen, zumindest eine allgemeine Grundlage zum Verständnis. Doch wir wollen unsere Kenntnisse noch vertiefen, wir suchen etwas, das uns Einblicke bietet in die Anderswelt und in die magische Bedeutung und Verwendung der Bäume. Die Autoren dieser wichtigen Quelle geben uns drei Listen mit Namen und Beschreibungen für jeden einzelnen Baum an die Hand, die uns noch mehr über die Bäume erzählen werden. Die Erste dieser Liste ist unter dem Namen *Wort-Ogham von Morainn mac Moin* bekannt. Sie wurde angeblich von Morainn zusammengestellt; er war ein großer Richter und sehr bekannt für seine guten Entscheidungen und gerechten Verhandlungen in allen Fällen, die ihm vorgetragen wurden.

B entspricht *FEOCHAS FOLTCHAIN,* vertrockneter Stamm und graues Haar.

L entspricht *LI SULA,* Entzücken des Auges.

F entspricht *AIREINECH FIANN,* Schild der Krieger.

S entspricht *LI AMBI,* Farbe der Leblosen.

N entspricht *COSTUD SIDE,* Schlag gegen den Frieden.

H entspricht *CONDAL CON,* Rudel der Wölfe (oder Hunde).

D entspricht *ARDDAM DOSSA,* höchster Busch und *TRIAN,* dritter Teil.

T entspricht *TRIAN ROITH,* dritter Teil des Rades.

C entspricht *CAINIU FEDAIB,* schönster Baum.

Q entspricht *CLITHCHAR BOSCILL,* Unterschlupf einer Hirschkuh, *BOSCELL* entspricht dem Wahnsinnigen, *BAS CEALL* entspricht der Todesahnung, jener Zeit, in der die Sinne eines Wahnsinnigen zu ihm zurückkehren. Deshalb bedeutet *CLITHCHAR mBAISCAILL* Schutz vor Geisteskrankheit.

M entspricht *ARDAM MAISI,* von höchster Schönheit, *TRESIM FEDMA,* stärkste Bemühung, *MUIN* entspricht dem Rücken eines Mannes oder Ochsen, weil sie in der Existenz die stärksten Bemühungen an den Tag legen.

G entspricht *GLAISEM GELTA,* grünste aller Weiden, *MILLSIU FERAIB,* süßer als Gräser dank der Verbindung mit Kornfeldern.

nG entspricht *LUTH LEIGHE,* Kraft eines Arztes, *CATH* entspricht dem Allheilmittel, *GETAL* entspricht dem Ginster.

St entspricht *AIRE SRABHA,* vorsichtige Bemühung, *TRESIM RUAMNA,* stärkstes Rot. *STRAIPH* entspricht dem Schwarzdorn, der eine starke rote Färbung auf Metall verursacht.

R entspricht *TINNEM RUICE,* intensivstes Erröten, es ist jenes Rot, das auf dem Gesicht eines Mannes entsteht, wenn es mit dem Saft dieses Krautes eingerieben wurde.

A entspricht *ARDAM IACHTADHA,* lautestes Stöhnen, das heißt Verwunderung. *AILM* oder A ist das, was ein Mann aus Elend oder Verwunderung ausstößt.

O entspricht *CONGNAID ECK,* Helfer der Pferde. *ONNAID* entspricht den Rädern eines Wagens. *ALITER COMGUINIDECH* entspricht der Verwundung. Stechginster.

U entspricht *GRUIDEM DAL,* schrecklicher Stamm, *UARAIB ADBAIB,* Wohnen in der Kälte. *URI* entspricht lockerer Erde. *UR* ist das Heideland.

E entspricht *AERCNAID FER NO FID,* besonderer Mann oder besonderes Holz.

I entspricht *SINEM FEDHA,* ältestes Holz. *IBUR* ist der dienende Baum, die Eibe.

- Lassen Sie sich von der komplizierten Schreibweise nicht verwirren und auch nicht davon, dass sich die Rechtschreibung mitten im Satz verändert. Die alt- oder mittelirischen Namen sind nicht so wichtig. Entscheidend ist, was diese Namen bedeuten und wie sie sich auf praktische Weise verwenden lassen.

Die zweite Liste wird dem großen Ulsterhelden Cuchulain zugeschrieben, der – wie wir wissen – mit dem Ogham sehr vertraut war.

B entspricht *MAISI MALACH* z. B. *CRECCAD,* verschüchterte Schönheit, der Beschäftigung wert.

L entspricht *LUTH CETHRA* z. B. *LEAM,* Kraft der Rinder, Ulme.

F entspricht *DIN CRIDE* z. B. *SCIATH,* Schutz des Herzens, Schild.

S entspricht *TOSACH MELA* z. B. *SAIL,* Anfang des Verlustes, Weide.

N entspricht *BAG MAISI* z. B. *GARMAN,* Flucht der Schönheit, Webschiff.

H entspricht *ANNSAM AIDHCHE* z. B. *HUATH,* schwere Nacht, Weißdorn.

D entspricht *SLECHTAIN SAIRE* z. B. *NIAMA SAIRTE,* Arbeit auf Knien, helle und leuchtende Arbeit.

T entspricht *TRIAN N-AIRM* z. B. *TINNE IARIRN,* dritter Teil der Waffen, Eisenstange.

C entspricht *MILLSEM FEDHO* z. B. *CNO,* süßestes Holz, eine Nuss.

Q entspricht *DIGHU FETHAIL* z. B. *CUMDAIGH,* ausgezeichnetes Emblem, Schutz.

M entspricht *CONAIR GOTHA* z. B. *TRE MUIN,* ein Rudel Wölfe mit Speeren, drei Reben.

G entspricht *SASADH ILE* z. B. *ARBHAR,* angenehmes Öl, Getreide.

nG entspricht *TOSACH N-ECHTO* z. B. *ICCE,* Anfang von Heldentaten, Heilung.

St entspricht *SAIGID NEL* z. B. *A DDE SUAS,* das Flirren eines Pfeils, vom Feuer aufsteigender Rauch.

R entspricht *BRUTH GERGGA* z. B. *IMDERGADH,* großer Zorn, Bestrafung.

A entspricht *TOSACH GARMA* z.B. Anfang eines Webschiffs, ahh.

O entspricht *LUTH FIANN* z. B. *GRAECH,* Kraft eines Kriegers, Stärke.

U entspricht *FORBHAID AMBI* z. B. *UIR,* Vollendung der Leblosigkeit, Grab.

E entspricht *BRATHAIR BETHI* z. B. E, Verwandte der Birke, Espe.

I entspricht *LUTH (NO LITH) LOBAIR* z. B. *AES*, Kraft (oder Farbe) eines kranken Mannes, Volkes oder das Alter.

Die dritte Liste der Bäume und ihre Bedeutungen werden dem Gott Aonghus zugeschrieben.

B entspricht *GLAISEM CNIS*, Silberhaut.
L entspricht *CARAE CAETHRA*, Freund der Rinder.
F entspricht *COIMET LACHTA*, Hüter der Milch (oder Milchbehälter).
S entspricht *LUTH BEACH*, Stärke der Bienen.
N entspricht *BAG BAN*, Flucht der Frauen.
H entspricht *BANAD GNUISI*, Blässe des Gesichts.
D entspricht *GRAS SAIR*, Handwerk (oder eventuell Arbeit des Zimmermanns).
T entspricht *SMIUR GUAILE*, Feuer der Kohle.
C entspricht *CARA BLOISC*, Freund des Knackens.
Q entspricht *BRIG ANDUINE*, Kraft eines Menschen.
M entspricht *MARUSCN-AIRLIG*, Bedingung des Schlachtens.
G entspricht *MED NERCC*, Größe eines Kriegers.
nG entspricht *EITIUD MIDACH*, Gewand des Arztes.
St entspricht *MORAD RUN*, Zunahme der Geheimnisse.
R entspricht *ROMNAD DRECH*, Röte des Gesichts.
A entspricht *TOSACH FREGRA*, Beginn der Antworten.
O entspricht *FOILLEM SIRE*, freundlichste Arbeit.
U entspricht *SILAD CLAND*, Wachstum der Pflanzen.
E entspricht *COMMAIN CARAT*, zusätzlicher Name eines Freundes.
I entspricht *CAINED SEN NO AILEAM AIS*, Missbrauch eines Vorfahren oder angenehme Übereinstimmung.

Diese drei Listen weisen ähnliche Muster auf und bieten ähnliche Beschreibungen für die Baum-Buchstaben an, doch sie sind keine abgewandelten Formen, die aufeinander Bezug nehmen und stammen auch nicht aus einer gemeinsamen Quelle, sondern stellen verschiedene Interpretationen des allgemeinen Ogham dar. Im restlichen Teil des Buches werde ich mich auf diese drei Interpretationen als »Wort-Oghams« beziehen.

Morainns Wort-Ogham ist sehr direkt und könnte ein Wort-Ogham für Anfänger sein. Wir wissen aus Legenden, dass Morainn ein großer Dichter war, gut ausgebildet in der Benutzung der Worte. Es heißt, er sei mit einer Glückshaube auf dem Kopf geboren worden, die entfernt wurde, als man ihn in das Meer tauchte. Die neunte Welle habe die Haube vom Kopf gespült. Dieses Eintauchen in das Meer ist ein eindeutiger Initiationsritus, und die wichtige neunte Welle, die immer mit poetischer Inspiration in Verbindung gebracht wird, besagt, dass es Morainn vom Schicksal beschieden war, eine wichtige Person zu werden. Die Geschichte wird aber noch weiter erzählt: Seine Glückshaube wurde zu einem Kragen, den er den Menschen um den Hals legte, wenn er ihnen Fragen stellte. Wenn ihre Antworten gelogen waren, schrumpfte der Kragen zusammen und würgte. Hatten sie aber die Wahrheit gesprochen, blieb der Kragen, wie er war, und fügte ihnen keinen Schaden zu. Jedes magische System, das von einem so starken Charakter entwickelt wurde, ist es wert, genauer untersucht zu werden.

Das Wort-Ogham von Cuchulain enthält viele Ausdrücke und Andeutungen, die sich auf die Krieger-Kaste beziehen und von ihr verstanden werden sollten, denn Cuchulain war selbst ein Krieger.

Aonghus Wort-Ogham ist eher abstrakt und verwirrender als die anderen, wie es von einer Gottheit zu erwarten ist, die gerne in Rätseln sprach und für ihre Kapriolen bekannt war. Diese drei Listen könnten die drei Ebenen des Seins repräsentieren. Morainn, ein menschliches Wesen von dieser Welt, könnte die physische Ebene symbolisieren; Cuchulain stünde symbolisch für die mentale Ebene, denn er war zwar ebenfalls ein Mensch, hatte aber die Fähigkeit, sich in die Anderswelt zu begeben und übermenschliche Taten zu vollbringen; und Aonghus, der eine Gottheit war, könnte die spirituelle Ebene symbolisieren. Diese Betrachtungsweise mag nicht im Sinne der Autoren dieser Quelle gewesen sein, aber dennoch passt sie in die Weltsicht von der Existenz dieser drei Ebenen.

Wir werden diese drei Wort-Oghams dazu verwenden, die geheimen Mysterien des Baum-Ogham zu entziffern, und daraus eine praktische und magische Verwendung ableiten. Dabei soll unser Schwerpunkt auf dem Wort-Ogham von Morainn liegen, denn dies ist am konkretesten und am einfachsten zu interpretieren. Die anderen beiden Wort-Oghams werden uns beim Studium der Prinzipien und Techniken in den nächsten Kapiteln unterstützen, wenn Sie ihre eigenen Interpretationen und deren praktische Verwendung entwickeln.

TEIL II

Kapitel 4

Die drei Ebenen der Bäume

Ein Ausdruck des Interesses für die magischen Aspekten des Ogham und der Bäume ist meines Erachtens ohne Kenntnis der Eigenschaften der Bäume selbst nicht denkbar. Die Überbetonung der magischen Aspekte der Bäume war in der Vergangenheit nicht gut. Es hat von den anderen wichtigen Eigenschaften der Bäume abgelenkt, nicht zuletzt von deren Funktion als Erschaffer und Filter der Atmosphäre unseres Planeten. Dies ist wirklich magisch, denn davon hängt jede andere Lebensform auf dieser Erde ab.

In den folgenden Kapiteln wird jeder Baum einzeln auf allen drei Ebenen erforscht. Es werden die individuellen Eigenschaften der Bäume betrachtet und wie sich ihre Beschreibungen ändern können, wenn sie mit anderen in Interaktion treten. Dies ist der Schlüssel zur Erforschung des Baum-Ogham. Mit zunehmender Erforschung werden Sie eine Grundlage an praktischen magischen Kenntnissen und Fähigkeiten erwerben, die sich auf allen Ebenen der Existenz anwenden lassen, insbesondere auf der spirituellen oder geistigen Ebene. Die Betonung auf dem geistigen Aspekt ist der Hauptunterschied zwischen dieser und anderen beliebten Formen der Magie.

Was Sie hier tun werden, lässt sich auch so ausdrücken: in einer anderen Sprache lesen und schreiben lernen. Dies geschieht, indem Sie zunächst einmal mit den einzelnen Buchstaben des fremden Alphabets vertraut werden und diese dann miteinander verbinden, um sinnvolle Ergebnisse zu erhalten. Mit etwas Praxis sollten Sie in der Lage sein, die Bäume ebenso zu lesen wie die Worte auf dieser Seite. Sie werden schon bald bemerken, dass einige Baumkombinationen (Buchstabenkombinationen) häufiger vorkommen als andere und manche nie zusammen auftreten. Dies ist vergleichbar mit den Rechtschreibregeln für eine geschriebene Sprache. Ein tieferes Verständnis für die Grammatik der Bäume ist aber ebenfalls eine wichtige Voraussetzung, um die Baum-Magie letzten Endes auch erfolgreich anwenden zu können.

Die meisten Menschen können mit ausreichender Praxis und Anleitung grundlegende Kenntnisse über die Eigenschaften und Merkmale der einzelnen Bäume auf allen drei Ebenen entwickeln. Einige werden noch weitergehen und diese Bäume auf eine Weise gruppieren, die einen Sinn ergibt; doch diese Fähigkeiten sind noch nicht dasselbe wie die Sprache der Bäume wirklich zu sprechen. Angenommen, Sie würden versuchen, Griechisch zu lernen, indem Sie das griechische Alphabet auswendig lernen und die griechische Rechtschreibung und Grammatik studieren. Dies würde noch nicht genügen, um die tausend verschiedenen Nuancen, Abwandlungen und Redewendungen zu verstehen, die derjenige beherrscht, der eine Sprache fließend spricht. So ist es auch mit den Bäumen. Ich kann Sie lehren, wie Sie die Bäume erkennen können und was sie bedeuten, und ich kann Ihnen die Grundlagen der Baumkombinationen und der Baumgrammatik vermitteln, aber es wird an Ihnen liegen, ob Sie die Sprache der Bäume eines Tages fließend sprechen können. Dies ist möglich, indem Sie sich die Zeit nehmen und die Mühe machen, jeden einzelnen Baum in seiner natürlichen Umgebung zu suchen und dadurch in engen Kontakt mit ihm und der Grünen Welt zu kommen. Sie müssen die Bäume kennen: ihre Rinde, die Blätter und Formen und das Leben, das auf ihnen und um sie herum existiert. Die keltische Tradition gebietet eine totale Hingabe an die Dinge dieser Welt und eine sehr solide und tiefe geistige Verbindung zum Land.

Wir beginnen mit der Erforschung jedes einzelnen Baumes. Dann werden einige Beispiele für Nachrichten und subtile magische Anleitungen von Baumkombinationen erläutert. Zunächst soll jedoch beschrieben werden, wie Sie Ihre praktischen Studien über die Bäume beginnen können.

Einführung in die Praxis

Die Praxis der Baum-Magie ist eine sehr persönliche Angelegenheit, vielleicht mehr als jede andere Form der Magie. Ehe auch nur irgendein Fortschritt gemacht werden kann, muss eine tiefe persönliche Beziehung zu jedem Baum aufgebaut werden. Im Folgenden finden Sie grundlegende Richtlinien für die praktische Arbeit. Vielleicht werden Sie schon bald feststellen, dass Sie ein eigenes System entwickeln. Wenn dies der Fall ist, führen Sie es fort. Folgen Sie in diesen Dingen immer Ihrer Intuition. Für den Anfang würde ich jedoch vorschlagen, dass Sie Ihren Weg über einige bereits erprobte und getestete Übungen gehen.

Wenn möglich, führen Sie die praktische Arbeit außer Haus durch und möglichst nahe an den Bäumen, die Sie erforschen. Wenn dies nicht möglich ist, oder einer der fraglichen Bäume in Ihrer Gegend nicht vorhanden ist, dann können Sie auch im Haus mit einem Ast, Zweig, einem Blatt oder einer Frucht dieses Baumes als Ersatz arbeiten. Wenn Sie im Freien arbeiten, sollten Sie diese Übungen unter allen Wetterbedingungen durchführen, zu allen Zeiten des Jahres und zu verschiedenen Tages- und Nachtzeiten. Der Baum lebt dort, wo er Wurzeln geschlagen hat, ohne Schutz vor den Elementen, unter allen Bedingungen. Bäume sind physisch mit dem Land verbunden, denn ihre Wurzeln reichen weit in den Boden hinein, um von dort Nahrung aufzunehmen. Sie bauen eine tiefe spirituelle Verbindung zu dem Land auf, das sie ernährt und erhält. Dies ist das Ziel, nach dem wir streben sollten. Das gesamte keltische System basiert auf dem individuellen Aufbau, dem Erhalt und der Weiterentwicklung physischer, mentaler und spiritueller Beziehungen mit dem Land, das ihm oder ihr das Licht der Welt geschenkt hat, das ihn oder sie ernährt und das irgendwann den toten Körper wieder aufnimmt und daraus neue Lebensformen erschafft. Sie müssen jeden einzelnen Baum unter so vielen Umständen beobachten wie möglich, um diesen Baum wirklich ganz kennen zu lernen und zu wissen, wie er sich unter bestimmten Witterungseinflüssen, bei Tag oder Nacht und zu den verschiedenen Jahreszeiten verändert und darauf reagiert. Erst dann werden Sie etwas über dessen symbiotische Verbindung zur Erde erfahren.

Dieser Vorgang wird jedes Mal ein kleines Stück von Ihnen selbst zu Tage fördern und Ihnen deutlich machen, wie Sie sich draußen in Regen und Schnee, im Dunklen und Kalten, im Herbst und im Winter, in der Sonne und Wärme, im Tageslicht und in der Helligkeit und im Frühling und Sommer verhalten. Indem Sie die Bäume erforschen und eine Beziehung zu ihnen aufbauen, lernen Sie Ihr Selbst kennen und bauen eine Beziehung zu ihm auf.

Ich würde vorschlagen, dass die Arbeit in der Form eines einfachen Rituals ausgeführt wird. Das wird dabei helfen, ein Muster von Worten, Aktionen und der Verwendung von Hilfsmitteln zu etablieren, das mit der Zeit immer stärker und effektiver wird. Bei diesem Ritual sollten auch Ihre *kleineren magischen Waffen* verwendet werden, etwa ein Messer, ein Stab, ein Kelch oder ein Stein. Außerdem sollte das Ritual auch eine Anrufung von Dagda (day-a), dem Gott der Bäume, enthalten.

Stellen Sie fest, mit welchem Baum Sie als Erstes in Kontakt treten möchten. Lesen Sie sich Kapitel 3 durch, stellen Sie sich dabei ein möglichst komplettes Bild von der physischen Erscheinungsform der Bäume vor, und lesen Sie die eher subtilen Aspekte durch, die in den Wort-Oghams dazu geschrieben stehen. Wenn Sie diese Informationen auf der mentalen Ebene abrufbar vor Augen haben, können Sie mit der Arbeit auf der physischen Ebene beginnen. Diese Arbeit wird schließlich auch Ihre spirituelle Ebene berühren, die sich wiederum auf Ihren Alltag auswirken wird. Auf diese Weise findet ein wirklich praktischer und Kraft spendender Prozess statt.

Die praktische Arbeit besteht aus zwei Teilen: dem einfachen Ritual und dem Herstellen von Ogham-Stäben. Ich würde vorschlagen, dass Sie die Ogham-Stäbe sammeln und bearbeiten, ehe Sie mit den eher formalen Ritualen arbeiten. Die Ogham-Stäbe sollten jeweils aus dem Holz der einzelnen Bäume gemacht und anschließend mit dem zugehörigen Ogham-Symbol bemalt werden. Auch das Einschnitzen des Ogham-Symbols ist ein schöner Brauch. (Die Symbole für die einzelnen Bäume sind jeweils in den folgenden Kapiteln zu finden.) Der Vorteil dieser Technik besteht darin, dass Sie beim Suchen und Erkennen dieses Baumes in der Natur gleichzeitig das dazu passende Kerbensymbol in Ihrem Gedächtnis bewahren. Verwenden Sie nicht zu viel Zeit für die Ogham-Stäbe, sie sollen Ihnen vertraut und schön sein, aber nicht übermäßig groß und schon gar keine Kunstwerke. Je kleiner sie sind, desto besser lassen sie sich auch an andere Orte mitnehmen. Eine Sammlung von zwanzig herrlichst geschnitzten Holzbalken ist nicht so handlich wie zwanzig sauber geschnittene und eingekerbte dicke Zweige oder dünne Äste.

Die Ogham-Stäbe erfüllen eine doppelte Funktion. Auf der einen Seite sind sie eine ständige Erinnerung an alle Aspekte, Eigenschaften und Funktionen der einzelnen Bäume. Dies ist für das Ritual wichtig, denn hierbei muss zur Anrufung der notwendigen Kräfte und Energien viel Symbolismus abgerufen werden können. Die zweite Funktion der Stäbe ist die der Wahrsagung. Wenn Sie die verschiedenen Aspekte und Bedeutungen jedes Baums kennen, lässt sich daraus eine komplette Symbolsprache entwickeln, die zur Betrachtung von Problemen oder Situationen oder zur Suche nach Antworten auf Fragen dienen kann.

Vielleicht ziehen Sie es vor, eine eigene, für Sie sinnvollere und bedeutungsvollere Tabelle der Entsprechungen zwischen den verschiedenen Oghams zu erstellen, die auf Ihren persönlichen Erfahrungen, Beobachtungen und Ihrem Verständnis beruhen. Je mehr Sie über die subtilen Aspekte dieser hilfreichen Instrumente erfahren, desto mehr Zusätze können Sie in eine solche Tabelle einfügen.

Wenn Sie damit beginnen, die Stäbesammlung anzulegen, sollten Sie nach jedem Baum in der Reihenfolge Ausschau halten, in welcher die Bäume in den nachfolgenden Kapiteln erläutert werden. Sehen Sie sich nach einem heruntergefallenen Ast oder Zweig um, der ungefähr 15 Zentimeter lang ist und etwa einen Zentimeter Durchmesser hat. Das Aststück sollte allerdings noch nicht morsch, sondern frisch sein. Entfernen Sie die Rinde, um das darunter liegende Holz freizulegen, und legen Sie den Stock an einen trockenen, warmen Platz in Ihrem Haus. Wählen Sie eine Position, an der Sie ihn bei Ihren täglichen Aktivitäten in der Wohnung sehen können. Ein Fensterbrett in südlicher Himmelsrichtung ist ideal. Lassen Sie den Stock dort liegen, bis das Holz komplett getrocknet und hart genug ist, um geschnitzt oder bemalt zu werden. Im Frühling oder Sommer, wenn das Holz noch saftiger ist, kann das Trocknen zwei bis drei Wochen dauern. Im Winter und Herbst ist die Zeit für das Trocknen kürzer. Sobald der Stab fertig ist, nehmen Sie ihn vom Trockenplatz und halten Sie ihn einige Zeit in Ihren Händen. Knüpfen Sie eine mentale und emotionale Verbindung nicht nur mit dem kleinen trockenen Zweig in Ihrer Hand, nicht nur mit dem großen Baum, von dem er stammt, sondern mit allen Bäumen dieser Art. Währenddessen sollten Sie sich darüber bewusst sein, dass es diese Lebensform nicht nur in dem kleinen Waldstück nebenan, sondern an vielen anderen Orten auf der Welt gibt.

Lassen Sie Ihre Gedanken ruhig werden und konzentrieren Sie sich auf die wichtige Aufgabe, die nun folgt – markieren Sie den Stab mit der zugehörigen Ogham-Kerbe. Die Schnitzerei oder Malerei der Kerbe wird nur ein paar Minuten in Anspruch nehmen, führen Sie diese Aufgabe aber mit Hingabe und Vertrauen aus und wiederholen Sie dabei in Gedanken, wie die Kerbe genannt wird, was sie symbolisiert und welche wichtigen und besonderen Aufgaben Sie mit diesem Holzstück angehen wollen. Sobald der Stab markiert und mit Ihren Gedanken und Gefühlen geehrt ist, legen Sie ihn an einen besonderen oder heiligen Platz, zum Beispiel auf einen Altar, falls vorhanden, oder in eine schöne Schachtel, in der nur wertvolle Dinge aufbewahrt werden. Wiederholen Sie diesen Prozess für jeden Baum, bis Sie ein komplettes Set von 20 Ogham-Stäben mit Kerben besitzen.

Vom Efeu, dem Weinstock, dem Heidekraut und dem Ginster werden Sie keine Stäbe finden, die 15 Zentimeter lang sind und einen Zentimeter Durchmesser haben. Für diese Bäume genügt es, ein neutrales Holz zu verwenden, zum Beispiel Buche oder Kastanie, und diese mit jenem Symbol zu versehen, das dem betreffenden Busch entspricht. Wichtig ist die Absicht, die hinter diesen Holzstäben steht. Wenn Ihnen deutlich vor Augen liegt, was sie Ihnen und der Grünen Welt bedeuten, haben Sie Ihr Ziel erreicht. Die Verwendung der Ogham-Stäbe wird später erläutert. Für den Augenblick soll es genügen, die Bäume zu erkennen, die Äste zu sammeln und sie zu trocknen und zu kennzeichnen. Sie können überlegen, ob Sie ein extra Set mit drei zusätzlichen Stäben beziehungsweise Stabkombinationen zusammenstellen möchten. Sie erinnern sich an die in den Manuskripten beschriebenen Doppelbuchstaben? Queirt, nGetal und Straiph. Diese Doppelbuchstaben ließen sich durch drei Ogham-Stäbe, die zusammengebunden werden, repräsentieren. Queirt wäre der Zweig eines Apfelbaums für Queirt plus eines Haselstrauchs und eines Heidekrauts für C und U. nGetal würde aus einem Büschel Ginster plus Esche und Efeu bestehen, um den zusammengesetzten Buchstaben N und G zu symbolisieren. Straiph wäre ein Zweig Schwarzdorn und die ergänzenden Buchstaben S also Weide, und entweder Eiche oder Stechpalme für D oder T.

Das Baum-Ritual

Verwenden Sie die Spitze Ihres Messers, ziehen Sie damit im Uhrzeigersinn einen Kreis um den ausgewählten Baum, der groß genug ist, um für den Baum und Sie selbst genügend Platz zu bieten. Beginnen Sie den Kreis im östlichen Viertel und lassen Sie Ihr Messer in diesem Viertel liegen, wenn Sie den Kreis gezogen haben. Wiederholen Sie diesen Vorgang mit einem Stab, beginnen Sie diesmal im südlichen Viertel. Lassen Sie den Stab anschließend im südlichen Kreisviertel liegen und ziehen Sie den Kreis als Nächstes mit einem Kelch, ausgehend vom westlichen Viertel. Lassen Sie ihn im westlichen Viertel liegen und wiederholen Sie diesen Vorgang mit einem Stein im nördlichen Viertel und beenden Sie ihn auch dort. Während Sie die sich überlagernden Kreise auf dem Boden ziehen, sollten Sie sich darüber bewusst werden, wie Sie sich selbst durch unsichtbare Lichtbänder mit dem Baum verbinden. Empfinden Sie nach, wie Sie für die Dauer Ihres Aufenthalts im Kreis zu einem Teil des Baumes werden.

Wenn es nicht möglich ist, einen Kreis zu ziehen, der groß genug für Sie und den Baum ist, oder es nicht möglich ist, den Baum komplett in einem Kreis einzubinden (vielleicht, weil er zu nah an einer Hauswand steht), können Sie ersatzweise auch einfach einen Kreis um sich selbst am Boden ziehen. Wählen Sie dazu einen Ort in unmittelbarer Nähe des Baums, und legen Sie einen Zweig oder Ast, ein Blatt oder eine Frucht des Baums mit in den Kreis hinein. Entscheidend für diesen Schritt ist, dass Sie einen Bereich auf dem Boden einrichten, an dem Sie in enger Verbindung mit dem Baum arbeiten können.

Nehmen Sie den Ogham-Stab für den ausgewählten Baum zur Hand und konzentrieren Sie sich darauf. Widmen Sie dem Stab einige Minuten Ihre ungeteilte Aufmerksamkeit. Dies wird Ihnen helfen, sich auf den Baum zu konzentrieren und die Ablenkung durch andere Bäume, Pflanzen oder Tiere zu verringern. Dies hilft auch dem Baum, sich auf Sie zu konzentrieren. Nehmen Sie sich die Zeit, sich in Einklang zu bringen mit dem kollektiven Wissen der vielen Menschen, die diesen Weg bereits vor Ihnen gegangen sind, um die Magie dieses Baumes zu verstehen und zu verwenden.

Wenn Sie bereit sind, nehmen Sie den Ogham-Stab in die rechte Hand und stecken Sie ihn vorsichtig halb in den Boden. Behalten Sie den Teil in der Hand, der noch aus dem Boden herausragt, und legen Sie die linke Hand an den Stamm des Baumes. Auf diese Weise bilden Sie eine physikalische Brücke zwischen dem Baum und dem Erdboden, der ihn ernährt und erhält. Es ist natürlich richtig, dass der Baum selbst bereits ein Wurzelwerk gebildet hat, um seine Ernährung zu gewährleisten, aber auf einer magischen Ebene werden Sie zu einer Wurzel, durch die der Baum auf natürliche Weise kommunizieren kann. Wenn der Boden zu hart oder verwurzelt ist, um den Stab hineinzustecken, genügt es, diesen auf die Erdoberfläche zu legen und dort das eine Ende festzuhalten.

Erwarten Sie keine sofortigen Ergebnisse. Bäume wachsen viel langsamer als wir und ihr gesamter mentaler Entwicklungsprozess findet ebenfalls auf einer viel ruhigeren, gemächlicheren Ebene statt. Geben Sie dem Baum genügend Zeit, um Ihre schnelllebigen, flüchtigen Absichten aufzunehmen. Versuchen Sie, sich körperlich und geistig zu entspannen und die Geschwindigkeit zu erspüren, mit der sich der Baum bewegt und entwickelt. Sprechen Sie dann leise oder laut zu sich und bitten Sie den großen Hüter der Bäume, die Gottheit Dagda, darum, Ihnen zu helfen und Sie bei Ihrem Vorhaben zu unterstützen. Die Wortwahl und der Inhalt bleiben Ihnen allein überlassen. Je nach gewähltem Baum sollten Sie Ihre Anliegen aber an die besondere Bedeutung dieses Baumes und seine Zugehörigkeit anpassen. Bereiten Sie sich gedanklich darauf vor, ehe Sie mit den einzelnen Baumübungen beginnen. Gibt es andere Eigenschaften oder Gottheiten, die in den Legenden im Zusammenhang mit diesem Baum erwähnt wurden? Möchten Sie diese ebenfalls um Beistand und Unterstützung bitten? Wie immer bei solchen Dingen sollten Sie auf Ihr Gefühl hören, Ihrer Intuition Aufmerksamkeit schenken und das tun und sagen, was sich für Sie am besten *anfühlt*, nicht was Sie *denken*, es sei das Beste.

Die Kommunikation wird sich für einige wie von selbst ergeben, und Sie werden in einen ausgeprägten Dialog mit dem Geist des Baumes treten. Für andere scheint es vielleicht, als geschähe gar nichts. Dies ist ganz normal und erinnert uns nur daran, dass wir alle verschieden sind, mit verschiedenen Fähigkeiten und Stärken – genau wie die Bäume auch. Sie werden sich in Ihrem eigenen natürlichen Rhythmus öffnen und entwickeln, es lässt sich nicht absichtlich beschleunigen. Seien Sie geduldig, aber beständig, und behalten Sie im Gedächtnis, dass Sie zu manchen Bäumen eine bessere Beziehung aufbauen werden als zu anderen, und auf ähnliche Weise werden sich auch manche Bäume besser auf Sie beziehen als andere.

Was immer geschieht – ob es stark oder schwach ist, klar oder undeutlich –, beobachten Sie die Vorgänge und halten Sie sie in einem Tagebuch fest, das ausschließlich diesem Zweck dienen soll. Im Verlauf der nächsten Monate werden Sie ein Muster in Ihrer praktischen Arbeit erkennen, das sich aus dem Tagebuch entnehmen lässt. Vielleicht stellen Sie fest, dass sich die Kommunikation je nach Wetterlage, Tages- und Nachtzeit oder Jahreszeit unterscheidet. Als Faustregel gilt, dass es vermutlich einfacher ist, im Frühjahr mit den Bäumen zu kommunizieren, wenn sie aktiv sind und ihr Saft emporsteigt, als im Winter, wenn sie schlafen. Was auch immer Sie herausfinden, nehmen Sie sich Zeit, hören Sie genau zu und verurteilen Sie nie, was gerade geschieht oder was Sie gerade lernen. Öffnen Sie Ihre Augen, Ohren und Ihr Herz für die Anderswelt und lassen Sie die Baumgeister auf jene Weise mit Ihnen in Kontakt treten, die für sie am einfachsten ist.

Wenn Sie eine Baumsitzung beendet haben, danken Sie dem Baumgeist, auch wenn nichts zu geschehen schien. Danken Sie auch Dagda und allen anderen Gottheiten, die Sie angerufen haben. Heben Sie dann den Ogham-Stab langsam vom Boden auf. Seien Sie sich währenddessen bewusst, dass Sie nun den Kontakt zum Baum und zu jenen, die Sie zur Unterstützung angerufen haben, abbrechen. Ziehen Sie die Kreise nun entgegen dem Uhrzeigersinn wieder zurück und entfernen Sie dabei Ihre *Magischen Waffen*. Dadurch wird der Baum wieder von der vorübergehenden Bindung an Sie befreit und Ihnen verhilft es zu einer schnelleren Rückkehr in die Welt der Menschen, Gedanken und Aktionen. Seien Sie darauf vorbereitet: Es kann ein ganz schöner Schock sein, wenn Sie eine tief gehende Sitzung mit einem Baumgeist hatten. Die bewusste Entfernung des »Arbeitsbereichs« hilft, den Schock abzudämpfen.

Dies sind die Grundlagen der praktischen Arbeit, die für jeden Baum angewendet werden sollten. Wenn nötig, werden sich einige Änderungen an dem Ritual ergeben, aber versuchen Sie nicht, diesen so wichtigen Schritt für jeden Baum zu überspringen, um die Sache zu beschleunigen. Es gibt keine Abkürzungen auf dem Weg zur Magie und in der Magie, insbesondere nicht bei der langsamen Baum-Magie.

Kapitel 5 BIRKE

Name: Beithe
Buchstabe: B
Ogham-Symbol: ᚁ
Beschreibung: Beithe wurde nach der Birke benannt, wegen der Ähnlichkeit des Äußeren mit dem Stamm der Birke. Von vertrocknetem Stamm und grauem Haar ist die Birke.
Wort-Ogham von Morainn: FEOCHAS FOLTCHAIN, vertrockneter Stamm und graues Haar.
Wort-Ogham von Cuchulain: MAISI MALACH z. B. CRECCAD, verschüchterte Schönheit, der Beschäftigung wert.
Wort-Ogham von Aonghus: GLAISEM CNIS, Silberhaut.

Physische Ebene

Es gibt zwei Arten von Birken, die Silberbirke und die Moorbirke. Die Silberbirke mit ihren herabhängenden Ästen und dem geraden, silbrig-weißen Stamm ist ein sehr auffälliger Baum. Sie kann bis zu 15 Meter hoch wachsen und kommt in Berghöhen vor, in denen außer der Eberesche sonst kein Baum mehr zu finden ist. Die kleinen Blätter sprießen an beiden Seiten des Stängels, sind dünn, glänzend und weisen einen gezackten Rand auf, der aber zum Stängel hin gerade wird. Der Baum trägt rötliche männliche Kätzchen und kleinere, grüne, weibliche Kätzchen. Diese sprießen etwa im April und bleiben häufig fast bis zum Winteranfang am Baum. Dann brechen sie in Hülsen auf, und die Samen werden vom Wind durch ihre Flügel davon getragen. Das Holz ist sehr ungewöhnlich, denn zwischen dem inneren Hartholz und dem äußeren, saftigeren Holz ist kein Unterschied zu erkennen.

Die Moorbirke (auch Haarbirke genannt) kann etwa 20 Meter hoch werden. Die Rinde ist meist rötlich, und die Äste hängen nicht wie bei der Silberbirke herab, sondern neigen dazu, sich stark zu verzweigen. Die Blätter und Stängel der Moorbirke sind unten haarig, weisen scharfe Zacken und eine dreieckige Form auf. Ihre leichten Blätter werden vom Wind weit fort getragen und verwittern schnell, wodurch sie ein ausgezeichnetes Nährmittel für den Boden sind. Dieser Düngeaspekt des Laubs hilft anderen Bäumen, etwa der Eiche oder der Buche, sich an Orten zu halten, an denen ihnen dies sonst nicht gelingen würde. Der Effekt aber ist, dass die Eichen und Buchen häufig schnell höher werden als die Birke und dieser den Lebensraum nehmen, wenn das Sonnenlicht die Birke nicht mehr erreicht. Die Birke ist also sowohl ein Besiedler neuen Bodens als auch gleichzeitig ein Baum, der sich selbst zum Wohle der anderen opfert.

Birkenwälder bieten zahlreichen anderen Lebensformen Raum. Vögel wie der Birkenzeisig und die Meise ernähren sich von Birkensamen. Die gefleckte Mottenraupe frisst die Blätter der Birke. Heidekraut und Blaubeere gedeihen auf dem säurehaltigen Boden, den die Birke begünstigt. Die kleinen Blätter sorgen für einen leichten Schatten auf dem Boden unter dem Baum, wodurch Gräser und andere Büsche zum Wachstum angeregt werden. Dies wiederum führt dazu, dass Kaninchen und Wild in den Birkenwäldern grasen. Die Rinde der Birke ist sehr fest und ist noch lange intakt, wenn das Holz bereits verfault ist, wodurch hohle Röhren dort übrig bleiben, wo einst ein stolzer Baum stand. Verschiedene Pilzarten wachsen auf den toten Bäumen, insbesondere Boviste und Schmarotzerpilze auf den Stämmen und Fliegenpilze auf den Wurzeln.

Aus einem halben Dutzend junger Birkenblätter lässt sich in einer Tasse kochenden Wassers ein stärkender Tee zubereiten. Dies ist vor allem für Leute mit arthritischen oder rheumatischen Erkrankungen empfehlenswert. Beachten Sie jedoch, dass der Tee zu häufigem Wasserlassen führt. Ein wohl tuender Nebeneffekt davon ist aber auch das Ausspülen von Nieren- und Blasensteinen. Der Birkenblättertee ist ein kräftiges Antiseptikum, das auch Infektionen in diesen Bereichen beseitigen kann. Auch als gute antiseptische Mundspülung ist er für jene geeignet, die an Geschwüren leiden. Inhalationen über heißem Wasserdampf und einer Hand voll Birkenblätter ist gut gegen verstopfte Nasen oder hartnäckigen Katarrh.

Birkenwein lässt sich aus dem zuckerhaltigen Saft in Kombination mit Honig herstellen. Ein paar zarte Blätter beim Bierbrauen sorgen für extra Pfiff im Geschmack. Der Saft ist auch ein natürliches Shampoo und das Öl der Rinde ein ausgezeichnetes Insektenschutzmittel. Alles in allem ist die Birke ein sehr nutzvoller und medizinisch wertvoller Baum.

Mentale Ebene

Die Birke steht am Anfang des Baum-Ogham als ein Baum für den Neubeginn und die Gelegenheiten. Die Feststellung, dass jegliche Aktivität, ob magisch oder weltlich, mit einem eigenen Anfang beginnt, ist eine offensichtliche Tatsache, aber dieser Sekundenbruchteil der Zeit ist ein sehr wichtiger Moment und sollte als das erkannt werden, was er ist. Aus magischer Sicht bedeutet dies: Wenn Sie eine magische Arbeit beginnen, versetzen Sie sich bereits mental in einen anderen Bezugsrahmen. Diese subtile Änderung im Bewusstsein wahrzunehmen ist sehr wichtig, denn es bietet uns die Möglichkeit, unsere Absichten zu klären, die hinter der magischen Arbeit liegen. In diesem Moment können Sie auch sorgfältig überlegen, wie Sie die Magie erhalten wollen. Dieser Moment gibt Ihnen die Möglichkeit, im Voraus zu planen. Dabei findet bereits eine wirkliche Veränderung in Ihnen selbst statt, denn Sie sind dabei, eine neue Idee zu gebären. Dies ist die tiefere Bedeutung der physischen Eigenschaft des Besiedlers von neuem Terrain auf der physischen Ebene. Dieser Aspekt lässt sich auf Reisen durch die Anderswelt als Kennzeichen für neue Arbeitsgebiete oder neue Kontakte interpretieren. In der altirischen Legende *Toruigheacht Dhiarmada Agus Ghrainne*, »Die Verfolgung von Diarmaid und Grainne«, ist der erstgenannte Baum eine Birke, die viele magische Abenteuer ankündigt.

Es ist eine gute Technik, die Reise in die Anderswelt von der Mitte eines kleinen Birkenwäldchens aus anzutreten, um der Begleitung aus der Anderswelt deutlich zu signalisieren, dass Sie beabsichtigen, mit einer neuen Arbeit zu beginnen. Stellen Sie sich dabei vor, dass Sie in der Anderswelt in der Morgendämmerung erwachen, im Zentrum einer kleinen Lichtung, umgeben von jungen Birkenbäumen. Fühlen Sie die Frische und Jugend des Tages. Fühlen Sie die Vitalität und Ungeduld, die durch Ihren Körper strömt, wenn Sie in dieser neuen Anderswelt erwachen. Realisieren Sie das Potenzial für Veränderung und Neuanfang, das jede Dämmerung in sich birgt. Betrachten Sie die Birkenbäume einen Moment, spüren Sie ihre Präsenz und Vitalität. Seien Sie sich darüber bewusst, dass Sie beim Heraustreten aus der kleinen Lichtung den ersten Schritt in diese »Anderswelt-Sitzung« und die ersten Schritte in einen ganz neuen Arbeitsbereich unternehmen, der sich eines Tages auf der physischen Ebene manifestieren wird.

Wenn ein Birkenbaum oder Birkenwald spontan in einer Sitzung zum Vorschein kommt, ist dies ein Hinweis darauf, dass etwas oder jemand in der Anderswelt einen neuen Kontakt herstellen oder einen neuen Arbeitsbereich beginnen möchte, dessen Sie sich noch nicht bewusst waren. Nicht nur Sie allein denken sich neue Dinge aus, die auf mentaler oder spiritueller Ebene getan werden sollen. Manchmal beschließen auch die Bewohner der Anderswelt, dass etwas auf physischer Ebene getan werden muss, und vielleicht werden Sie dafür um Beistand gebeten. Eine Möglichkeit, mit der jene darauf aufmerksam machen möchten, besteht darin, Sie während einer Reise in die Anderswelt freundlich zu einem Platz mit Birken zu führen. Die Kommunikation zwischen den Menschen dieser Welt und den Menschen in der Anderswelt kann sehr schwierig sein, besonders dann, wenn der Kommunikationsversuch von der Anderswelt ausgeht. Sie müssen auf solche Versuche achten. Das Baum-Ogham ist, wie Sie sehen werden, eines der besten Mittel für die Kommunikation mit der Anderswelt.

Ein gälischer Name für die Birke ist *slat chaoil*, was wörtlich »Stab aus Zweigen« bedeutet. Die Birke ist in der Tat ein gutes Holz für einen Zauberstab, und auch dies passt gut in das Bild, das die Birke als ein Symbol für den Neubeginn zeigt. Der Zauberstab symbolisiert den Willen des Magiers. Nur durch Stärkung des Willens lassen sich Dinge erledigen oder neue Dinge beginnen.

Die Beschreibungen, die in den Wort-Oghams von Morainn und Aonghus für die Birke gegeben werden – »vertrockneter Stamm und graues Haar« und »Silberhaut« –, können auf einer rein physischen Ebene gelesen werden, denn die Rinde ist silbern, scheint abzublättern und gibt dem Stamm ein blasses oder verwittertes Aussehen. Die hellen Blätter geben dem Baum im Sommersonnenlicht den Anschein, als ob er mit Feen-Haar umgeben wäre.

Aber es gibt noch eine tiefere Bedeutung der Aussagen, wenn Sie sie auf die selbstaufopfernde und lebensspendende Eigenschaft der Birke beziehen. Der eigene Stamm stirbt und verschwindet, aber die Blätter fallen auf den Boden und bereichern ihn, wodurch stärkere Bäume an die Stelle der Birke treten können. Obwohl auch dies nur ein physischer Akt zu sein scheint, ist es doch ein sehr tiefer, kräftiger Akt der Magie auf allen drei Ebenen.

Spirituelle Ebene

Der Name der Birke im Baum-Ogham, *Beithe,* hat im Irischen zwei Bedeutungen. Er kann »sein« im Sinne des Verbs bedeuten, aber auch jede »Seinsform« bezeichnen. Im spirituellen Sinne ist die Birke das Ideal, auf das Sie hin arbeiten – einen Zustand, in dem Sie darauf vorbereitet sind, vollkommen selbstlos zu sein und sich um die Bedürfnisse der anderen zu kümmern, indem Sie Vorbereitungen dafür treffen, dass andere aufblühen können.

Der erste Platz, den die Birke im Baum-Ogham einnimmt, dient dazu, alles andere in Bewegung zu setzen, und zwar in der richtigen Reihenfolge. Innerhalb des Zyklus von Leben, Tod und Wiedergeburt ist die Birke ein Baum des physischen Opfers, der neues Leben hervorbringt, das sich selbst regeneriert und wieder zurück an den Ausgangspunkt der Dinge stellt.

Ich schlage vor, bis Sie mit dem kompletten Baum-Ogham vertraut sind und wissen, wie die Bäume miteinander zusammenspielen, die Birke zunächst auf der physischen und mentalen Ebene gründlich zu erforschen. Arbeiten Sie mit dem Holz der Birke und erkunden Sie, wie sich die Birke anfühlt, indem Sie sich unter ihre Äste setzen, mit dem Rücken gegen den Stamm gelehnt, während

Sie Ihren Geist ganz für deren Ausstrahlung öffnen. Es ist unmöglich für mich zu sagen, wie Sie sich fühlen werden, wenn Sie bewusst in Übereinstimmung mit der Birke gelangen, aber ich möchte Sie dazu ermutigen, diese praktische Arbeit mit freudiger Erwartung auf das zu unternehmen, was Sie erfahren werden. Wie das Wort-Ogham von Cuchulain sagt, ist die Birke eine »verschüchterte Schönheit und der Beschäftigung wert«.

Praktische Arbeit

Wählen Sie einen Birkenbaum aus und suchen Sie einen Ast, der als Ogham-Stab geeignet ist. Wenn Sie einen solchen Ast gefunden haben, entweder am lebenden Baum oder auf dem Boden, lassen Sie den Baum von Ihrer Absicht wissen, dass Sie diesen Zweig verwenden möchten. Dazu genügt es, einfach laut zu sagen, dass Sie diesen Teil des Baumes mitnehmen möchten, dass Sie ihn für einen ganz speziellen und sinnvollen Zweck – die Kommunikation – benützen möchten und dass Sie dem Baum dankbar dafür sind, dass er Ihnen dieses Stück Holz überlässt. Zu diesem Zeitpunkt sollten Sie mit dem Baum noch nichts anderes unternehmen. Schneiden Sie den Ast ab oder heben Sie ihn vom Boden auf und nehmen Sie ihn mit nach Hause. Führen Sie die Anleitungen zur Herstellung des Ogham-Stabs aus, die in Kapitel 4 gegeben werden.

Es kann einige Tage dauern, bis der Ogham-Stab trocken genug ist, um ihn zu bemalen oder das Symbol hinein zu schnitzen. Während dieser Zeit sollten Sie dem Baum täglich einen Besuch abstatten, um ein Gefühl der Liebe, Leidenschaft und Nähe zu ihm aufzubauen. Reden Sie mit dem Baum. Teilen Sie ihm Ihre Absichten mit. Sprechen Sie von Ihren Vorstellungen. Fragen Sie ihn, ob es etwas gibt, was Sie für ihn tun können. In anderen Worten: Pflegen Sie genauso einen Dialog mit ihm, wie Sie es mit einer neuen menschlichen Bekanntschaft tun würden.

Wenn Ihr Ogham-Stab fertig ist, beginnen Sie mit dem Ritual, das bereits ausführlich erläutert wurde. (Vgl. Kapitel 4) Die Birke ist ein Baum der Anfänge, und dies ist Ihr erster Versuch in der

Baum-Magie. Seien Sie sich dieser sehr subtilen, aber wichtigen Verbindung bewusst. Dies wird auch das erste Mal sein, bei dem Sie Dagda um Beistand bitten. Damit diese Bitte erfolgreich ist, sollten Sie versuchen, sich Dagda als möglichst genaues Bild vorzustellen; vielleicht hilft es Ihnen, ihn sich so vorzustellen, wie er in der alten Legende »Die Schlacht von Moytura« beschrieben wurde: Dagda ist ein sehr großer, ungekämmter, ziemlich grob aussehender Mann mit einem dicken Bauch, großem Kopf, wirren, dunklen Haaren und herunter gekommener Bekleidung wie ein armer Bauer oder Arbeiter. Seine tiefen, dunklen Augen leuchten und zeigen sein sanftes, freundliches und hilfsbereites Wesen. Wenn Sie ein deutliches Bild von Dagda vor Augen haben, sollten Sie ihn zum Beispiel mit folgenden Worten ansprechen:

Oh mächtiger Dagda, du Guter Gott, Gott der Tiere und des Waldes, Herr über die Kräfte und Energien der Grünen Welt, erhöre mich und stehe mir bei.

Es ist mein tiefer Wunsch zu lernen.

Es ist mein tiefer Wunsch zu dienen.

Es ist mein tiefer Wunsch, Kenntnisse zu erwerben, die ich in dieser Welt dazu benutzen kann, mir selbst, allen aus meiner Art und allen anderen Arten zu helfen, die der Sorge und des Beistands bedürfen.

Leite mich durch den magischen Wald der Ogham-Bäume.

Zeige mir, was hinter der Rinde liegt, lehre mich, was die Blätter wachsen lässt, hilf mir zu verstehen, warum ein Baum groß und schlank ist und der andere klein und dick.

Zeige mir, wie ich diese Kenntnisse in meinem täglichen Leben so einsetzen kann, dass es zum Wohle aller geschieht.

Lass mich die Verbindung kennen lernen, die dieser Baum zur Erde hat, der Ernährerin und Bewahrerin allen Lebens, damit ich auch eine solche Verbindung eingehen kann.

Zeige mir in guten Zeiten alles, was ich wissen muss.

Denken Sie einen Moment über die Worte nach, die Sie gesagt haben. Stellen Sie sich vor, wie Dagda aus einem dicken Birkenwald auf Sie zukommt. Sie sehen ihn zwischen sich und den Bäumen stehen, in jenem Bereich, in dem Sie den Ogham-Stab in den

Boden stecken und die linke Hand an den Baum legen möchten. Beginnen Sie dann die Kreise für das Ritual mit den *magischen Waffen* auf dem Boden zu ziehen. Führen Sie dann, wie bereits beschrieben, den restlichen Teil des Rituals durch.

Dieses einfache Ritual wird einen größeren Effekt haben, als Sie vielleicht zunächst bemerken. Die Stärke liegt in der Wiederholung. Je öfter Sie es durchführen und je mehr Menschen es durchführen, desto stärker ist die Kraft, die es entfaltet. Und je stärker diese Kraft wird, desto einfacher wird es sein, mit den Bäumen in Verbindung zu treten. Für einige Menschen wird dies eine sehr bewusste, aktive und erhellende Erfahrung sein. Für andere ist es eine eher langsame, verwirrende und undurchsichtige Angelegenheit. Es ist schwierig, das eigene Bewusstsein ruhig zu stellen und ganz neue Wege des Denkens, Fühlens und der Kommunikation zuzulassen, aber genau darum geht es. Durch die Verwendung des Kreises und durch die Anrufung bestimmter Helfer und Führer lässt sich dieser Prozess für Sie selbst und die Bäume einfacher gestalten. Was auch geschehen wird und geschieht, erwarten Sie keine Wunder! Vertrauen Sie auf diesen langsamen, beständigen und konsequenten geistigen und religiösen Akt. Betrachten Sie es als eine Art Gottesdienst oder einen Kultritus, als eine tiefe Kommunikation zwischen Ihnen, dem Geist der Bäume und den angerufenen Gottheiten.

Wenn das Ritual beendet ist, ehe Sie die Kreise zurückziehen und die *magischen Waffen* entfernen, ziehen Sie den Ogham-Stab aus dem Boden, halten ihn vor sich hin und sprechen Sie die folgenden Worte:

Mächtiger Dagda, danke, dass du hervor gekommen bist, um mir zu helfen und mich zu leiten.

Ich bitte dich, diesen Stab mit dem Wissen und der Macht der Birke zu segnen, damit ich ihn mitnehmen und als Verbindung zwischen mir, dem Baum und deiner Gottheit verwenden kann.

Bei meinen täglichen Geschäften werde ich mir immer deiner bewusst sein, denn ich weiß, dass du dich meiner angenommen hast.

Kehre nun in die Wildnis des Waldes zurück, und nimm meinen Dank und meine Bewunderung mit.

Kapitel 6 EBERESCHE

Name: Luis
Buchstabe: L
Ogham-Symbol: ᚂ
Beschreibung: Luis ist benannt nach der Eberesche, Moutain Ash ist der alte gälische Name für diesen Baum. Die Eberesche ist die Freude des Auges wegen der Schönheit ihrer Beeren.
Wort-Ogham von Morainn: LI SULA, Entzücken des Auges.
Wort-Ogham von Cuchulain: LUTH CETHRA z. B. LEAM, Kraft der Rinder, Ulme.
Wort-Ogham von Aonghus: CARAE CAETHRA, Freund der Rinder.

Physische Ebene

Die Eberesche ist auch unter dem Namen Vogelbeere bekannt, gehört nicht zur Familie der Eschen, sondern ist ein Rosengewächs. Die Eberesche wächst auch hoch oben im Gebirge, denn sie kann in Gesteinsritzen und auf felsigem Boden Fuß fassen. Die Form der Blätter ähnelt denen der Esche. Die meisten Menschen erkennen diesen sehr attraktiven und bekannten Baum an seinen hellroten Beeren. Der Name Vogelbeere stammt von den Beeren mit herbsaurem, bitterem Geschmack, die gerne von Vögeln verzehrt werden. Die Eberesche kann bis zu 16 Meter hoch werden, ist aber meist deutlich kleiner. Die Rinde ist glatt und hellgrau mit kleinen Poren darauf. Die Blätter sind stängellos, unpaarig gefiedert, lang, dünn und scharf nach vorne gezahnt. Im Mai ist sie mit vielen kleinen weißen Blüten übersät, die sich allmählich in die bekannten roten Beeren verwandeln.

Diese Beeren sind trotz ihres bitteren Geschmacks genießbar und werden zusammen mit anderen Früchten eingekocht, damit sie sich verarbeiten lassen. Diese Kombination kann für Gelee oder Kompott verwendet werden. Die Beeren lassen sich auch zu Wein verkochen. Sie enthalten Vitamin C und wurden einst als Heilmittel gegen Skorbut verwendet. Der Saft ist sowohl antiseptisch als auch adstringierend und lässt sich für innere und äußere Behandlungen einsetzen. Das gelblich-graue Holz der Eberesche ist stark und biegsam. Es wurde häufig zur Herstellung von Werkzeuggriffen und für Schnitzereien verwendet. Bei der Herstellung von Langbögen griff man ersatzweise für Eibenholz auf die Eberesche zurück.

Nur selten findet man eine Gruppe von Ebereschen, die groß genug wäre, einen Wald zu bilden. Wenn Sie auf eine Gruppe von Ebereschen in voller Blüte stoßen, ist dies ein prächtiger Anblick, vor allem wenn sie gleichzeitig einen Schuss Scharlachrot in eine ansonsten eher vertrocknete und blasse Hügellandschaft bringen. Es gibt eine bestimmte Ebereschenart, die nur auf der schottischen Insel Arran zu finden ist. Dabei handelt es sich nicht um eine Kreuzung, sondern um eine endemische Art der Eberesche. Dies ist interessant, weil die Insel Arran bei den irischen Kelten als physische Manifestation der Anderswelt galt. Dies gibt der Insel und allem, was darauf wächst, einen starken magischen Aspekt.

Die Nachnamen MacCairthin und MacCarthy stammen von dem gälischen Wort für die Eberesche ab und bedeuten wörtlich übersetzt »Sohn der Eberesche«. Heute ist der englische Begriff *Rowan* (Eberesche) ein häufiger Name in allen englischsprachigen Teilen der Welt.

Mentale Ebene

Die Eberesche wird schon seit langer Zeit mit Magie und Hexerei in Verbindung gebracht, und viele Landbewohner verwenden Zaubersprüche, in denen die Eberesche das Böse fern halten oder Vieh davor beschützen soll, zur Unzeit von bösen Feen gemolken zu werden. Die englische Bezeichnung *rowan* stammt eventuell von dem alten nordischen Wort *runa* ab, das Zauber oder Bann bedeutet. Der Name der Eberesche aus dem Baum-Ogham *Luis* bedeutet »Schwarm« oder »eine große Menge«. Dies mag sich entweder auf die vielen Beeren beziehen, könnte aber auch ein Hinweis auf einen magischen Aspekt sein. In den alten Legenden wird die Eberesche nämlich oft als Versammlungspunkt der Krieger erwähnt. In der großen Gedichtsammlung *Duanaire Finn* (Die Weisen des Fionn) gibt es ein längeres Gedicht mit dem Titel »Die Eberesche von Clonfert« (engl. »The Rowan-Tree of Clonfert«). Es handelt von einem großen Treffen der Fianna unter einer Eberesche.[17] In einem anderen Gedicht »Die schiefe Eberesche« (»The Wry Rowan«) versammeln sich zweitausend Männer zur Jagd auf einem Hügel, der von vielen Ebereschen bedeckt ist.

Wenn die Eberesche in keltischen Legenden erscheint, geschieht dies meist entweder in Verbindung mit Druiden oder anderen Personen, die Magie praktizieren. In der großen Geschichtensammlung *Dindsenchas (Geschichte der Namen von Orten)* wird eine weibliche Druidin namens Dreco erwähnt, die die Enkelin des großen männlichen Druiden *Cartan* war. Sein Name ist eine Abwandlung von *Caerthann,* was Eberesche heißt. Dreco soll einen Mann namens Cethern mit einen Speer aus dem Holz der Eberesche verwundet haben – einer »Astgabelung aus der harten Eberesche«. Dreco hat während des Stoßes Beschwörungsformeln ausgerufen, was zeigt, dass die Eberesche eine eher magische Waffe war und keine gewöhnliche Waffe für Gewalttaten.

Es ist bekannt, dass es bei den Druiden eine besondere Plattform gab, die »Flechtwerk des Wissens« genannt wurde und aus ineinander verwobenen Ebereschenzweigen bestand. Während eines Rituals namens *Tarbh Fheis (tarv aysh)* wurde sie als Bett benutzt. Leider ist von diesem Ritual nicht viel bekannt, lediglich dass der Betreffende sich währenddessen in einer Art magischer Trance befand, aus welcher der Druide verborgenes Wissen her-

---

17 Die Fianna waren eine Gruppe legendärer, umherstreifender, irischer Krieger unter dem Kommando von Fionn mac Cumhail, der eine Art Polizeitruppe bildete, um das Volk in den Sommermonaten zwischen Bealtain und Samhain zu beschützen. Als eine Art Bezahlung versorgten die Menschen die Krieger dann dafür in den Wintermonaten und boten ihnen Unterschlupf.

vorholen konnte. Vor wichtigen Schlachten schürten die Druiden Feuer ausschließlich aus dem Holz der Eberesche. Diese magischen Freudenfeuer wurden zum Zentrum der Beschwörungen, damit der Kampf für ihr Volk gut ausgehe. In der Legende um den Tod von Cuchulain, dessen Name »Hund von Culain« bedeutet, wird der Ulsterheld mit einem Trick dazu verführt, Hundefleisch zu essen, was ihm untersagt war, weil der Hund sein Totemtier war. Er wusste, diese Mahlzeit würde seinen Tod ankündigen, aber er war in einer Position, in der er das Essen aus Gründen der Ehre nicht zurückweisen konnte. Die Hexen, die ihn getäuscht hatten, rösteten das Hundefleisch auf Spießen aus Eberesche.

Das Wort *luis* bedeutet auch »Kraut«, was seltsam wäre, wenn die Rinde, das Mark, die Blätter oder der Saft nicht auch medizinische Relevanz gehabt hätten. Für Kräuterkundler ist die Eberesche sicher ein interessantes Forschungsobjekt, vielleicht ließen sich aus ihr Mittel herstellen, die bereits seit langer Zeit in Vergessenheit sind. *Louis* könnte auch von einem Wort abstammen, das »Flamme« bedeutet. Einige Kommentatoren haben dies als poetischen Bezug auf die hellroten Beeren des Baums interpretiert. Wenn Sie diese Flamme jedoch als das Feuer betrachten, das Geist und Seele anfacht und das göttliche Licht der Inspiration verbreitet, werden Sie ein viel besseres Bild von dem Baum und seiner allgemeinen magischen und druidischen Verbindung erhalten.

Die Beschreibung, die im Wort-Ogham von Morainn von der Eberesche gegeben wird, lautet »Entzücken des Auges«, was sich entweder auf den schönen Anblick beziehen lässt oder auf eine tiefere, wesentlichere Bedeutung. Das Wort Li bedeutet eigentlich »Farbe« oder »Farbton« und nicht unbedingt »Entzücken«, obwohl es meist so übersetzt wird. Aber noch wichtiger ist, dass das Wort *Sula, suil* (»Auge« im modernen Gälisch) auch »Erwartung«, »Hoffnung« oder »Vision« bedeuten kann. Eine alternative Übersetzung von *Li Sula* könnte demnach »Farbe der Vision« oder »Farbe der Erwartung« sein. Auf einer rein magischen Basis gibt dies einen Hinweis darauf, dass die Eberesche mit Visionen oder Ahnungen aus der Anderswelt verbunden ist.

In einigen Versionen über den Tod von Balor, König der Formorier, soll der Held Lugh das Tod bringende Auge des bösen

Königs durch einen Speer aus dem Holz der Eberesche zerstört haben. Beachten Sie die Verbindung zwischen dem Auge und der Eberesche. Der gesamte magische Aspekt der Eberesche ist eng mit Vorahnungen auf künftige Ereignisse verbunden und der Fähigkeit, Visionen von der Anderswelt zu haben. Seit Jahrhunderten wird dieser Baum dazu verwendet, böse Geister und unerwünschte Einflüsse abzuhalten; dies weist auf den praktischen Nutzen der Eberesche als Zauberstab hin.

Spirituelle Ebene

Die Eberesche ist mit dem Gott der Jagd verbunden, dem Geist der Tiere und der Grünen Welt, der in vielen Weltmythologien in den verschiedensten Gewändern und Namen in Erscheinung tritt. Die häufigsten Namen sind Cernunnos, Herne der Jäger, und im irischen System Dagda. Unsere spirituellen Energien sollten in Richtung dieses Bildes kanalisiert werden, wenn wir mit der Eberesche arbeiten. Die Beschreibungen für diesen Baum in den Wort-Oghams von Cuchulain und Aonghus lauten »Kraft der Rinder« und »Freund der Rinder«. Diese Zusätze bekräftigen die Verbindung zum Gott der Jagd, der sich auch um das Vieh und alle Kreaturen der Grünen Welt sorgt. Wahrscheinlich wurden die Rinder hier als Bezug ausgewählt, weil sie für die alten Kelten eine besonders große Bedeutung hatten. Viele Legenden unter dem Oberbegriff *Tain* (Raub) haben den Viehdiebstahl zum Inhalt, darunter das Epos Tain *Bo Cuailnge* (»Viehraub von Cooley«) und die Geschichte *Tain Bo Fraoch* (»Viehraub von Fraoch«).

Der Gott der Jagd wird immer als wildes, hässliches und aggressives Wesen mit Hörnern und einem boshaften Blick dargestellt. Unter dieser Oberfläche verbirgt sich jedoch ein fürsorglicher, hilfsbereiter Gott von fügsamem Wesen, der jedem hilft, der es verdient hat. Er ist einer der großen Türöffner, der die Eindringlinge in seine Welt prüft, aber auch die furchtsamen Reisenden sicher auf dem Weg zu ihrer Erfüllung leitet.

In der »Verfolgung von Diarmaid und Grainne« verstecken sich die beiden Liebenden in einem Ebereschenbaum, der aus einer

Beere gewachsen war, die von Tairngire (»Land des Versprechens«), ein poetischer Name für die Anderswelt, nach Irland gebracht worden war. Dieser Baum wird von einem ängstlichen Wesen namens Searbhan Lochlannach (»Diener von Norwegen«) beschützt. – Norwegen ist eine weitere poetische Anspielung auf die Anderswelt. – Dieses Wesen wird in der folgenden Passage beschrieben:

> Ein dunkelhäutiger Riese mit kräftigen Knochen, den Waffen nicht verwunden, Feuer nicht verbrennen und Wasser nicht ertränken. Auf seiner Stirn befindet sich nur ein Auge. Um seinen Körper ist ein dicker Eisenkragen geschlungen, an dessen Ende sich ein eiserner Knüppel befindet. Er wird nicht sterben, bis ihn nicht drei Schläge mit seinem eigenen Knüppel treffen; und er schläft nachts auf dem Wipfel einer Eberesche und tagsüber zu deren Fuß, um sie zu bewachen. Er hat die Gegend um sich herum in eine Wildnis verwandelt, und die Fianna von Irland wagen es nicht, dort zu jagen – aus Angst vor ihm.[18]

Dies ist eine ausgesprochen typische Beschreibung aus der Mythologie vom Gott der Jagd. Die Fähigkeit der Eberesche, Wissen aus der Anderswelt mitzuteilen, wird später in derselben Legende erwähnt, als Fionn und seine Krieger am Fuß des Baumes ein Lager aufschlagen. Um sich die Zeit zu vertreiben, spielt Fionn ein Spiel namens *Fidchell*, das dem Schach ähnlich ist. Das Wort bedeutet »Waldwissen«, und dies legt nahe, dass das Spiel nur von demjenigen erfolgreich gespielt werden konnte, der mit den Bäumen vertraut war und eventuell auch das Baum-Ogham fließend beherrschte. In der Legende wird Fionns Gegenspieler schon beinahe geschlagen, da erkennt Diarmaid, der hoch oben im Baum über ihnen sitzt und das Spiel interessiert beobachtet, einen Ausweg aus der Situation. Er lässt Vogelbeeren auf jene *Fidchell*-Position fallen, auf die der nächste Zug des Gegners erfolgen soll. Der Spieler folgt diesem Hinweis und gewinnt das Spiel. In der Sprache der Symbolik heißt dies: Die Eberesche gab ihm ein Wissen, das für den Sieg notwendig war.

---

18 Zit. aus: Gerard Murphy, Übers., *Duanaire Finn*. Dublin: The Irish Texts Society, 1954. Übs. ins Deutsche von Gabriele Broszat.

Der Herr der Jagd stellt die beiden Seiten der Grünen Welt dar. Dieser Umstand muss von allen aus dieser Welt erkannt und akzeptiert werden, die in Harmonie damit leben möchten. Es gibt auf der einen Seite die harte, bedrohliche und unkontrollierbare Natur, aber auch eine freundliche, sanfte und friedvolle Seite, die sich in der Schönheit der Pflanzen und Tiere auf der Erde zeigt: in der Ruhe eines Sommertags, an dem nur das Summen der Insekten zu hören ist, an der Freude über eine Kuh mit einem Kalb, ein Schaf mit einem Lamm und über eine Mutter mit einem Baby. Beide Aspekte sind notwendig, und nur unsere Reaktionen darauf unterscheiden das eine vom anderen.

Der Gott der Jagd wird Ihnen dabei helfen, diese Zusammenhänge zu verstehen und beiden Aspekten ins Gesicht zu sehen, wenn Sie mit den Kräften und Energien der Grünen Welt arbeiten. Obwohl er ein hässliches, furchterregendes Wesen ist, das schwere Drohungen und Warnungen ausstößt und herausfordert, sollte er auf dieser Ebene als höherer Aspekt des eigenen Selbst begriffen werden, das während der magischen Arbeit im Verborgenen ruhen oder erschreckend erscheinen kann.

Die Eberesche ist der zweite Baum des Baum-Ogham, doch auch der höchste Baum von allen, denn er wächst in höheren Regionen als alle anderen, auf der Suche nach Erleuchtung. Wenn dies gelingt, schlägt er seine Wurzeln und wächst, während seine roten Beeren aus dem Grün der Berge leuchten und den müden Reisenden dazu ermutigen, auch noch die letzte Anstrengung auf sich zu nehmen, um den Gipfel zu erreichen. Dieses Bild sollten Sie im Gedächtnis behalten, wenn Sie mit der Eberesche auf der spirituellen Ebene umgehen.

Arbeiten Sie so oft wie möglich mit der Eberesche in allen vier Jahreszeiten, um die subtile Art der Veränderung zu verstehen, die sie durchläuft, und um zu erkennen, wie Sie auf diese Veränderungen reagieren, während das Jahr geboren wird, wächst, entschwindet und stirbt und wieder geboren wird. Arbeiten Sie mit den Veränderungen in den einzelnen Jahreszeiten, um die verschiedenen Aspekte der Grünen Welt herauszufiltern. Entdecken Sie diese Aspekte in Ihrem eigenen Wesen: Wie fühlen Sie sich bei einem Besuch der Grünen Welt im Winter und im Sommer? An kalten, nassen Tagen oder an warmen, ruhigen Tagen? Am Morgen und am Abend? Wenn Sie fit sind und sich wohl fühlen, wenn Sie müde und hungrig sind? Auch dies sind die beiden Aspekte vom Herrn der Jagd und von Ihnen selbst. Sie müssen mit diesen Dingen experimentieren, um sich selbst und Ihren Platz in der Grünen Welt zu verstehen.

Praktische Arbeit

Der Dagda ist mit der Eberesche enger verbunden als mit der Birke, aber dies ist im Moment noch nicht wichtig. Im Augenblick wird er Ihnen als Leiter und Lehrer für alle Bäume dienen. Wenn Sie bereits mit allen zwanzig Bäumen gearbeitet haben, können Sie die eher feinen Verbindungen zwischen den Bäumen und den Gottheiten, die Ihnen auf diesem Weg begegnet sind, noch genauer erforschen.

Führen Sie das bereits beschriebene Baumritual für die Eberesche aus und versuchen Sie festzustellen, ob der Dagda jedes Mal, wenn Sie ihn anrufen, auf andere Weise erscheint, oder ob er sich jetzt beim zweiten Mal anders anfühlt als bei der Arbeit mit der Birke. Je länger Sie mit den Bäumen arbeiten, desto mehr werden Sie erkennen, dass die Art, in der er selbst auftritt, und die Informationen, die er vermittelt, eng mit den jeweiligen Aspekten des betreffenden Baumes verknüpft sind. Wenn Sie sich dieser Tatsache bewusst sind, können Sie eventuelle Verwirrungen vermeiden, sobald die Veränderbarkeit deutlicher zu Tage tritt.

Dies ist eine gute Gelegenheit, sich selbst einen Zauberstab aus dem Holz der Eberesche zu machen, der sich auch für viele andere magische Rituale oder für Arbeiten, die mehr Beistand und Schutz als üblich erfordern, verwenden lässt. Die ideale Länge für einen solchen Zauberstab liegt zwischen 30 und 40 Zentimetern. Längere Zauberstäbe sind unhandlich und kürzere sind leicht mit den Ogham-Stäben zu verwechseln. Ein Zauberstab aus Ebereschenholz sollte aus einem Stück des lebenden Baums hergestellt werden. Einige Leute sind der Auffassung, dass es nicht richtig sei, von einem lebenden Baum ein Stück abzuschneiden, aber ich glaube, dass lebendes Holz am besten ist, weil darin die vitalen Energien des Baumes eingeschlossen sind, wodurch der Zauberstab mehr Kraft erhält. Es ist jedoch sicher wichtig, dem Baum zuerst zu erklären, was Sie beabsichtigen und warum.

Ich persönlich verziere meine Zauberstäbe nicht, aber wenn Sie gerne ein Muster, Worte oder Symbole darauf anbringen, die eine besondere Bedeutung für Sie haben, dann sollten Sie dies auch tun. Sobald der Zauberstab abgeschnitten ist, entfernen Sie die Rinde, trocknen ihn, und dann sollten Sie ihn weihen. Bewahren Sie den Zauberstab zusammen mit Ihren Ogham-Stäben und den anderen magischen Waffen auf, um ihn bei Ritualen zu benutzen, die neu für Sie sind, oder wenn Sie Druck fühlen und zusätzliche Hilfe benötigen.

Führen Sie die Übungen mit der Eberesche so lange durch, bis Sie mit Ihrem Fortschritt zufrieden sind. Denken Sie daran, dass Sie von allen Ereignissen oder nicht erfüllten Erwartungen während der Arbeit Tagebuchaufzeichnungen anfertigen. Schreiben Sie auch Ihre Ideen, Gefühle oder Zufälle auf, die Ihnen im Alltag in dieser Zeit begegnen. Dies kann ebenso aufschlussreich sein wie jene Dinge, die Ihnen während der formalen magischen Arbeit vermittelt werden.

Kapitel 7 ERLE

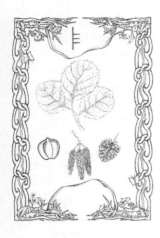

Name: Fearn
Buchstabe: F
Ogham-Symbol: ⊞
Beschreibung: Fearn, die Erle, Vorhut der Kriegerscharen, denn daraus sind die Schilde.
Wort-Ogham von Morainn: AIREINECH FIANN, Schild der Krieger.
Wort-Ogham von Cuchulain: DIN CRIDE z. B. SCIATH, Schutz des Herzens, das ist das Schild.
Wort-Ogham von Aonghus: COIMET LACHTA, Hüter der Milch.

Physische Ebene

Die Erle ist ein sehr alter Baum, der seit Tausenden von Jahren auf den Britischen Inseln wächst. Er ist einfach an seinen regelmäßig angeordneten Ästen und seiner konischen Form zu erkennen und wird bis zu 20 Meter hoch. Die graue Rinde ist rau und häufig mit jungen Schösslingen übersät. Die Blätter sind rund, wachsen auf beiden Seiten des Stängels und sind bisweilen an der Spitze eingekerbt. Erlen haben sowohl männliche als auch weibliche Kätzchen; die männlichen sind beträchtlich länger als die eher runden weiblichen Kätzchen. Üblicherweise findet man die Erle in feuchten Gebieten, an Flussufern, wo die Wurzeln dabei helfen, den Boden festzuhalten und Stickstoff zu bilden, um den Boden mit Nährstoffen anzureichern. Wenn die Erle abgeholzt wird, hat das Holz zunächst eine blutrote Farbe, die sich im Verlauf der Zeit in einen gelben Farbton verwandelt. Wegen dieses blutigen Erscheinungsbildes wurde die Erle von frühen Waldbewohnern für böse gehalten. Aus der Rinde, der Frucht und den Blättern lassen sich Färbemittel gewinnen. Ein Destillat aus den Blättern oder der Rinde ergibt ein ausgezeichnetes Heilmittel gegen Verbrennungen und Entzündungen. Dasselbe Destillat lässt sich auch zur Linderung der Hautkrankheit Impetigo (Eiterflechte) einsetzen. Die frisch gepflückten Blätter sind ein ausgezeichnetes Insektenschutzmittel – besonders die Fliegen können diesen Geschmack nicht ertragen. Das Holz eignet sich gut zum Schnitzen und ist sehr wasserresistent, wodurch die Fäule erst sehr spät einsetzt. Aufgrund dieser Beschaffenheit ist die Erle ein beliebtes Baumaterial für Hafendämme geworden. Die alten Kelten verwendeten es für ihre Pfahlbauten, die *Crannogs* – Häuser auf Holzpfählen, die tief in das Wasser eingelassen wurden.

Mentale Ebene

Aus verschiedenen Textstellen geht eindeutig hervor, dass die Schilde der Krieger aus Erlenholz hergestellt wurden. Die Wahl dafür fiel auf dieses Holz, weil es auf der einen Seite extrem hart ist und selbst härtesten Schlägen Widerstand bietet, auf der anderen Seite aber einfach zu verarbeiten ist. Das blutige Erscheinungsbild beim Fällen des Baumes mag die Wahl der Schildhersteller ebenfalls beeinflusst haben.

Die Kelten gaben ihren Waffen oft Namen und versahen sie mit magischen Kräften. In einer Textstelle aus dem »Viehraub von Cooley« gibt es eine Beschreibung des Palastes von König Conchobar mac Neasa. In diesem Palast gab es einen besonderen Raum, in dem die Schilde der Krieger untergebracht waren, wenn diese sich nicht im Krieg befanden:

> Hier stand Conchobars goldumrahmtes Schild Ochain; Cuchulains schwarzes Schild Duban; Connal Cernachs wendiges Lamthapad; Ochnech gehörte Flidais; das rot-goldene Orderg gehörte Furbaide; Ecgtach, der Tod bringende nannte seines Amargin; der ärgerliche Condere seines Ir; die helle Fackel von Cainnel gehörte Nuadhu; Uathach der Schreckliche gehörte Dubthach; Errge nannte Lettach

sein Eigen; Menn hatte Brattach; das glückliche Luithech war von Noisiu; Sencha gehörte das laute Sciatharglan und Comla Catha, die Tür zur Schlacht, war von Celtchar.[19]

Die Beschreibung, die im Wort-Ogham von Morainn für die Erle verwendet wird, lautet *Aireinech Fiann*, »Schild der Krieger«, und hat einen eindeutigen Bezug auf die weltliche Ebene. Beachten Sie jedoch, dass *Aireinech* nicht nur die Bedeutung eines physischen Schildes hat, sondern im übertragenen Sinne »beschützen« oder »sorgen um« heißen kann. Was der Text wirklich sagen will, ist, dass nicht so sehr die hölzernen Schilde die Krieger beschützten, sondern der Geist des Baumes selbst.

Die beschützende Eigenschaft der Erle lässt sich auch heute noch verwenden, auch wenn wir keine Schilde aus Erlenholz mehr mit uns herumtragen. Wenn wir uns bedroht fühlen, können wir den Geist der Erle anrufen und unsere Kenntnisse von deren spirituellen Aspekten für unsere Unterstützung einsetzen. Doch glauben Sie nicht, dass es schon genügt, tiefe Kenntnisse von magischen Assoziationen zu haben, um aus gefährlichen Situationen herauszukommen. Sie müssen dazu trotzdem dieselben Methoden und Mittel dieser Welt benutzen, die jeder andere auch anwendet, der sich in einer solchen Situation befindet. Der Unterschied für Sie besteht lediglich darin, dass Sie sich auch der höheren Kräfte bewusst sind, die für Ihr Wohlergehen und Ihre Sicherheit arbeiten.

Die anderen Beschreibungen aus den Wort-Oghams von Aonghus und Cuchulain »Hüter der Milch« und »Schutz des Herzens, das ist das Schild« spiegeln ebenfalls die beschützenden Eigenschaften der Erle auch auf den anderen Ebenen, also nicht nur der physischen. *Hüter der Milch* klingt vielleicht etwas seltsam, aber wenn Sie sich an den großen Stellenwert erinnern, den die Kelten den Rindern einräumten, sowohl auf physischer als auch mentaler Ebene, sowie an die großen Ernährungsqualitäten der Kuhmilch, dann wird klar, wie wichtig diese Rolle war. Auch der

---

19 Zit. aus: Cecile O'Rahilly, *Tain Bo Cuailgne*. Dublin: Irish Texts Society, 1962. Übs. ins Deutsche von Gabriele Broszat.

Schutz des Herzens im Gegensatz zum gesamten Körper gibt Hinweise auf einen tieferen Sinn.

Vielleicht fragen Sie sich, was Sie in diesem erleuchteten Zustand eigentlich noch bedrohen kann und wovor Sie Schutz benötigen? In der Vorstellung der meisten Menschen ist die spirituelle Ebene ein Ort des Friedens und der Harmonie, der über Dingen wie Bedrohungen und Gewalttätigkeiten steht. Doch dies ist nicht richtig. Es gibt auf der spirituellen Ebene ebenso viele Gefahren, Böses und Bedrohliches für Ihr Wohlergehen wie auf der physischen Ebene. Wir werden diesen wichtigen Punkt auf dem Weg durch das Baum-Ogham noch genauer erforschen.

Der Platz der Erle ist der Ort der Schlacht, und das Schild kommt noch vor dem Krieger. Dies enthüllt sowohl eine mutige als auch eine beschützende Eigenschaft. Darin liegt ein Hinweis auf die Eigenschaften und den Verwendungszweck der Erle auf magischer Ebene. Wenn Sie auf einer Reise in die Anderswelt in eine Situation geraten, die sich verselbständigt und eine eigene Dynamik entwickelt, wo die Dinge aus dem Ruder laufen oder Sie das Gefühl haben, die Kontrolle zu verlieren, dann können Sie sich vorstellen, wie Sie selbst vorwärts gehen und dabei ein Schild aus Erlenholz vor sich her tragen. Damit rufen Sie den Schutz des Geistes der Erle zu Hilfe und können die Dinge wieder zurück in einen kontrollierbaren Verlauf bringen. Wichtig zu wissen ist allerdings, dass die Erle nur dann Schutz bietet, wenn Sie sich in der Defensive befinden. Wenn Sie weiter vorwärts gehen und ein Erlenschild für eine offensive Aktion einsetzen, werden Sie den erwarteten Schutz vermutlich nicht erhalten und sich am Ende womöglich in einem noch schlimmeren Zustand befinden.

In der Anderswelt gibt es Raum für Aggressionen (bedenken Sie, dass das gesamte System von einem kriegerischen Volk entwickelt wurde), aber die eigentliche Aufgabe eines Kriegers ist zu wissen, wann er aggressiv sein muss und wann nicht. Er muss wissen, wann er zum Schwert und wann er zum Schild greifen soll. Wir werden auf die Attribute des Kriegers bei passender Gelegenheit auf dem Weg durch das Baum-Ogham noch genauer eingehen. Im Moment muss diese Feststellung genügen: Die Erle ist ein Baum zum Schutz in der Anderswelt.

Spirituelle Ebene

Die spirituelle Essenz der Erle besteht darin fortzuschreiten, die Herausforderung anzunehmen und fest und mutig weiter zu gehen, darauf vorbereitet, alles abzuwehren, was auf Sie geworfen wird. Es wurde bereits festgestellt, dass die Birke der Baum der Neuanfänge ist, die Eberesche der Baum, der Ihnen dazu verhilft, sich selbst und Ihren Platz in der Grünen Welt zu erkennen. Die Erle ist der Baum, der den Test, den die Eberesche akzeptiert und übernommen hat, erstmalig bestehen muss. Dieser Baum steht für vertrauensvolle Kontinuität. Vielleicht erkennen Sie jetzt bereits, dass die Reihenfolge der Bäume im Baum-Ogham keine beliebige ist, denn die Erfahrungen, die Sie mit einem Baum gemacht haben, sind eine notwendige Basis, auf der Sie mit dem nächsten Baum aufbauen. Sicherlich verstehen Sie jetzt auch, warum es so wichtig ist, jeden Baum ganz zu erforschen und zu verstehen, ehe Sie sich dem nächsten zuwenden.

Der fortschreitende Aspekt der Erle ist von großer Bedeutung, denn es kann nur dann neuer Boden gewonnen werden, wenn wir uns selbst dazu zwingen, Dingen in die Augen zu sehen, denen wir vorher ausgewichen sind. Erst dann können wir wirklich weiter gehen. Dazu ist viel Mut und der Wille notwendig, auch Not und Fehlschläge zu akzeptieren. Doch die Schläge dieser Erlebnisse lassen sich auf spiritueller Ebene durch den sorgsamen Einsatz eines Erlenschildes abfedern. Auf Reisen in die Anderswelt lässt sich dies ebenfalls durchführen. Sie müssen dabei nur visualisieren, wie Sie selbst dieses Schild am Vorderarm vor Ihrem Herzen tragen, während Sie sich festen Schrittes in unbekanntes und feindliches Terrain begeben, im vollen Vertrauen darauf, dass das Schild Sie beschützen wird. Sie müssen das Schild auch auf spiritueller Ebene tragen, doch dies ist erst möglich, wenn Sie wissen, wie Sie mit dem einzigartigen Geist der Erle umgehen müssen.

Da der Baum auf physischer Ebene häufig auch nützlich ist, wenn er halb im Wasser steckt, ist er ein gutes Symbol für den Zustand, in dem ein aktiver Magier sein sollte: konstant jener Dinge bewusst, die sich sowohl über als auch unter der Oberfläche zutragen und auf einem sicheren Fundament neue und sinnvolle

Strukturen aufbauen. Meditationen zu diesen mentalen und spirituellen Aspekten der Erle werden sich als sehr fruchtbar erweisen und in Zeiten von Stress und Spannungen hilfreich und heilsam sein.

Praktische Arbeit

Behalten Sie all jene Bilder und Ideen, die in den letzten Absätzen beschrieben wurden, im Gedächtnis, während Sie das Baumritual mit dem Ogham-Stab für die Erle ausführen. Widmen Sie dem Aspekt des Schutzes von Dagda besondere Aufmerksamkeit, wenn Sie ihn um Beistand bitten. Wenn Sie diesen Aspekt von Dagda anrufen, werden Sie mehr Bewusstsein darüber erlangen, was dieser Baumaspekt für Sie wirklich zu bedeuten hat. Auch während Sie mit den *Magischen Waffen* die Kreise auf dem Boden ziehen, sollten Sie dem Schutz-Aspekt viel Aufmerksamkeit schenken. Ebenso wie Ihr Arbeitsbereich Grenzen hat, so gibt es auch Schutzbarrieren zwischen Ihnen und allem, was versucht, Ihre Arbeit und Ihr Fortschreiten zu durchkreuzen.

Vielleicht verspüren Sie bei der Ausführung dieser Übung den Wunsch, sich ein Erlenschild zu bauen. Dies muss kein runder, großer, schwerer Gegenstand sein. Es ist ausreichend, wenn Sie aus Erlenzweigen und -ästen eine Fläche flechten, die annähernd kreisförmig ist. Wie immer bei den *magischen Waffen* ist das wichtig, was sie symbolisieren sollen, und nicht, wie sie wirklich aussehen oder wie kunstvoll sie angefertigt wurden. Nachdem Sie Ihr Schild gebaut und es geweiht haben, können Sie es während Ihrer Arbeit zur Unterstützung Ihrer Bitten um Beistand oder Anleitung benützen.

Wie immer sollten Sie alles aufschreiben, was Sie hören und sehen. Wenn Sie wissen, dass Sie von der Erle so viel wie möglich gelernt haben, fahren Sie mit dem nächsten Baum in der Folge des *Beithe Luis Nion* fort.

Kapitel 8 WEIDE

Name: Sail
Buchstabe: S
Ogham-Symbol: ᚄ
Beschreibung: Sail, Weide, die Farbe der Leblosen, dank der Ähnlichkeit ihrer Farbe mit einer toten Person.
Wort-Ogham von Morainn: LI AMBI, Farbe der Leblosen.
Wort-Ogham von Cuchulain: TOSACH MELA z. B. SAIL, Anfang des Verlusts, Weide.
Wort-Ogham von Aonghus: LUTH BEACH, Stärke der Bienen.

Physische Ebene

Die Weide ist meist an Standorten in der Nähe von Flüssen zu finden und kann bis zu 20 Meter hoch werden. Sie bietet einen imposanten Anblick mit ihrem dicken Stamm aus dunkelgrauer, stark zerfurchter Rinde und den weit ausgebreiteten Ästen, die eine wunderschöne Form beschreiben. Die Blätter der Weide sind lang und schlank, wachsen auf beiden Seiten des Stängels und sind mit silbrigen Härchen bedeckt, die dem ganzen Baum ein schimmerndes Aussehen verleihen. Die langen, gelben, männlichen Kätzchen sprießen im Frühling hervor; die grünen weiblichen Kätzchen erscheinen etwa zur selben Zeit, aber nicht an den gleichen Bäumen. Die weiblichen Kätzchen produzieren flaumige Samen, die vom Wind einfach erfasst und davon getragen werden.

Weidenholz wird zu verschiedenen Zwecken verwendet. Die langen, dünnen Äste sind gut für die Herstellung von Zäunen,

Körben und anderem Flechtwerk geeignet. Um besonders viele junge Zweige zu erhalten, werden die Weiden häufig im Frühjahr bis auf das kopfartig verbreiterte Ende des Stammes zurückgeschnitten und bilden dann jene dünnen Äste, die für die Herstellung der oben genannten Produkte verwendet werden. Die Weidenbüsche sind eine kleinere Abart der Weide, deren Ruten auf ähnliche Weise verwendet werden. Die Weidenbüsche werden im Gegensatz zum Baum bis fast auf den Boden gestutzt, damit möglichst viele lange Zweige wachsen.

Bereits die alten Kelten wendeten beide Techniken bei beiden Arten an und erhielten so genug Material nicht nur für Körbe und Stühle, sondern auch für die geflochtenen Wände ihrer Häuser. Für die Wände wurde eine spezielle Technik verwendet: Zunächst stellte man eine doppelte Wand aus geflochtenen Weidenruten her und füllte dann den Hohlraum zwischen äußerer und innerer Wand mit Erde, um eine starke, wind- und wetterfeste Mauer zu errichten. Diese Wände waren so dicht gewoben, dass keine zusätzliche Verstärkung notwendig war. Archäologische Ausgrabungen haben Häuser dieser Machart ans Tageslicht gebracht, in denen etwa acht Kilometer Weidenruten verarbeitet wurden. Dies lässt vermuten, dass es in alter keltischer Zeit bereits ein ausgeklügeltes Erntesystem für Weidenruten gab. Die Tradition der Weidenrutenernte wird auch heute noch in einigen Landstrichen fortgeführt.

Holz, Rinde und Blätter der Weide dienen verschiedenen medizinischen Zwecken – allein dafür würde es sich schon lohnen, diesen Baum zu kultivieren. Die Rinde enthält einen Stoff, der als Grundstoff für das Aspirin verwendet wird, ein gutes Schmerzmittel. Dieser Stoff weckt innerlich angewendet sexuelle Wünsche, ist aber auch eine hilfreiche Medizin für Problemfälle mit dem Samenfluss. Ebenso kann ein Präparat aus den Blättern oder dem Mark äußerlich auf den Sexualorganen angewendet zu erhöhter sexueller Leistungsfähigkeit führen (Ist es das, worauf das Wort-Ogham von Morainn mit »Farbe der Leblosen« anspielt?). Eine Lösung aus dem Saft oder den zerstoßenen Blättern ergibt ein ausgezeichnetes Gurgelwasser und hilft gegen starken Nasen- oder Nasennebenhöhlen-Katarrh. Auch als milderndes Augenwasser ist diese Lotion geeignet. Eine stärkere Zubereitung der Blätter ist ein wirksames Shampoo gegen Kopfschuppen, oder schuppige oder trockene Haut. Außerdem gilt es als gutes blutstillendes Mittel, das kleinere Blutungen problemlos stoppen kann.

Mentale Ebene

Die Beschreibung der Weide in den verschiedenen Texten als »Farbe der Leblosen« scheint keinerlei Übereinstimmung mit den vielen praktischen und medizinischen Verwendungszwecken zu haben. Vielleicht ist es stattdessen eher ein Hinweis auf die Verbindungen zur Anderswelt und ein Beweis dafür, dass die Weide auf der Ebene der Anderswelt viele Anwendungsbereiche hat. Der Ausdruck *Li Ambi* bedeutet wörtlich »Farbe des nicht Lebenden«. Dies muss nicht zwangsläufig leblos oder tot bedeuten, sondern kann sich auch auf einen Zustand beziehen, der zwischen Lebendig-Sein und Tot-Sein liegt. Um es mit anderen Worten zu sagen: Es bezieht sich auf eine andere Form des Lebens, eine die wir nicht in dieser Welt erfahren. In Wirklichkeit verbirgt sich also ein eindeutiger Bezug auf die Bewohner der Anderswelt dahinter.

Für die Kelten, mit ihrem unerschütterlichen Glauben an die Fortführung des Lebens nach dem körperlichen Tod, konnte eine Person zwar in dieser Welt nicht mehr existent sein, aber dennoch sehr lebendig in der Anderswelt. Die Feststellung, die Farbe der Weide entspreche der einer toten Person, ist deshalb eine Anspielung auf das neue Leben und die Freiheit in der Anderswelt. Der Zyklus von Tod und Wiedergeburt wird von der Weide perfekt symbolisiert: Jedes Jahr wird sie bis auf den Boden herab abgeschnitten oder der gesamte »Kopf« wird abgehauen, damit im nächsten Jahr noch mehr neue Äste daraus entspringen können. Die Vorliebe der Weide für Flussufer und Furten gibt ihr ebenfalls den Anschein, in einer Zwischenwelt zu Hause zu sein, denn Ufer sind die Grenzbereiche zwischen verschiedenen Welten und sehr bedeutende Orte. In den Legenden wird von zahlreichen Schlachten, magischen Ereignissen und wichtigen Entscheidungen berichtet, die an Furten, Flussufern oder Stränden stattfunden

haben. Dies ist ein gutes Bild, das Sie auf Ihren Reisen in die Anderswelt verwenden sollten, wenn Sie sich von einem Stadium der Arbeit in ein anderes begeben wollen oder wenn Sie sich auf etwas konzentrieren möchten, das zu enthüllen ist.
Stellen Sie sich vor, wie Sie an einer Furt oder einem Flussufer ankommen und von einer Seite zur anderen wechseln. Beachten Sie, wie sich währenddessen Ihre Konzentration erhöht und Ihr Bewusstsein zunimmt. Wenn Sie sich dabei gleichzeitig das Bild einer Weide am Ufer vor Augen halten oder sich vorstellen, wie Sie einen Weidenkorb oder ein Bündel Weidenruten tragen, wird Ihnen das helfen, in diesem wichtigen Stadium der Arbeit mit den Schwingungen aus der Anderswelt in Einklang zu kommen. Außerdem erzeugen Sie damit ein wichtiges physikalisches Symbol, das von den Mächten und Wesen der Anderswelt erkannt wird, die Ihnen dann weiterhelfen.

Die Namen, die der Weide in den Wort-Oghams von Aonghus und Cuchulain gegeben werden, »Stärke der Bienen« und »Anfang des Verlusts«, beziehen sich ebenfalls auf die Verbindungen der Weide zur Anderswelt. Die Bienen galten bei den alten Kelten als Wesen aus der Anderswelt, und ihre geordnete und reglementierte Gesellschaft wurde als Modell betrachtet, das sich die menschliche Gesellschaft zum Vorbild nehmen sollte. Dies ist ein gutes Beispiel dafür, wie die alten Kelten aus der Grünen Welt um sie herum lernten. Wenn sie sahen, dass in einer Pflanze oder in den Königreichen der Tiere etwas Sinnvolles oder Lehrreiches geschah, dann versuchten sie, diese Dinge in ihr eigenes Leben zu übernehmen. Die meisten von uns haben die Fähigkeit verloren, ihren wirklichen Platz in der Grünen Welt zu erkennen, und damit auch die Fähigkeit, von den Pflanzen, Tieren, Vögeln, Fischen und Insekten zu lernen, deren Bewegungen, Gewohnheiten und Lebensstile wertvolle Hinweise für uns enthalten. Ich hoffe, dass dieses Studium der Bäume Ihnen dabei hilft, zumindest einen Teil dieser verlorenen Fähigkeiten wieder zurück zu gewinnen.

Der »Anfang des Verlusts« bezieht sich auf jene Erkenntnisse, die Ihnen unweigerlich zuteil werden, wenn Sie sich über die Anderswelt und deren Mächte und Energien bewusst werden. Der Effekt davon ist häufig, dass die materiellen Dinge, um die Sie sich so lange bemüht haben, ihre Anziehungskraft verlieren. Die Fesseln abzustreifen, die Sie an diese Welt binden, ist ein Weg, sich der Anderswelt zu öffnen. Sie müssen darauf vorbereitet sein, in dieser Welt zu verlieren, damit Sie in der Anderswelt gewinnen können. Der Anfang des Verlusts ist deshalb ein sehr positiver und wichtiger Schritt, den Sie gehen müssen, wenn Sie fortschreiten möchten.

Den meisten von uns fallen sofort viele Dinge ein, auf die wir auch verzichten könnten; Dinge, die, wenn wir ehrlich mit uns selbst sind, sogar eher hinderlich für uns sind. Meistens handelt es sich dabei um materielle Gegenstände. Was wir aber wirklich ablegen sollten, ist eher abstrakter Natur, zum Beispiel unangebrachte Verhaltensweisen oder Ideen, schlechte Gewohnheiten, und nicht korrekte und ungesunde Beziehungen zu anderen Menschen oder besonders auch zur Anderswelt.

Für die meisten von uns wird es lange Zeit dauern, bis dies einsichtig wird, aber wenn Sie den Anweisungen der Bäume folgen, werden diese Dinge deutlicher. Erst dann beginnt auch die wirkliche Prüfung. Sind Sie wirklich in der Lage, einen lebenslang gepflegten Glauben oder Beziehungen aufzugeben, nur um einen vage definierten Zustand des Fortschreitens zu erreichen? Es ist sehr einfach, diese Frage aus hypothetischer Sicht mit Ja zu beantworten, doch wenn die Zeit wirklich kommt, werden die Dinge in einem ganz anderen Licht erscheinen und alles andere als klar sein. Wenn Sie mit der nächsten Ebene der Weide fortfahren, wird sich dieses Dilemma auflösen.

Spirituelle Ebene

Die spirituelle Essenz der Weide ist ein Fundament und das Vertrauen darin, weiter vorwärts in das Unbekannte hinein zu gehen – ohne Angst oder Unruhe. Wie bereits erwähnt, wurden die Bienen als perfektes Abbild einer strukturierten Gesellschaft betrachtet, wobei jedes einzelne Wesen wusste, welche Rolle es im Ganzen spielte. Der Ausdruck »Stärke der Bienen« symbolisiert die Kraft, den eigenen Platz im Schema der Dinge zu akzeptieren und daran teilzunehmen.

Die langen, biegsamen Weidenäste wurden und werden für den Bau eines keltischen Schiffes namens *coracle* verwendet. Der Boden dieses Boots wird aus einem Flechtwerk aus Weidenruten hergestellt und bringt seine Passagiere sicher über das Wasser an neue Ufer. Die Weide kann deshalb als Fortsetzung der Erle betrachtet werden – der Pfahlbau, der halb im Wasser steht und nun zum Boden eines schwimmenden Fahrzeugs geworden ist. Der Magier, der sich dessen bewusst ist, was sich unter und über der Wasseroberfläche befindet, hat nun mit diesen Kenntnissen beschlossen, weiter zu segeln. Auch Sie werden mit den gewonnenen Kenntnissen die Segel setzen und mit Hilfe der Weide losfahren. Sind Sie bereit für diesen täuschend einfachen Schritt? Denken Sie gut darüber nach, ehe Sie dies versuchen.

Eine Form der Bestrafung in der alten keltischen Gesellschaft war die Verbannung aus einem Stamm oder Clan. Dies geschah manchmal, indem man den Betreffenden in ein solches Boot setzte und vom Ufer abstieß. Die Mächte der Anderswelt sollten dann entscheiden, ob er sicher ans Ufer gelangen durfte oder ob das Boot kentern und der Übeltäter ertrinken sollte. Die Lektion dieses Baums auf magischer Ebene mag sein, Sie von der Gesellschaft zu isolieren und Ihnen dabei nur die Unterstützung und Führung durch die Bäume zukommen zu lassen. Allein die Tatsache, dass Sie sich dazu entschlossen haben, einer magischen Disziplin zu folgen, hat Sie bereits von anderen getrennt. Wenn Sie diesen schweren Schritt ins Unbekannte machen, darauf vorbereitet, dem Unvermeidlichen zu begegnen, dann werden Sie Ihre wirkliche innere Stärke kennen lernen – die Stärke der Bienen. Dadurch werden Sie Hilfe und Beistand von jenen aus der Anderswelt auf sich ziehen, deren Aufgabe es ist, nach einsamen Reisenden Ausschau zu halten und sie so lange anzuleiten, bis sie ihre eigene perfekte Rolle in der Anderswelt gefunden haben.

Praktische Arbeit

Benutzen Sie das Baumritual dazu, die Eigenschaften der Weide auf einer tieferen Verständnis- und Bewusstseinsebene zu erfassen – mit Ihrem Geist und Ihrem Herz. Wenn Sie zu Beginn den Dagda anrufen, achten Sie auf andere schattige Gestalten, die aus dem Wald kommen. Eine wird Ihr persönlicher Führer und Beschützer in der Anderswelt sein, der sich Ihnen zur rechten Zeit enthüllen wird. Vielleicht stellen Sie fest, dass es sich dabei um eine zentrale Figur aus der keltischen Mythologie handelt. Dann können Sie sich darauf vorbereiten, indem Sie möglichst viele Legenden über diese Figur lesen. Prägen Sie sich bewusst und unbewusst Namen, Bilder und alle Details zu Ihrem persönlichen Führer ein, damit Sie auf den Reisen in die Anderswelt Anknüpfungspunkte für die Kommunikation mit Ihrem Führer haben. (In der Bibliographie finden Sie verschiedene Bücher, die diesen Vorgang unterstützen.)

Sie sollten auch verstehen, dass dieser Führer Sie ab jetzt 24 Stunden am Tag begleitet. Er oder sie wird jede Gelegenheit nutzen, mit Ihnen zu kommunizieren, Sie zu leiten und zu unterstützen. Sehr oft kommt diese Führung dann, wenn Sie es am wenigsten erwarten, zum Beispiel beim Duschen, auf der Fahrt in die Arbeit, beim Hund-Ausführen, vor dem Einschlafen oder gleich nach dem Aufwachen. Seien Sie offen und empfänglich, um Ihrem Führer die Aufgabe zu erleichtern, und seien Sie sich darüber bewusst, dass Sie jetzt einen Führer haben, den Sie ebenfalls in Ihre Anrufung zu Beginn des Rituals und in die Dankesworte am Ende einbeziehen sollten. Diese Worte müssen keinen formalen Charakter haben oder in die Form des Rituals eingebunden werden, es genügt, wenn Sie Hallo und Auf Wiedersehen sagen, wie zu einem alten Freund, denn dies wird Ihr Führer sicher werden. Legen Sie Wert auf eine Beziehung der Nähe und Zuneigung und nicht so sehr auf ein Schüler/Lehrer-Verhältnis.

Kapitel 9 ESCHE

Name: Nion
Buchstabe: N
Ogham-Symbol: ᚅ
Beschreibung: Nion, Esche, ein Schlag gegen den Frieden ist Nion, denn aus ihr werden die Speerschäfte gemacht, durch die der Frieden gebrochen wird.
Wort-Ogham von Morainn: COSTUD SIDE, Schlag gegen den Frieden.
Wort-Ogham von Cuchulain: BAG MAISI z. B. GARMAN, Flucht der Schönheit, Webschiff.
Wort-Ogham von Aonghus: BAG BAN, Flucht der Frauen.

Physische Ebene

Die Esche kann bis zu 30 Meter hoch werden und ist der größte Baum, dem wir bisher begegnet sind. Sie hat eine glatte, grüngraue Rinde, die mit zunehmendem Alter immer mehr aufbricht. Die Äste sind lang und liegen weit auseinander. Die Blätter sind ebenfalls lang, wachsen zu beiden Seiten des Stängels, wobei jeder Stängel 13 Blätter hat. Die Esche weist deutliche schwarze Knospen auf, deren Saat in Büscheln wächst und jeweils lange, dünne Flügel aufweist.

Die Esche wächst in allen Klimazonen und unter allen Bedingungen, gedeiht aber besonders gut auf kalkreichem Boden. Sie bildet sehr lange Wurzeln, die teilweise die Wurzeln benachbarter Bäume strangulieren. Das weiße Eschenholz eignet sich ausgezeichnet als Brennholz. Weil es stark und geschmeidig ist, lässt es sich für Ruder, Axtgriffe, Hockeyschläger und Skier verwenden.

Die alten Kelten zogen die Esche für die Herstellung von Speeren allen anderen Hölzern vor.

Es gibt unterschiedliche medizinische Verwendungszwecke. Angeblich war der Absud von Eschenblättern ein gutes Gegenmittel bei Schlangenbissen (doch diese Wirksamkeit kann ich nicht bestätigen und empfehle es daher auch nicht). Das Mark und der Saft der Esche sollen das Lösen von Blasensteinen unterstützen und gelten als milder Appetitzügler. Die Blätter wirken leicht abführend und helfen gegen arthritische und rheumatische Beschwerden. Wenn die Blätter im Winter nicht zur Verfügung stehen, kann auch die Rinde für dieselben Verwendungszwecke genutzt werden. Der englische Begriff *Ash* (für Esche) ist ein häufiger Nachname im gesamten englischsprachigen Raum.

Mentale Ebene

Aus den Beschreibungen in den Legenden und aus archäologischen Funden wissen wir, dass die Kelten die Esche besonders gerne und oft für die Herstellung von Speerschäften verwendet haben, denn das Holz wuchs lang, gerade und war, nachdem es im Feuer gehärtet wurde, besonders stark. Der Speer war eine wichtige Angriffswaffe für die alten Kelten. In den Legenden gibt es Beschreibungen von besonders eindrucksvollen Speeren, deren Schäfte mit Einlegearbeiten geschmückt waren, mit sorgsam eingravierten Spitzen und fein ausgearbeiteten Schnüren, die daran befestigt wurden. Einige der frühen keltischen Stämme hatten auch Stammesnamen, die vermutlich von alten Speernamen herrührten.

Es gibt einen Volksstamm, der in vielen irischen Legenden unter dem Namen *Fir Bolg* erwähnt wird. Dieser Name wird häufig als »Männer *(Fir)* der Taschen *(Bolg)*« übersetzt, aber das Wort *bolg* wurde auch dazu verwendet, eine Speerart zu bezeichnen. Eine mögliche alternative Übersetzung wäre »Speermänner«. Da diese Männer in mehreren Legenden als Krieger mit hervorragenden Speeren beschrieben werden, ist die Bezeichnung »Speermänner« wohl auch nahe liegender als »Männer der Taschen«. Ein weiterer irischer Stamm hatte den Namen *Gaileoin*, was »Speere *(Gai)* der

Verwundung *(leoin)*« bedeutet. Mit Ausnahme der Schlinge war der Speer die einzig weit reichende Waffe, die von den irischen Kelten in der Bronze- und Eisenzeit benutzt wurde.

Doch der Speer, der uns interessiert, ist nicht die Kampfwaffe des Kriegers, sondern die symbolische Waffe des Zauberers – eine der vier *großen magischen Waffen*. In dieser Form hat der Speer eine andere Bedeutung und ist von größerem Nutzen als die gewöhnliche Kampfwaffe. Die vier großen magischen Waffen werden in zwei wichtigen irischen Legenden beschrieben: in der »Schlacht von Moytura« und in *The Book of the Invastions of Ireland* (dort werden sie allerdings nicht als große magische Waffen bezeichnet, denn dies ist ein modernerer Ausdruck.) Der Speer, um den es hier geht, war der Speer, der vermutlich *Lugh mit dem langen Arm* gehörte, einer der wichtigeren keltischen Gottheiten. Seinen ungewöhnlichen Namen erhielt er einfach aufgrund der Tatsache, dass er als Besitzer eines Speers eine längere Reichweite hatte als jene, die keinen Speer besaßen. Sein Speer soll aus der Stadt Gorias in der Anderswelt stammen.

Die anderen drei magischen Waffen sind das Schwert von Nuadhu, das aus der Stadt Findias in der Anderswelt stammen soll, der Kessel, der Dagda gehörte und aus Muria stammt, und *Lia Fail,* der große Stein des Schicksals, der aus Falias stammt und nicht zu einer Person, sondern einem Ort gehört: Tara. Die Verwendungsmöglichkeiten dieser magischen Waffen waren zahlreich, aber wir werden uns hier auf nur eine dieser Waffen konzentrieren: den Speer. Traditionsgemäß wird der Speer mit dem Zauberstab (einer kleinen magischen Waffe) gleichgesetzt, der den Willen des Zauberers darstellt. Der Speer ist ein noch größeres und stärkeres Symbol für den Willen des Zauberers. Er sollte bei rituellen Gruppenarbeiten und als wichtiges Instrument für Aktionen auf ganz persönlicher Ebene verwendet werden.

Während Ihrer magischen Studien kann es sein, dass Phasen der Inaktivität entstehen, Zeiten, in denen Sie den Wunsch zu verlieren scheinen, aufzustehen und etwas zu unternehmen. In unserem Alltagsverhalten nennen wir diesen Zustand Langeweile. Sie sollten wissen, dass sich dieser Zustand auch auf mentaler und geistiger Ebene ausbreiten kann. Sollte dies geschehen, gibt es nur eine Möglichkeit, diesen erzwungenen Frieden schnell und besonnen zu durchbrechen, indem Sie zu ihren Waffen (den *magischen Waffen*) greifen und die Lethargie bekämpfen. Die beste Waffe für diese Situationen ist der Speer, denn nur durch den besonnenen Einsatz der Willenskraft lässt sich das eigene Phlegma überwinden und der Lebensweg wieder aufnehmen. Genau dies ist mit der eher unangenehmen Beschreibung der Esche im Wort-Ogham von Morrain »Schlag gegen den Frieden« gemeint. Wie Sie diesen Schlag ausführen möchten, bleibt Ihnen überlassen. Sie können ihn auf einer Reise in die Anderswelt durchführen, wobei Sie Ihre Trägheit und Faulheit als verborgene Figur visualisieren, die Sie entweder töten oder mit dem Speer in die Flucht schlagen. Vielleicht liegt es Ihnen aber auch eher, den Speer in einem formellen Ritual einzusetzen, in dem Sie auch Ihren physischen Körper verwenden können, vielleicht ein wohlgesonnener und positiver Aspekt. Dieser »Schlag gegen den Frieden« muss nicht unbedingt ein aggressiver und feindlicher Akt sein. Erinnern Sie sich daran, dass dieses System der Magie von einem Kriegervolk entwickelt wurde; allerdings sollten wir unsere modernen Vorstellungen von Krieg und Waffen nicht einfließen lassen, wenn wir diese Dinge betrachten.

Die anderen beiden Bezüge in den Wort-Oghams von Cuchulain und Aonghus »Flucht der Schönheit« und »Flucht der Frauen« sind poetische Anspielungen auf dasselbe Prinzip. In den Legenden wird das Selbst eines Magiers in der Anderswelt, jener Teil, der die Willenskraft beherbergt, oft als weise und schöne Frau gesehen, die an entscheidenden Punkten in seiner oder ihrer Arbeit auftritt, um ihn zu beraten. Diese weiblichen Gestalten erscheinen häufig dann, wenn nichts geschieht, aber – als Ergebnis ihres Besuchs – sich die Dinge plötzlich überschlagen. Der Frieden wird zerstört. Die Flucht der Frauen oder der Schönheit ist identisch mit der Flucht der Lethargie des Zauberers.

Dieses Phänomen innerer Langeweile tritt auch häufig im Verlauf bestimmter Studien auf, wenn die erste Begeisterung bei den Studenten schwindet und das Fortschreiten schwierig wird. Beim Studium der Magie ist dies das Stadium der Esche. Die klugen Männer und Frauen, die dieses System vor Tausenden von Jahren entwickelt haben, haben den Baum also genau an jene Position gesetzt, an der er am notwendigsten ist.

Das Wort-Ogham von Cuchulain enthält noch den Zusatz »Webschiff«, ebenfalls ein poetisches Gleichnis für Speer. Diese häufig kryptischen Bezüge in den irischen keltischen Legenden werden auch als *Kennings* bezeichnet. Der Dialog zwischen Cuchulain und Eimhear in Kapitel 1 besteht ausschließlich aus solchen *Kennings*. Wenn anstelle der eigentlichen Bezeichnung eines Gegenstandes ein *Kenning* verwendet wird, ist dies ein Hinweis darauf, dass ein subtilerer Aspekt dieses Gegenstandes gemeint ist. Die Verbindung zwischen einem Webschiff und einem Speer könnte darin bestehen, dass beides lange, gerade Instrumente mit scharfer Spitze sind, die dazu dienen, entlang einer geraden Linie geworfen zu werden. Auch in der »Schlacht von Moytura« gibt es einen Bezug darauf, der bestätigt, dass das eine ein *Kenning* des anderen ist. In der Legende *Ruadan* heißt es nämlich, ein Mitglied der Formorier hätte sich verkleidet in das Lager der Feinde eingeschlichen, der Tuatha De Danann. Während er versuchte, einige ihrer Waffen an sich zu nehmen, sei sein Betrug entlarvt und er durch einen Speerwurf getötet worden; »aus diesem Grund wird in Irland ein Webschiff auch als ›Speer des mütterlichen Königs‹ bezeichnet«.[20] Auf dieses *Kenning* werden wir bei unseren Studien zur Föhre noch einmal zurückkommen.

Spirituelle Ebene

Das Wort Nion entstammt einem Wort, dessen Wurzel »hergestelltes Ding« bedeutet. Wenn Sie mit der Esche auf spiritueller Ebene arbeiten, dann ist unter dem »hergestellten Ding« wohl am eindeutigsten der Speer zu verstehen. Die Essenz des spirituellen Aspekts der Esche ist die Willenskraft, symbolisiert durch den Speer auf der spirituellen Ebene, zu gebären. Da diese Ebene auch

---

20 Zit. aus: E. A. Gray, Übers., *Cath Maige Tuired*. Dublin: Irish Texts Society, 1983. Übs. ins Deutsche von Gabriele Broszat. Wir wissen nicht, warum der Autor diese Verbindung zwischen dem Speer und dem Webschiff herstellt, aber er tut es. Diese Verbindung taucht in Legenden in vielen ähnlichen Passagen auf.

mit den beiden anderen Ebenen verknüpft ist, wird sich Ihre Willenskraft schließlich auch auf diesen beiden Ebenen manifestieren.

Die irischen Kelten glaubten, dass es fünf bestimmte Bäume gab, die quer über Irland verstreut waren und besondere Eigenschaften auf der magischen und spirituellen Ebene besaßen. Aus diesem Grund wurden sie als Versammlungsorte ausgewählt. Drei dieser fünf magischen Bäume waren Eschen, sie standen an Plätzen, an denen sich Krieger versammelten. Die beiden anderen waren Eiben, für die Versammlungen von Druiden. Ein Bezug darauf ist in der *Prose Dindsenchas* zu finden, in dem beschrieben wird, dass ein Mann namens Trefuilngid Tre-Ochair, »Starker Beschützer mit drei Ecken«, eines Tages nach Tara kam, um dort ein Gespräch über die Geschichte Irlands zu führen. Er trug den Ast eines Baumes mit sich, wodurch er signalisierte, dass er aus der Anderswelt kam. Beim Verlassen gab er dem Weisen Fionntan einige Beeren von diesem Ast.

> Er ließ Fionntan einige Beeren von dem Ast in seiner Hand zurück, damit dieser sie an irgendwelchen Orten Irlands, wo sie gut gedeihen würden, einpflanzen konnte. Und dies sind die Bäume, die aus diesen Beeren entsprungen sind: der alte Baum von Tortu, der Baum von Ross, der Baum von Mugna, der verzweigte Baum von Dathi und der alte Baum von Uisneach.[21]

Die Weide gab uns die Fähigkeit und das Vertrauen, in das Unbekannte aufzubrechen. Nun gibt uns die Esche die Willenskraft, und für den Notfall auch die magischen Waffen, unsere magischen Fähigkeiten dazu zu verwenden, Änderungen auf allen drei Ebenen zu erzielen. Dies unterstreicht noch einmal den Punkt, dass sich alle magischen Aktionen schließlich auch auf physischer Ebene auswirken sollen. Die drei Ebenen sind so miteinander verknüpft, dass alles, was auf einer der Ebenen stattfindet, unvermeidlich auch Auswirkungen auf die anderen beiden Ebenen hat. Wenn Sie dieses Wissen besitzen und auf spiritueller Ebene einsetzen, können Sie mächtige, sinnvolle Arbeiten durchführen und

---

21 Zit. aus: R.I. Best, Übers., *The Settling of Manor of Tara*, Eriu 4, Teil 2. Dublin, 1923. Übs. ins Deutsche von Gabriele Broszat.

eine effektive Magie anwenden, die an den Ästen Ihrer Esche heruntergleitet und sich in der physischen Welt manifestiert. Auf ähnliche Weise wird alles, was Sie in der physischen Welt unternehmen, auch Ihre mentale und spirituelle Ebene betreffen. Dies ist ein weiterer Grund dafür, warum ich so großen Wert darauf lege, die physischen Bäume in ihrer natürlichen Umgebung kennen zu lernen. Wenn Sie einen Akt auf physischer Ebene ausführen, erschaffen Sie damit auch ein Wissen auf mentaler und geistiger Ebene.

Jetzt, wenn Sie damit begonnen haben, Ihre magischen Kräfte einzusetzen, sollten Sie auf einige Rückschläge gefasst sein. Es ist eine Regel der Magie, dass auf jeden Neubeginn zunächst eine unvermeidbare Reaktion erfolgt, die Ihr kleines Schiff aus Weidengeflecht garantiert zum Schaukeln bringt. Dieser Rückschlag wird durch den nächsten Buchstaben des Baum-Ogham symbolisiert.

Praktische Arbeit

Bei der Anrufung des Dagda und Ihres Führers aus der Anderswelt sollten Sie diesmal auch den Gott *Lugh* während des Grundrituals anrufen. Lugh ist eng mit dem Speer als magischer Waffe verbunden. Niemand kann besser als er lehren, wann und wie sie zu verwenden ist. Lugh wird meistens in sehr freundlichen, hellen und auch verwirrenden Begriffen beschrieben. Er ist ein sehr muskulöser, junger Krieger, der einen großen Speer aus Esche bei sich trägt. Zur Anrufung von Lugh können Sie etwa folgende Worte verwenden:

Freundlicher Lugh mit dem langen Arm, Hüter des starken Speers von Gorias, ich begrüße dich und erkenne deine Macht und kriegerische Stärke an.

Stehe mir bei.

Lehre mich alles, was ich über die Esche, den Speer und meine eigene Fähigkeit zum Fortschreiten und Zerstören der Untätigkeit wissen muss. Damit ich wahren Frieden dorthin bringen kann, wo er notwendig ist. Verleihe meinem Ogham-Stab diese Eigenschaften.

Lass' ihn zu einem Symbol für deinen starken Speer werden.

Lass mich auch unter dem Namen »[Ihr Name] mit dem langen Arm« bekannt sein.

Lehre mich, den Krieger in mir zu erkennen und zu steuern.

Lehre mich, meine wahre Stärke und Energie in dieser Welt und der Anderswelt zu erkennen.

Jetzt ist der richtige Moment dafür gekommen, sich selbst einen zeremoniellen Speer aus Esche herzustellen. Er sollte etwa einen Meter und zwanzig oder fünfzig Zentimeter lang sein – und wenn möglich, gerade. Es wird sicher ein wenig Zeit in Anspruch nehmen, ein geeignetes Stück aus Eschenholz zu finden, um daraus diese magische Waffe herzustellen, aber das Suchen ist ebenso ein Teil der magischen Arbeit wie das formelle Ritual. Gehen Sie dieser Aufgabe in magischer Weise nach.

Es wird sicherlich mehr Anstrengung erfordern, ein so großes Stück Holz von einem lebenden Baum abzuschneiden, als das Stück für den Ogham-Stab (vorausgesetzt es gibt nicht zufällig ein paar heruntergefallene Äste dieser Größe). Dazu sollten vorab einige Überlegungen angestellt werden: Wird der Baum geschädigt, wenn Sie ein so großes Stück Holz davon nehmen? Dies kann zum Beispiel der Fall sein, wenn Sie einen Ast von einem noch sehr jungen Baum verwenden möchten oder von einem Baum, der bereits geschädigt ist und bereits verschiedene Stücke verloren hat. Wenn Sie sicher sind, dass Sie dem Baum keinen wirklichen Schaden zufügen, müssen Sie sich fragen, ob der Baum einer anderen Person gehört. Haben Sie die Erlaubnis, ein so großes Holzstück vom Baum einer anderen Person abzuschneiden? Außerdem sollten Sie die praktische Seite nicht aus dem Auge verlieren und eventuell eine Säge besorgen, wenn der Ast allzu dick ist. Haben Sie auch die körperliche Kraft dafür? Wie transportieren Sie das Holz nach Hause, wenn es abgeschnitten ist? Haben Sie zu Hause einen Platz, an dem Sie es ungehindert aufbewahren können?

Dies sind scheinbar alles keine magischen Belange, aber jede magische Arbeit sollte den normalen Regeln der Praktikabilität und Machbarkeit folgen. Genau dies unterscheidet die effizienten und erfolgreichen Magier von jenen Luftikussen und Möchte-

Gern-Magiern, die in dieser Welt nicht erfolgreich leben können, geschweige denn in der Anderswelt.

Wenn Sie alle diese Probleme gelöst, alle diese Fragen beantwortet und schließlich den Ast nach Hause gebracht haben, können Sie sich mit der Anfertigung des Speers beschäftigen. Entfernen Sie die Rinde komplett und lassen Sie den Ast lange genug trocknen, ehe Sie die weiteren Schritte ausführen. Das Entfernen der Rinde wird eine Weile dauern. In dieser Zeit sollten Sie sich darauf konzentrieren, was der Speer darstellt, wer Lugh ist und was dies für Sie und den Speer, den Sie anfertigen, bedeutet. Überlegen Sie dabei, wie die Waffe am Ende aussehen soll und wann Sie sie einsetzen möchten.

Die nächste Stufe besteht darin, vorsichtig alle Ausbuchtungen, rauen Stellen oder Stümpfe kleinerer Sprösslinge vom Ast zu entfernen, um den Speer möglichst glatt und eben zu machen. Wenn Sie den Ast der Länge nach mit Sandpapier bearbeiten und dabei Geduld aufbringen, werden Sie einen schönen glatten Speer erhalten. Als Nächstes muss die Spitze des Speers geformt werden, indem Sie möglichst punktgenau auf das Ende des Astes zuschnitzen. Sie können auch eine alte Speerspitze aus einem Antiquitätenladen besorgen. Schnitzen Sie in den Schaft bedeutungsvolle Symbole ein, verzieren Sie ihn mit Farben oder Mustern, falls Sie dies möchten. Dies ist Ihr persönliches Werkzeug, und wie es aussehen und sich anfühlen soll, bleibt ganz alleine Ihnen überlassen. Sobald der Speer wie gewünscht ist, müssen Sie diese neue magische Waffe weihen. Ähnlich wie alle magischen Waffen sollte der Speer an einem besonderen Ort aufbewahrt werden, der von Ihren Alltagsgeschäften oder dem Anblick durch Freunde und Verwandte ungestört ist.

Der Speer lässt sich zu zwei zeremoniellen Zwecken verwenden: Er ist die größere Version des Zauberstabs und kann in Gruppenritualen benutzt werden. Zweitens sollte er auf einer persönlichen Ebene eingesetzt werden, wenn Sie an einem Unternehmen auf höherer, mächtigerer Ebene arbeiten oder sich in einer Periode der Untätigkeit und Stagnation befinden. Wann immer Sie den Speer verwenden, sollten Sie Lugh um Beistand und Leitung anrufen.

Wenn Sie das Gefühl haben, Ihre Kommunikation mit der Esche ist gelungen, dann führen Sie die folgende Übung aus: Nehmen Sie Ihre fünf Ogham-Stäbe mit in den magischen Arbeitsbereich. Ziehen Sie diesmal keinen Kreis um einen bestimmten Baum, sondern um sich selbst. Legen Sie Ihre Ogham-Stäbe in der Reihenfolge vor sich hin, die in diesem Buch beschrieben ist, und erinnern Sie sich, wie sich der eine aus dem anderen entwickelt hat. Verbringen Sie dann einige Zeit damit, die Stäbe in verschiedener Reihenfolge anzuordnen. Denken Sie über jene Dinge nach, die Sie aus dem Studium der fünf Bäume gelernt haben, und versuchen Sie daraus ein Bild über die Verbindung der Bäume aufzubauen.

Wenn Sie ein Gefühl dafür gewonnen haben, wie die Bäume untereinander verbunden sind und wie sich die Art und Weise verschieben und verändern lässt, schließen Sie Ihre Augen und rufen Sie Dagda um Unterstützung an. Beginnen Sie mit einer Reise in die Anderswelt. Lassen Sie den Bildern freien Lauf und versuchen Sie nicht vorherzusagen, was als Nächstes geschehen wird. Ich würde vorschlagen, Sie stellen sich vor, wie Sie selbst in einem Wald stehen, dessen dominante Arten die fünf Bäume sind. Sie sehen, wie in jeden Stamm der zugehörige Ogham-Buchstabe eingeschnitten ist. Fangen Sie an zu laufen und prägen Sie sich dabei die Reihenfolge sorgsam ein, in der Sie an den Bäumen vorbei gehen. Denken Sie darüber nach, wie Sie sich fühlen und wie viel Sie von den einzelnen Bäumen noch wissen. Versuchen Sie darauf zu achten, wie sich die Bäume verändern, je nachdem welcher der anderen Bäume gerade in der Nähe steht. Beobachten Sie die Tiere, Vögel oder Menschen, die während dieser Reise erscheinen; auch sie haben Ihnen vielleicht viel zu sagen. Achten Sie darauf, ob eine Art zahlreicher auftritt als eine andere oder welche Art Ihnen besonders ins Auge sticht. Dies könnte ein Hinweis auf einen Aspekt in Ihrem Leben oder in Ihrer Arbeit sein, der besondere Aufmerksamkeit verlangt.

Wenn Sie mit dieser Landschaft vertraut sind, rufen Sie Ihren Führer aus der Anderswelt an, um sich mit ihm oder ihr bekannt zu machen. Dazu können mehrere, sich wiederholende Reisen notwendig sein, aber bleiben Sie an dieser Sache, bis Sie eine bewusste Verbindung hergestellt haben. Auf diese Weise werden Sie schließlich eine feste und sehr bedeutungsvolle Beziehung zu diesem nicht-physischen Wesen aufbauen. Sie werden feststellen, dass der Kontakt stärker wird, je länger und öfter Sie durch die Bäume gehen. Machen Sie sich keine Sorgen, wenn es nicht sofort klappt. Es wird noch viele weitere Gelegenheiten geben, diesen Kontakt herzustellen.

Wie immer am Ende einer Baumerfahrung, sollten Sie alle Einzelheiten, an die Sie sich erinnern können, in Ihrem magischen Tagebuch aufschreiben, auch wenn nur wenig oder nichts zu geschehen scheint. Wiederholen Sie diese Übung so lange, bis Sie fühlen, dass Sie nun Ihre eigenen Verbindungen und Beziehungen zu den Bäumen und Ihrem Führer aus der Anderswelt knüpfen können. Wenn Sie mit diesen Aspekten zufrieden sind, fahren Sie mit dem nächsten Baum in der Reihenfolge fort.

Kapitel 10 WEISSDORN

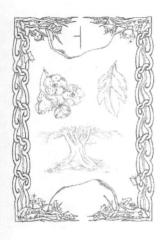

Name: Huath
Buchstabe: H
Ogham-Symbol: ⊥
Beschreibung: Huath ist Weißdorn, ein Rudel von Hunden ist Weißdorn; dies verdient er wirklich aufgrund seiner Dornen.
Wort-Ogham von Morainn: CONDAL CON, Rudel der Wölfe (oder Hunde).
Wort-Ogham von Cuchulain: ANNSAM AIDHCHE z. B. HUATH, schwere Nacht, Weißdorn.
Wort-Ogham von Aonghus: BANAD GNUISI, Blässe des Gesichts.

Physische Ebene

Der Weißdorn, Rotdorn oder Hagedorn kann bis zu 15 Meter hoch werden. Heutzutage wird er meist stark zurückgeschnitten, um niedrige, dicke Hecken zu bilden und ist nur selten als voll ausgewachsener Baum anzutreffen. Er ist ein auffälliger Baum, der im Mai kleine, weiße Blüten trägt, die zu hellroten Beeren und später im Jahr zu dunklen, fleischigen Früchten werden; sie sind als Hagebutten bekannt. Seine Rinde ist grau-braun, mit kleinen Rissen übersät und mit sehr harten, scharfen Dornen. Die Blätter, die beidseitig an den dornigen kleinen Stängeln wachsen, weisen tiefe Einbuchtungen auf, und haben eine ähnliche Form wie kleine Eichenblätter. Aus den Blättern lässt sich ein angenehmer Tee zubereiten für Menschen mit Herz- oder Kreislaufproblemen. Er ist auch ein Heilmittel für jene, die an plötzlichem emotionalen Stress leiden oder für Menschen mit bereits lang andauernden nervösen

Störungen. Der Saft lässt sich auch zur Behandlung von Asthma, Rheumatismus, Arthritis und Kehlkopfentzündungen verwenden.

Das Holz des Weißdorns wird nur selten kommerziell genutzt, weil die Äste sehr viele Verknorpelungen aufweisen und für Schnitzarbeiten oder die Holzverarbeitung nicht besonders gut geeignet sind. Auch als Brennholz lässt sich der Weißdorn nicht gut verwenden, und er stand lange in dem Verdacht, Unglück in ein Haus zu bringen. Der Weißdorn wächst häufig auf Feenhügeln, den Erdhügeln der Sidhe, wie es in den Legenden heißt. Man glaubte früher, er sei dort von Feen gepflanzt worden, als Warnung für die Menschen, um die Hügel zu beschützen, denn kein feinfühliger Mensch würde je einen solchen Baum stören. Als die DeLorean Autofabrik in Irland eröffnet wurde, gehörte ein Teil des betreffenden Terrains zu einer Hügelkette, auf der Weißdorne standen. Kein irischer Arbeiter wollte den Hügel abtragen, bis schließlich John DeLorean selbst auf den Bulldozer stieg, um ihn einzuebnen. Die Geschichte hat den schweren Fehler dieser Aktion mittlerweile bewiesen.

Der Weißdorn ist heute häufig als Hecke entlang von Landstraßen zu finden, wo seine eng verzweigten Äste und scharfen Dornen ideal für diesen Zweck geeignet sind. Wenn er wild wachsen darf, kann er einige sehr bizarre Formen annehmen und steht dann häufig allein in der Mitte eines Feldes oder auf einem Hügel. Vielleicht war es diese ungewöhnliche Eigenschaft, die ihm zu dem Ruf verhalf, von Feen gepflanzt worden zu sein. Trotz seines knorrigen Äußeren und den beachtlichen Dornen ist der Weißdorn in voller Blüte ein sehr ansehnlicher Baum. Viele alte Volkslieder erwähnen den Weißdorn in dem einen oder anderen Zusammenhang, und der englische Nachname *Hawthorn* (Weißdorn) ist auch heute noch häufig im englischsprachigen Raum zu finden.

Mentale Ebene

Das Wort für diesen Baum, *Huath* oder *Uath*, bedeutet »ängstlich« oder »schrecklich« und gibt einen Hinweis auf die magischen Tugenden und Verwendungszwecke dieses Baums. Die Beschreibung in den Texten als »Hundemeute« und in den Wort-Oghams von Morrain, Cuchulain und Aonghus »Rudel von Wölfen, schwere Nacht und Blässe des Gesichts« untermauern einen eher unerfreulichen Aspekt.

Alle Bäume, die bisher erforscht wurden, lassen sich bewusst als integrierter Bestandteil für eine Reise in die Anderswelt verwenden, um je nach Bedeutung und Eigenschaft eines Baums neue Aufgaben zu bewältigen. Der Weißdorn hat im Gegensatz dazu eine andere Funktion, denn sein ganzes Wesen ist ein anderes. Bereits im ersten Teil dieses Buches in der Diskussion über das Ogham-Alphabet wurde darauf hingewiesen: Der Buchstabe H hat eine bestimmte Funktion innerhalb der gälischen Grammatik und ist weder Konsonant noch Vokal. Auf ähnliche Weise lässt sich auch der Weißdorn beschreiben, der innerhalb der normalen Regeln der Baum-Magie eine Sonderstellung einnimmt und von Magiern nicht vorsätzlich als Symbol bei einer Reise in die Anderswelt oder bei einem Ritual angerufen werden sollte. Die magische Funktion ist ein Symbol, das nur von den Bewohnern der Anderswelt dazu verwendet werden sollte, dem Magier eine Warnung zu geben, um diesen auf unerwartete Ereignisse vorzubereiten. Es sollte ganz spontan auftauchen und während der Arbeit – wie ich hoffe – nicht zu oft. Von einem Reisenden in die Anderswelt sollte es nicht ausgesucht werden. Wenn dieses Symbol in Erscheinung tritt, weist es im Allgemeinen darauf hin, dass etwas, das Sie – vielleicht auf einer anderen Ebene – begonnen haben, nun Wirkung zeigt und der unvermeidbare Rückschlag Sie treffen wird. Dies ist nicht so ominös wie es scheint, obwohl der Rückschlag äußerst unerfreulich sein kann. Wenn es aber als das verstanden wird, was es ist, dann ist die größte Bedrohung bereits verschwunden und es wird einfacher sein, damit umzugehen.

Dies ist eine Regel der Magie, die alle Magier – ob erfahren oder ungeübt – verstehen müssen. Wenn Sie eine magische Arbeit beginnen, die neue Energien verwendet oder eine Kette von Ereignissen auslöst, gibt es immer auch einen Rückschlag. Dies kann sich in eher unspektakulärer Weise äußern, indem Sie sich einige Tage verstimmt und unpässlich fühlen. Das Wort-Ogham von Aonghus bezieht sich darauf als »Blässe des Gesichts«. Es kann sich auch als Gefühl der Irritation äußern, das Streit zwischen Personen hervorruft, die sich normalerweise gut verstehen. Davor warnt die Beschreibung von Morainn »Rudel der Wölfe«. Es kann sich aber auch als tief verwurzelte Angst, Spannung oder Depression äußern. Das ist die »schwere Nacht« im Wort-Ogham von Cuchulain.

Der Weißdorn wird von der Anderswelt dazu verwendet, Ihnen zu signalisieren, dass die Unerfreulichkeit des Rückschlags eine vorübergehende Erscheinung und kein Grund zur Sorge ist. Obwohl diese Erfahrung sehr schwierig sein kann, besonders für weniger erfahrene Magier, sollte sie als etwas Positives und Ermutigendes betrachtet werden, denn Ihnen wird damit gezeigt, dass Ihre früheren magischen Aktionen Erfolg hatten. Häufig wird der erste Rückschlag von einem unerfahrenen Magier als eine Art psychische Attacke von anonymen schwarzen Magiern empfunden, die versuchen, seine aktuelle Arbeit zu zerstören. Doch dies ist nur selten der Fall, und diese Empfindungen können durch das positive Wissen ersetzt werden, dass trotz aller augenblicklicher Erschütterungen die Dinge sehr gut laufen.

Der Weißdorn wird oft als feindlich und offensiv empfunden, vermutlich wegen seiner scharfen Dornen und dichten Äste, aber dieselben Dornen und Äste können auch defensiv sein und Sie vor dem beschützen, was Sie verletzen möchte. Dies ist eine andere Bedeutung von »Hundemeute« und »Rudel der Wölfe«. In Altirisch stammen diese Begriffe alle von dem Wort *cu* ab (»Hund« oder »Wolf«), das auch »Krieger« bedeutet. Die Hundemeute oder das Wolfsrudel lassen sich auch als »Kriegermeute« oder »Kriegerrudel« übersetzen. Eine Meute von Kriegern, die sich Rücken an Rücken aufstellt, die Speere nach außen gerichtet, geben das Bild eines Weißdornbusches ab, mit den scharfen, stark abstehenden Dornen, dazu bereit, jeden zurück zu stoßen, der zu nahe kommt. Es ist ein sehr beschützender Baum, der eine kurze Zeit der Schwierigkeiten suggeriert, aber letztlich ist er ein Baum mit gutem Omen und Hoffnung.

Der Weißdorn wurde in der alten keltischen Gesellschaft sowohl auf physischer als auch mentaler und spiritueller Ebene von Gruppen verwendet. Wenn er auf physischer Ebene benutzt wurde, galt er als bösartiges, feindliches Symbol, das mit der Praxis der

Satire verbunden war (eine Verskomposition, die die schlechten Eigenschaften einer Person auf den Punkt brachte). Dieses offensichtliche Mittel des Angriffs galt bei den Kelten als schreckliche Sache. Wenn eine Satire gegen eine Person gerichtet wurde, galt dies als das Schlimmste, was jemandem widerfahren konnte. In der dreibändigen Schrift *Manners and Customs of the Ancient Irish* zitiert Eugene O'Curry eine seltsame Praxis, die von Satirikern ausgeübt wurde:

> Das Gesicht des Ollamh war dem Land des Königs zugewandt, den er karikieren wollte, und die Rücken aller Männer waren dem Weißdorn zugewandt ... und ein Wurfstein und ein Dorn des Weißdorns befand sich in jeder Hand der Männer, und jeder von ihnen musste eine Strophe für den Stein und den Dorn singen, in einem vorgeschriebenen Versmaß ... und dann musste jeder seinen Stein und seinen Dorn zu Füßen des Weißdorns niederlegen.[22]

Dies demonstriert, wie Bäume auf physischer Ebene als magische Waffen eingesetzt wurden, ebenso wie sie in der Anderswelt als magische Symbole verwendet wurden. Dies ist die harmonische Arbeit mit den drei Ebenen, die physische Ebene ist ebenso sinnvoll und mächtig wie die beiden anderen. Es gehört auch zu den Warnungen des Weißdorns, dass es dumm ist, die magische Arbeit auf die mentale oder spirituelle Ebene zu beschränken.

Eine Satire gegen eine Person in der Form einer Spottschrift oder Verleumdung kann eine vernichtende Angelegenheit sein, auch wenn sie nicht wahr ist. Die Macht, jemandem allein durch Worte zu schaden, ist erschreckend, und Sie sollten diese Macht am besten nicht anrühren. Die alten Kelten wussten dies und gaben deshalb jemandem erst nach langen Jahren harter Übung den Titel eines Barden; nur dieser hatte die Erlaubnis, andere zu karikieren.

---

22 Zit. aus: Eugene O'Curry, *Manners and Customs of the Ancient Irish*. Übs. ins Deutsche von Gabriele Broszat.

Spirituelle Ebene

Die Macht des Buchstaben H besteht im grammatikalischen Kontext darin, dass sie die Kraft der anderen Buchstaben verstärkt. Dasselbe lässt sich auch über die Macht des Weißdorns auf spiritueller Ebene sagen. Sobald eine magische oder spirituelle Arbeit beendet ist, müssen Sie eine Periode der Zerstörung erwarten, die nicht zu ernst oder aufwühlend sein sollte. Diese negative Periode kann als positive Zeit genutzt werden, wenn Sie dabei Ihre spirituellen Batterien neu aufladen, indem Sie den Erfolg Ihrer magischen oder spirituellen Operation betrachten, die diesen Ärger verursacht. Dies mag widersprüchlich klingen, aber Sie müssen sich daran erinnern, dass Energie neutral ist und nur durch Ihre Reaktion darauf negativ oder positiv erscheint. Diese Reflexion über Ihren Erfolg ist kein ungesundes Selbstlob oder der Beginn eines unkontrollierbaren, aufgeblasenen Egos, sondern eine wohl verdiente und absolut akzeptable Anerkennung Ihrer Fähigkeiten und Kenntnisse. Wenn Sie sich diese Anerkennung zugestehen, werden Sie damit Ihre Fähigkeiten und Kenntnisse beim nächsten Mal stärken. Verwenden Sie den Weißdorn, um ihre spirituellen Anliegen zu verstärken und zu verbessern, indem Sie den Grund hinter Ihrem Leiden erkennen und diese Grunderfahrung ins Positive und Erfolgreiche wenden. Die Ogham-Kerbe für den Weißdorn ist die erste, die aufrecht steht, stolz und gerade. Seien Sie wie diese Kerbe, während Sie Ihren Geschäften nachgehen.

Der Weißdorn bietet Ruhe und Erholung an, bevor das nächste Stück Arbeit in Angriff genommen wird. Ehe Sie fortfahren, vergessen Sie nicht, Ihr Baumritual auszuüben; und zeichnen Sie alle Wahrnehmungen und Kommunikationen auf, die Sie dabei haben. Dies mag nicht sehr erfreulich sein, aber Sie müssen sich diesen Dingen stellen, sie erfahren und daraus lernen.

Praktische Arbeit

Da der Weißdorn etwas außerhalb der normalen Regel Liegendes symbolisiert, ist dies eine gute Zeit für Sie, etwas Neues, Persönliches und Innovatives in Ihre praktische Arbeit einzuführen. Sie könnten zum Beispiel neue Bewegungsabläufe oder Worte in ein Ritual aufnehmen oder die Zeit und Art des Rituals komplett ändern, in der Sie diese praktischen Übungen durchführen. Es kann sich aber auch um eine spontane Reise in die Anderswelt handeln, die dazu dienen soll, den Umgang mit Angst, Stress oder anderen schwierigen Emotionen zu erlernen, die der Weißdorn auf Sie geworfen hat. Ihre Arbeit wird dabei einen besonderen Aspekt erhalten und für Sie mächtiger und bedeutungsvoller werden. Die Last des Fortschreitens wird immer mehr auf Ihren Schultern ruhen. Sind Sie bereit, diese Verantwortung zu übernehmen und Ihren eigenen privaten Aspekt in diese Arbeiten einzubringen? Sind Sie bereit, die Verantwortung und das große Gewicht für Ihr eigenes geistiges Wachstum zu übernehmen? Denken Sie darüber nach. Und behalten Sie in Erinnerung, dass laut diesem alten magischen System alles, was Sie auf der physischen Ebene tun – ob gut oder schlecht, erfolgreich oder nicht – auch auf Ihrer geistigen Ebene reflektiert wird. Der Dagda und Ihr persönlicher Führer sollten Ihnen helfen können. Sie besitzen außerdem bereits das Wissen und die Erfahrung aus den vorherigen fünf Bäumen, auf das Sie zurückgreifen können, wenn die Dinge zu verwirrend werden.

Dies ist auch eine gute Zeit, um in einen ernsten Dialog mit Ihrem Führer einzutreten, indem Sie eine praktische Arbeit beginnen, die Ihnen Antworten auf Ihre Fragen bieten wird oder dabei hilft, nach Lösungen für Probleme zu suchen, die in Ihrem täglichen Leben eine Rolle spielen. Denn genau das ist die zentrale Aufgabe Ihres Führers und der praktischen Magie.

Kapitel II EICHE

Name: Duir
Buchstabe: D
Ogham-Symbol: ⊥
Beschreibung: Duir, Eiche, höher als die Büsche ist eine Eiche.
Wort-Ogham von Morainn: ARDDAM DOSSA, höchster Busch und TRIAN, ein Drittel.
Wort-Ogham von Cuchulain: SLECHTAIN SAIRE z. B. NIAMA SAIRTE, Arbeit auf Knien, helle und leuchtende Arbeit.
Wort-Ogham von Aonghus: GRAS SAIR, Handwerk (oder eventuell Arbeit des Zimmermanns).

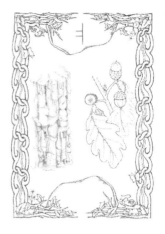

Physische Ebene

Die Eiche ist jener Baum, der am meisten mit den Druiden assoziiert wird, und es ist ein sehr wichtiger Baum. Der kurze Stamm trägt eine große, prächtige Krone, die bis zu 25 Meter hoch werden kann, eine wirklich eindrucksvolle Erscheinung. Die Rinde ist zuerst glatt, glänzend und hellgrau, bekommt aber mit zunehmendem Alter immer mehr Risse. Die Blätter der Eiche wachsen auf beiden Seiten des Stängels und sind eingebuchtet, meist weisen Sie auf jeder Seite vier oder fünf Einbuchtungen auf. Dadurch entsteht eine Form, die einfach von anderen zu unterscheiden ist. Die Frucht der Eiche ist die Eichel, ein wichtiges Futtermittel für Wild- und Haustiere. Im Mai, wenn die Blätter sprießen, kommen auch die kleinen weiblichen Blüten. Die männlichen Kätzchen sind lang, dünn und gelb. Das Holz der Eiche ist hart, und deshalb wäre sie beinahe in Großbritannien ausgerottet worden.

Um die Schiffe der elisabethanischen Flotte zu bauen, wurden die Eichenwälder weitflächig abgeholzt, um Bauholz zu gewinnen. Weitere große Abholzaktionen fanden statt, um die Eichen als Holzkohle für die Feuer der Schmiede zu benutzen. Schließlich wurden einige Gesetze erlassen, die den Baum etwas schützten und ihm die Möglichkeit gaben, sich selbst wieder aufzuforsten. Diese Gesetze gehörten wohl zu den ersten Maßnahmen des Umweltschutzes.

Die Rinde der Eiche enthält Tannin, einen Stoff, der in der Lederindustrie zum Gerben roher Häute Verwendung findet. Die jüngeren, helleren Äste erleben heute eine verstärkte Nachfrage, denn sie sind in der Möbelbranche beliebt. Die Eiche ist einer der Bäume, die am ältesten werden; etwa 70 bis 80 Jahre dauert es allein, bis sie Eicheln produzieren. Der Baum bietet zahlreichen Vögeln, Tieren und Insekten Lebensraum. Über 100 verschiedene Insektenarten kämpfen um einen Platz in der Rinde der Eiche. Schon dies allein zeigt, wie wichtig die Eiche ist.

Die Eicheln können zur Herstellung starker antiseptischer Mittel verwendet werden, und der Saft aus frischen Eichenblättern lässt sich für denselben Zweck direkt auf Wunden träufeln. Ein Gurgelwasser aus der inneren Rinde ist hilfreich gegen Halsentzündungen und Katarrh, ein Absud aus der äußeren Rinde kann als fiebersenkendes Mittel eingesetzt werden. Wenn Sie die Blätter in kochendem Wasser abkochen und wieder abkühlen lassen, lässt sich die Lösung als Augenwasser gegen müde oder entzündete Augen auftragen. Ein Absud aus den Eicheln und der Rinde gilt als gutes Gegenmittel gegen Gifte und befreit Frauen von Schmerzen und Unbehagen während der Menstruation.

Der irische Nachname MacDara bedeutet »Sohn der Eiche«. Ortsnamen wie Derry und Kildare stammen von dem alten Namen für die Eiche ab. Häufig wird von keltischen Gelehrten auch angeführt, dass die Wortwurzel von »Druide« ebenfalls auf eine alte Bezeichnung für die Eiche zurückzuführen ist.

Mentale Ebene

Die Eiche wird gerne mit Druiden, Magiern und dem König der Bäume in Verbindung gebracht. Alle diese Assoziationen sind hilfreich und können von einem Magier verwendet werden. Der Name, der im Wort-Ogham von Morainn vorgesehen ist, lautet *Arddam Dossa* und wird meist mit »höchster Busch« übersetzt. Doch dieser Ausdruck ist zweideutig, denn *Dossa* kann auch »schützende Abwehr« oder »schützender Häuptling« bedeuten. Die Eiche könnte also auch als höchste Abwehrmaßnahme oder als größter Häuptling, der Schutz bietet, angesehen werden. Alle alten Krieger, ob aus dieser Welt oder der Anderswelt, bedurften zu einem bestimmten Zeitpunkt in ihrem Soldatendasein sowohl des Schutzes als auch der Protektion eines Stammesfürsten oder Königs. Dasselbe gilt auch für die modernen Krieger im Gewand der Magier. Sie sind vielleicht eine bestimmte Zeit lang dazu in der Lage, allein zu gehen, aber irgendwann werden sie unweigerlich Ruhe und Schutz benötigen, die nur von einer höheren Autorität oder, symbolisch, dem König gewährleistet werden kann. Dieser Schutz lässt sich in den schattigen Ästen der majestätischen Eiche finden. In einer Passage aus *Lays of Fionn* gibt es einen Abschnitt, in dem Fionn plant, seinen Erzfeind Goll mac Morna zu töten. Fionn findet Goll endlich:

> Danach wurde von Mornas Sohn der Zauber des Schlafes eingenommen, so dass Fion das laute Atmen des Helden nah bei der Eiche hörte.[23]

Beachten Sie, dass Goll einen Platz unter der Eiche für seinen Erholungsschlaf ausgesucht hat. Wie die Legende weitererzählt, hat Fionn ihn nicht angegriffen, und er konnte ungehindert entkommen. Dies zeigt die schützende Funktion der Eiche sehr deutlich. Die Schutzfunktion wird auch in einem Text mit dem Titel *Lebor Na Cert (Buch der Rechte)* hervorgehoben. Dieser Text enthält eine

---

23 Zit. aus: Gerard Murphy, Übers., *Guanaire Finn*. Dublin: Irish Texts Society, 1933. Übs. ins Deutsche von Gabriele Broszat.

lange Liste von Zahlungen und Unterstützungen an bestimmte Personen in Irland.

> Fünfzig Hörner und fünfzig Schwerter, fünfzig gut geschirrte Pferde für den wohlhabenden Mann aus den Eichenhainen der guten Mast, für den Prinzen von Ailech, der alle beschützt.[24]

Ein Gedicht aus derselben Quelle enthält einen Vers, der lautet:

> Mein Rang und meine Herrschaft,
> Meine Schönheit und mein Ruhm,
> Mein Adel und meine Beharrlichkeit,
> Meine geliebten Besitztümer der Vorfahren,
> Meine Macht und mein Schutz,
> Für meinen auserwählten Meisterkämpfer Rus,
> Für meinen edlen Failge vom roten Schwert,
> Für meinen starken und festen Schutz der guten Eiche.[25]

Die Eiche ist auch stark mit der Institution des Königs verbunden, insbesondere mit dem Hohen König und dessen geistiger Verbindung zum Land. Die Verbindung zum Krieger wird ebenfalls an einer Stelle im »Viehraub von Cooley« offensichtlich. Dort wird der große Ulsterheld Cuchulain von den Armeen der Königin Medb von Connacht verfolgt. An einem Ort namens Mag Muicceda, fällt Cuchulain eine Eiche mit einem einzigen Hieb seines Schwerts und legt den Baum quer über die Straße, auf der die Krieger von Medb entlang kommen sollten. Er brachte darauf eine Inschrift in Ogham an, die dem Heer verbot, daran vorbeizuziehen, ehe nicht ein Krieger die Eiche mit seinem Streitwagen übersprungen hätte. Dreißig Krieger versuchten sich vergeblich an dieser Aufgabe. Später kämpfte Fraoch mit Cuchulain und wurde von ihm getötet, und kurz darauf gelang es Fearghus, die Eiche zu überspringen, wodurch die Armee endlich weiterziehen konnte. Obwohl an dieser Stelle über das Ogham selbst keine genaue Auskunft gegeben wird, ist doch daraus zu entnehmen, welch mäch-

---

24 Zit. aus: Myles Dillon, Übers., *Lebor na Cert*. Dublin: Irish Texts Society, 1962. Übs. ins Deutsche von Gabriele Broszat.
25 Ibidem.

tige Magie von diesen Zeichen ausging. Zu Fraoch wird noch mehr erzählt, wenn wir das Heidekraut erforschen.

Das Wort für Eiche, das im *Beithe Louis Nion* verwendet wird, ist *Duir*, manchmal wird auch *dair* angegeben – ein gebräuchlicher Wortstamm in Irland, der in Namen wie Derry und Kildare enthalten ist. Für die Kelten waren dies heilige Orte, an denen große Eichenhaine standen. Das Wort *dair* hat auch eine zweite Bedeutung: »brünftiger Hirsch«. Auch hier gibt es wieder eine Verbindung zum Königtum, denn für die Kelten war der edle Hirsch der König der Tiere. Ein brünftiger Hirsch würde sich gegen seinen Angreifer stellen und nicht davon rennen, wie dies Hirsche normalerweise tun; deshalb wurde er mit Respekt und Vorsicht behandelt. Diese Assoziation zwischen Eiche und Hirsch wird in einer Passage aus *Lays of Fionn* deutlich:

> Es war eine glorreiche Jagd, die Cooking Copse seinen Namen gab: einhundert Hirsche aus jedem Eichenhain, der einen Busch hatte, erlegten wir bei Ruadhros.[26]

Die verschiedenen Bedeutungen der Eiche bieten viele Symbole, die sich auf Reisen in die Anderswelt oder bei Ritualen sinnvoll verwenden lassen, sofern sie richtig verstanden und zuvor durchdacht wurden. Die Erscheinung eines Eichenhains während einer Reise in die Anderswelt kann ein intensives Erlebnis sein. Wichtige Ereignisse finden häufig dann statt, wenn Sie sich selbst in einem solchen Hain befinden. Sie können aber selbst keine bedeutenden Geschehnisse erzwingen, indem Sie sich selbst in einem Eichenhain imaginieren. Stolpern Sie jedoch bei einem Aufenthalt in der Anderswelt über einen Eichenhain, sollten Sie alle darauf folgenden Ereignisse genau beobachten. In ähnlicher Weise kann auch der Auftritt eines brünftigen Hirsches von großer Bedeutung sein und sollte unbedingt beachtet und mit großer Sorgfalt behandelt werden – sowohl in Ihren Aktionen als auch in Ihren Gedanken. Wie Sie auf diese Dinge reagieren, kann maßgeblich über deren Ausgang entscheiden.

---

26 Zit. aus: Murphy, *Duanaire Finn*.

Spirituelle Ebene

Die Eiche symbolisiert auf der geistigen Ebene den erfolgreichen Abschluss Ihres persönlichen Fortschritts auf dem Weg durch die vergangenen Bäume des Baum-Ogham. Wenn Sie den Eichenhain erreicht haben, liegen die schrecklichen Ereignisse des Weißdorns hinter Ihnen. Sie haben die magische Arbeit abgeschlossen, die in den Erfahrungen mit dem Weißdorn gipfelten, und erhalten nun den Bonus für Ihr Lernen aus diesen Erfahrungen. Es ist jetzt an der Zeit, unter dem Schutz des höchsten Busches zu arbeiten, des herausragenden Königs, der seinen Schutz anbietet, ehe Sie sich erneut auf den Weg des Fortschreitens und der Entdeckungen begeben. Dieser Zustand wird von den Ogham-Kerben für die Eiche symbolisiert. Hier stehen zwei aufrechte Zeichen nebeneinander – Sie und Ihr Beschützer, der Hohe König.

Auf dieser Ebene können Sie eine Gottheit als Ihren Schutzkönig betrachten: Dagda, den guten Gott. Von allen Bäumen ist die Eiche am engsten mit Dagda verbunden. Dies wird in einer Passage aus der »Schlacht von Moytura« deutlich, in der ein Mädchen aus der Anderswelt versucht, Dagda von seinem rechten Weg abzubringen.

> »Du wirst nicht an mir vorbeigehen, bis ich die Söhne der Tethra aus den Feenhügeln kommen lasse, denn ich werde eine riesige Eiche in jeder Furt und auf jedem Pass sein, den du überqueren willst.«
>
> »Und doch werde ich weiter gehen«, sagte der Dagda, »und die Zeichen meiner Axt werden für immer an jeder Eiche zu sehen sein.«
>
> Und die Menschen haben Bemerkungen gemacht über die Zeichen von Dagdas Axt.[27]

Der Dagda ist die archetypische Gestalt bei der Arbeit mit der Eiche auf spiritueller Ebene. Er ist auch mit dem brünftigen Hirsch verbunden und ebenso eng mit der Erde und der physischen Ebene, die in vielen Legenden über ihn stark betont wird.

---

27 Zit. aus: E. A. Gray, Übers., *Cath Maige Tuired*. Dublin: Irish Texts Society, 1983. Übs. ins Deutsche von Gabriele Broszat.

Die Legenden schildern seinen großen Appetit auf Nahrung und Sex sehr anschaulich, ebenso wie seine raue Erscheinung und seine Fähigkeit, große Mengen von Abfall zu verwerten. Außerdem beschreiben sie seine Nähe zum *Kessel der Fülle* und sein Verständnis vom Teilen der Nahrung, seine Gastfreundschaft und Protektion. Wer erstmalig mit diesem System arbeitet, ist häufig erstaunt über die starke Betonung physischer Dinge, wo es doch eigentlich um geistige Angelegenheiten gehen soll. Um jedoch eine Ebene ganz erfahren zu können, müssen Sie alle anderen auch kennen. Das heißt, Sie müssen sich tief auf die weltlichen Ereignisse des Lebens einlassen. Sie müssen Ihre eigenen sexuellen Wünsche und Impulse kennen lernen, Ihre Körperfunktionen, die Fähigkeiten Ihres Körpers und seine Konstitution. Der Dagda wird diesen Punkt klarstellen, denn er hilft Ihnen dabei, die spirituelle Ebene der Eiche zu bewundern. Aufgrund unserer Erziehung werden die meisten von uns damit einige Schwierigkeiten haben und ihr ganzes Leben mit den Konditionierungen kämpfen.

Eine weitere wichtige Eigenschaft des Dagda ist seine großzügige Gastfreundschaft und sein Wille, die guten Dinge des Lebens zu teilen, wie es der immer volle Kessel symbolisiert. Dies ist ein weiterer Aspekt des Hohen Königtums, der zu einem Teil Ihres Alltags werden muss. Sie werden bestimmte Fragen ehrlich beantworten müssen, zum Beispiel, wie großzügig Sie sind, wie gerne Sie etwas mit ganz fremden Menschen teilen oder auch mit Menschen, die Sie nicht so gerne mögen? Hängen Sie nach wie vor an Ihrem physischen Besitz, an schlechten Angewohnheiten oder falschen spirituellen Neigungen, einfach nur, weil Sie sich selbst nicht dazu bringen können, sie loszuwerden? Sie müssen mit allen diesen Dingen umzugehen lernen, um die spirituelle Ebene der Eiche zu durchlaufen. Doch die Belohnung für diejenigen, die diesen Test bestanden haben, wird sein, neben dem Kessel von Dagda zu sitzen und mit ihm zu teilen, was er anzubieten hat. Mogeln ist in dieser Frage nicht möglich. Für Lügner und Betrüger wird der Kessel leer bleiben und nur für jene voll erscheinen, die gelernt haben, ihrem wahren Selbst ins Auge zu blicken.

Die Verbindung zwischen der physischen Ebene, der spirituellen Ebene und Ihrer Arbeit wird in den Wort-Oghams von Aonghus und Cuchulain als »Handwerk«, »Arbeit auf Knien« und »helle und leuchtende Arbeit« bezeichnet. Es ist ausgesprochen wichtig, dass Sie in dieser Welt sicher verankert sind und nicht in eine Phantasiewelt abschweifen, auf und davon mit den Feen. Das Wort für Arbeit *saire* bedeutet auch »Freiheit«. Wenn Sie die obigen Zeilen lesen und stattdessen das Wort *Arbeit* durch *Freiheit* ersetzen, wird noch ein wenig mehr von den spirituellen Geheimnissen der Eiche aufgedeckt.

Wenn Sie die gesamte Erfahrungswelt der Eiche durchlaufen haben, werden Sie Ihr eigener Hoher König sein. Sie können dann Ihre Erfahrungen und Ihr Wissen an jene weitergeben, die zu Ihnen kommen und Schutz suchen. Auch wenn dies jenseits dessen liegt, was Sie zu erreichen hoffen, sollten Sie beachten, dass die Funktion des Hohen Königs eine rein geistige ist. Wenn Sie Ihr geistiges Selbst akzeptieren und schätzen gelernt haben, haben Sie den Status des Hohen Königs erreicht und können darauf stolz und damit zufrieden sein.

Praktische Arbeit

Von der Eiche lässt sich sehr viel lernen. Vielleicht werden Sie feststellen, dass Sie mit der Eiche länger als mit den anderen bisherigen Bäumen arbeiten. Widmen Sie bei Ihren Ritualen mit der Eiche dem Dagda besondere Aufmerksamkeit. Er war zwar bei jedem Baum präsent, aber die Eiche ist sein persönlicher Baum und er kann viel Licht auf die magischen Seiten und spirituellen Aspekte der Eiche werfen.

Es ist nun an der Zeit, nach einem Kessel Ausschau zu halten. Der Kessel ist die größere Variante des magischen Kelchs. Der Dagda wird mit dem magischen Kessel von Murias in Verbindung gebracht. Die Eigenschaft dieses Kessels war, alle zu nähren, die zu ihm kamen, mit welchen Wünschen auch immer. Betrüger und Lügner fanden ihn aber leer vor. Ähnlich wie die anderen großen magischen Waffen lässt er sich gut in Gruppenritualen verwenden, als Ersatz für einen persönlichen Kelch und in individuellen Einzelarbeiten, die besonders große Energie benötigen.

Heutzutage verwendet kaum noch jemand einen Kessel in seinem Haushalt, doch sind Kessel für rein magische Zwecke zum Beispiel in Läden für Okkultbedarf zu finden. Wenn Sie die Fähigkeit dazu besitzen, können Sie sich auch einen eigenen Kessel formen, der dann für Sie sicher besonders bedeutungsvoll wäre. Wenn Sie Ihre Gedanken darauf richten, einen Kessel zu bekommen, werden Sie feststellen, dass dieser den Weg zu ihnen findet, sobald Sie dazu bereit sind. Der Test besteht darin, ob die Bewohner der Anderswelt, die Ihr Fortschreiten im Ogham-Wald beobachten, Sie für einen Betrüger oder Lügner halten. Keine der magischen Waffen wird umsonst verschenkt oder bedingungslos. Sie müssen im Körper, Herz und Geist gereinigt sein, um das zu verdienen, was Ihnen dann auch zusteht. Dieselben Bedingungen gelten auch für die Eignung zum Hohen Königtum.

Jetzt ist der richtige Zeitpunkt gekommen, ein Konzept für das gesamte System zu entwickeln. Alle bisher erläuterten Konzepte fügen sich nun allmählich für Sie zusammen. Es ist die Zeit, in der Sie Ihr eigenes Hohes Königtum, Ihre spirituelle Verknüpfung mit dem Land und den Bäumen überdenken sollten. Im alten Irland bestand der Test für die Eignung zum Hohen König darin, sich auf *Lia Fail* zu stellen – den Stein des Schicksals. Dieser würde laut aufschreien, wenn ein wirklicher König seinen Fuss darauf setzt.

Integrieren Sie diese Idee in Ihrem nächsten Ritual und nehmen Sie einen großen, flachen Stein mit in Ihren Arbeitsbereich. Sobald Sie Kontakt zur Eiche aufgenommen haben, legen Sie den Ogham-Stab beiseite und stellen Sie sich auf den Stein. Schließen Sie die Augen und stellen Sie sich den Energiefluss vor, der tief aus der Erde kommt, durch Ihre Füße, Beine, die Wirbelsäule und eventuell auch innen durch Ihr Gehirn hinaufströmt; dort dreht es sich dann um und fließt in die Erde zurück, um einen kompletten Kreislauf zu bilden. Sie haben nun eine sehr reale Verbindung zu den Erdenergien hergestellt und damit auch die Pflichten des Hohen Königs übernommen. Diese Pflichten bestehen darin, jenen zu helfen, die zu Ihnen kommen und Sie um Hilfe bitten. Denken Sie gut darüber nach. Sind Sie bereit dazu? Erinnern Sie sich auch an den Dagda, wenn Sie über diese Punkte nachdenken. Dies ist genau das, was er tut: Er akzeptiert, ohne zu fragen oder zu diskriminieren, all jene, die zu ihm kommen und ihn um Anleitung oder Schutz bitten. Er sollte dazu in der Lage sein, Ihnen Auskunft darüber zu geben, was dies wirklich bedeutet und wie sich das erreichen lässt. Hören Sie also den Worten genau zu, die Ihr persönlicher Führer zu diesem Thema zu sagen hat.

Kapitel 12 STECHPALME

Name: Tinne
Buchstabe: T
Ogham-Symbol: ⊥⊥⊥
Beschreibung: Tinne, Stechpalme, dritter Teil eines Rades ist die Stechpalme, denn die Stechpalme ist eines der drei Hölzer, aus denen Wagenräder gemacht werden.
Wort-Ogham von Morainn: TRIAN ROITH, dritter Teil des Rades.
Wort-Ogham von Cuchulain: TRIAN N-AIRM z. B. TINNE IARIRN, dritter Teil der Waffen, Eisenstange.
Wort-Ogham von Aonghus: SMIUR GUAILE, Feuer der Kohle.

Physische Ebene

Die Stechpalme ist nur selten ausgewachsen in ihrer vollen Größe zu finden, die bis zu 15 Meter reichen kann, denn meistens wird sie als Hecke oder Zierbusch zugeschnitten. Dieser Baum gehört zu jenen, den die meisten Menschen sofort und mit Sicherheit an seinen immergrünen Blättern und den leuchtend roten Beeren erkennen können. Seine scharfen, stachligen Blätter glänzen wächsern und sprießen auf beiden Seiten des Stängels. Sowohl der männliche als auch der weibliche Baum tragen kleine duftende Blüten, aber nur der weibliche die roten Beeren. Die Rinde ist anfänglich glatt und grün, wird aber mit zunehmendem Alter eher grau und rauer. Das Holz ist weiß, manchmal mit einem grünlichen Stich, und sehr hart und schwer. Es ist ideal zum Schnitzen und für Intarsien und zur Möbelherstellung geeignet.

Tee, der aus den Blättern der Stechpalme zubereitet wird, ist sehr anregend und kräftigend. Durch zusätzliches Süßen lässt sich der Körper damit auch entgiften und von Fieber befreien. Wenn die Beeren reif sind, wirken sie stark abführend und sind ein ausgezeichnetes Entgiftungsmittel, das den Körper von unerwünschten Stoffen befreit. Werden sie jedoch vor dem Verzehr getrocknet und gemahlen, haben sie den gegenteiligen Effekt, relativieren also eine Diarrhöe und starke Menstruation. Aus der Rinde und den Blättern lässt sich eine Breipackung herstellen, die als Umschlag bei gebrochenen Knochen aufgelegt werden kann.

Die Stechpalme ist eng mit dem Winter und Weihnachten verbunden, vermutlich aufgrund ihrer immergrünen Eigenschaften, die gut für dekorative Zwecke von Vorteil sind. Das englische Wort für Stechpalme *holly* ist im englischen Sprachraum ein häufiger Nachname und ein Vorname für Mädchen.

Mentale Ebene

Wie bereits bei der Erläuterung der einzelnen Buchstaben des *Beithe Luis Nion* in Kapitel 3 erwähnt wurde, ist der Buchstabe T eigentlich eine andere Erscheinungsform des Buchstaben D. Die Stechpalme lässt sich auf magischer Ebene also entsprechend als eine andere Erscheinungsform der Eiche interpretieren. Darauf wird auch im Wort-Ogham von Morrain hingewiesen, das die Eiche, *Arddam Dossa,* als »höchsten Busch und Trian, dritten Teil« bezeichnet. Das Wort *Trian* ist ein Name für die Stechpalme. Die eigene Textbeschreibung spielt die Bedeutung der Stechpalme eher herunter, indem sie sie lediglich als ein Holz bezeichnet, das für den Bau von Wagenrädern verwendet wird, die Räder aber nur zu einem dritten Teil aus diesem Material bestehen, ebenso wie auch Waffen nur zu einem dritten Teil aus Stechpalmenholz hergestellt werden. Das Wort *Train* bedeutet »dritter Teil«. Beachten Sie, dass die Kerben des Oghams für die Stechpalme aus drei aufrechten Strichen bestehen.

Eine Passage aus dem »Viehraub von Cooley« handelt von der Reparatur von Streitwägen und stellt fest, dass diese Streitwägen aus dem Holz der Stechpalme und nicht aus einem anderen Holz bestehen. Aus der Legende lässt sich auch entnehmen, dass die Stechpalme für die Herstellung von Waffen verwendet wurde. Darauf wird in zwei verschiedenen Passagen Bezug genommen. In einer heißt es, der Krieger Nadcranntail zog in die Schlacht und nahm neun scharfe Speere aus Stechpalmenholz mit sich (beachten Sie den Hinweis auf die magische Zahl Neun). In der anderen Passage wird davon berichtet, wie sich während einer Schlacht ein Splitter aus Stechpalmenholz in den Fuß von Cuchulain bohrte, die Spitze an dessen Knie wieder austrat und er seinen Stechpalmen-Speer nach Ferbaeth warf.

Das Rad eines Wagens hebt dessen Körper vom Boden ab und ermöglicht damit die Fortbewegung. Eine Waffe ist ein Instrument, das wir benötigen, um feindliche oder hinderliche Gegner in die Flucht zu schlagen. Genau diese Schritte müssen wir auch heute unternehmen: Wir müssen fortschreiten und Hindernisse aus dem Weg räumen. Aus diesem Grund sind die beiden alten Symbole immer noch gültig und im System der Ogham-Bäume für die praktische Magie und geistige Weiterentwicklung hilfreich. Der ständige Bezug auf einen dritten Teil ist ebenso wichtig, denn die Zahl Drei hatte für die alten Kelten eine ganz besondere Bedeutung. Es gibt drei Ebenen der Existenz, und alles manifestiert sich dreimal auf der Welt, mit einer linken und rechten Hälfte und dem Teil, der zwischen beiden liegt. Der dritte Teil, auf den in diesen Texten Bezug genommen wird ist der Teil, der zwischen beiden Hälften liegt, der magischste von allen.

Die Stechpalme ist ein Ersatz für die Eiche, aber gleichzeitig auch ein sehr wichtiger und eigenständiger Baum, trotz aller Bemühungen in den Wort-Oghams, darüber hinweg zu gehen. Aus magischer Sicht ist es dann vorzuziehen, anstelle der Eiche mit der Stechpalme zu arbeiten, wenn die ersten Versuche mit der magischen Arbeit an Bäumen unternommen werden. Denn dadurch werden die Kräfte der Eiche noch stärker und wichtiger, wenn Sie schließlich direkt mit diesem Baum arbeiten.

Die *Tainaiste* ist in der magischen Arbeit jener Teil Ihres Seins, der eventuell irgendwo auf dem Weg gebeten wird, sein Leben als Ersatz für den Eichenkönig abzulegen. Dies bedeutet nicht, dass

Sie Ihr wirkliches Leben in dieser Welt hingeben sollen, es kann aber sein, dass von Ihnen erwartet wird, etwas aufzugeben, damit Sie sich weiter entwickeln können. Dies ist eine akzeptable Angelegenheit und etwas, das in Ihrem täglichen Leben ohnehin die ganze Zeit über geschieht. Ihr magisches Leben sollte eine Erweiterung Ihres weltlichen Lebens sein. Wenn Sie durch die verschiedenen Bäume gewandert sind, und die Ebene der Eiche erfolgreich betreten haben, dann wird es Ihnen nicht schwer fallen, dieses Prinzip zu verstehen.

Die Beziehung zwischen der Eiche und der Stechpalme ist komplex und lässt sich von jedem auf höchst individuelle Art interpretieren. Um den doppelten Aspekt von Eiche und Stechpalme zu verstehen, müssen Sie mit beiden Bäumen auf allen Ebenen gearbeitet haben, bis Sie sich eine eigene Meinung davon gebildet haben, wie sie zu Ihrem magischen und alltäglichen Leben passen. Sobald Sie diesen Punkt erreicht haben, haben Sie auch den *Trian*-Aspekt erschaffen – den dritten Aspekt –, die Dreieinigkeit von Eiche, Stechpalme und Ihrem Selbst.

Spirituelle Ebene

Die Stechpalme ist ein symbolischer Baum, der sich auf der spirituellen Ebene als sehr mächtig erweisen wird, sobald Sie ihn kennen gelernt haben. Die Symbolik besteht in der Tatsache, dass die Stechpalme ein Immergrün ist, das trotz härtester klimatischer Bedingungen oder Änderungen in den Jahreszeiten die Fähigkeit zu leben und zu blühen demonstriert. Sie ist ein machtvolles Symbol für die Kontinuität des Lebens nach dem physischen Tod und der Reinkarnation auf physischer Ebene.[28] Ein tiefes spirituelles Verständnis von diesen Prinzipien zu gewinnen zeigt wirkliche Weiterent-

---

28 Der Glaube an die Wiedergeburt ist zwar in diesem System wichtig, aber auch nicht wichtiger als alle anderen Aspekte. Ich würde dazu raten, dieser Doktrin keinen übermäßigen Platz in Ihren Erforschungen einzuräumen. Denken Sie darüber nach, gelangen Sie zu einem eigenen Verständnis von der Bedeutung dieser Ansicht, aber widmen Sie diesem Punkt keine unverhältnismäßig große Aufmerksamkeit in Relation zu den anderen aufkommenden Punkten.

wicklung. Denn Sie haben dann den häufig vergessenen Punkt realisiert, dass die Eiche, der König der Bäume, nicht das Ende selbst ist. Hinter dem Hohen König gibt es eine noch größere Macht.

Der Name für die Stechpalme im Baum-Ogham, *Tinne*, kann »Bindeglied« wie das einer Kette bedeuten. Dies ist ein Symbol für die Verbindung der Stechpalme zur Eiche, eine Verbindung zwischen dieser Welt und der Anderswelt und ihrer Verbindung zwischen den drei Ebenen. Eine tiefe, spirituelle Meditation zu diesen Punkten wird Erleuchtung bringen. Die Position der Stechpalme in der Reihenfolge des Baum-Ogham ist genau in der Mitte zwischen den fünfzehn Konsonanten. Sie ist der Dreh- und Angelpunkt, um den sich alle anderen Buchstaben ausrichten. Auch dieser Aspekt lässt sich symbolisch als Punkt zwischen Leben und Tod oder Tod und Wiedergeburt betrachten. Es ist der Punkt, an dem sich das eine in das andere verwandelt, wo wir beginnen, an den Anfang zurückzukehren.

Der nächste Baum in der Folge wird uns lehren, wie wir uns weiter entwickeln in einem Rahmen, der nun zu einem Kreis des Wissens und der Erfahrung geworden ist. Vielleicht stellen Sie fest, dass Ihre praktische Arbeit eine neue Vitalität erhalten hat oder eine Verschiebung im Bewusstsein. Vernachlässigen Sie diese wichtige praktische Arbeit nicht. Nehmen Sie sich dafür Zeit und zeichnen Sie alles genau auf, was auf Sie zukommt.

Praktische Arbeit

Führen Sie das Baumritual aus, bis Sie mit der Stechpalme vertraut sind. Anschließend sollten Sie aufgrund der einmaligen Beziehung zur Eiche das grundlegende Ritual für die Stechpalme und die Eiche ausführen. Ein Verständnis für diese Beziehung zu entwickeln ist sehr wichtig, damit Sie die tieferen Prinzipien, die hinter dem keltischen System stecken, erfassen. Variieren Sie die Sitzungen, indem Sie den Ogham-Stab für die Stechpalme mit dem der Eiche verbinden und dann den Ogham-Stab für die Eiche mit dem der Stechpalme. Beobachten Sie sorgfältig, wie sich diese neue Technik anfühlt. Seien Sie sich der subtilen Unterschiede zwischen dieser Verbindungsform mit der Eiche und der Verbindung mit der Stechpalme bewusst.

Vielleicht bemerken Sie eine bestimmte Desorientierung in den Wochen, in denen Sie sich mit der Stechpalme verbinden. Darüber müssen Sie sich keine Sorgen machen. Sie begeben sich selbst in einen Zwischenzustand des Bewusstseins, auf den zwei fundamental verschiedene Dinge einwirken. Dieser Zustand entspricht nicht unserem normalen Empfinden, aber wir müssen lernen, mit diesem Zwischenstadium umzugehen, damit wir die Fähigkeit erhalten, uns zwischen der physischen Welt und der Anderswelt hin- und herzubewegen. Unser persönlicher Führer wird uns dabei unterstützen, denn dies gehört zu einer seiner vielen Aufgaben.

Es ist jetzt besonders wichtig geworden, sicherzustellen, dass Sie jedes Ritual komplett abschließen und dass Sie einige Augenblicke damit verbringen, Ihre »normale« Art zu denken an diese neuen Erkenntnisse anzupassen. Sie beginnen nämlich gerade damit, tiefer in das Reich der keltischen Baum-Magie vorzudringen, und eine feste Erdung in der physischen Welt wird Ihnen dabei entscheidend helfen. Je häufiger Sie das grundlegende Ritual ausführen, desto mächtiger wird es werden. Je mehr Sie sich mit dem Dagda verbinden, desto stärker wird diese Verbindung sein. Je mehr Sie Ihrem Führer aus der Anderswelt zuhören und seine oder ihre Ratschläge annehmen, desto mächtiger wird auch diese Verbindung sein. Kurz, je mehr Sie sich diesen Übungen hingeben, desto machtvoller werden Sie selbst. Macht bringt auch Verantwortung mit sich. Stellen Sie sicher, dass Sie auch bereit sind, diese Verantwortung anzunehmen, ehe Sie weitergehen.

Kapitel 13 HASELSTRAUCH

Name: Coll
Buchstabe: C
Ogham-Symbol: ᚉ
Beschreibung: Coll, aus schönem Holz ist der Haselstrauch; jeder isst von seinen Nüssen.
Wort-Ogham von Morainn: CAINIU FEDAIB, schönster Baum.
Wort-Ogham von Cuchulain: MILLSEM FEDHO z. B. CNO, süßestes Holz, eine Nuss.
Wort-Ogham von Aonghus: CARA BLOISC, Freund des Knackens.

Physische Ebene

Der Haselstrauch ist kein besonders großer Baum und erreicht nur eine Höhe von etwa 10 Meter, sofern er ungehindert wachsen kann. Meist wird er jedoch zurückgeschnitten, damit er ähnlich der Weide lange, gerade Zweige produziert, die sich für dieselben Zwecke wie die Weidenruten verwenden lassen. Die Rinde des Baums ist geschuppt, hellbraun und häufig mit gelblichen Poren gesprenkelt. Die Blätter wachsen beidseitig am Stängel, haben gezackte Ränder, sind haarig und bis zu zehn Zentimeter breit. Im Februar nimmt der Baum einen starken Gelbton an, wenn er mit den langen, männlichen Kätzchen übersät ist. Die kleinen weiblichen Blüten mit ihren rotgetupften Blättern zieren dann ebenfalls die Haltesträucher, die gerne in kleinen Gruppen von drei oder vier Büschen wachsen.

Die Haselnüsse enthalten viele mineralische Salze und sind, so wie sie wachsen, genießbar. Sie lassen sich zu einem Pulver verarbeiten, das, als Getränk zubereitet, Halsschmerzen und die Symptome einer Erkältung lindert. Die trockenen Hülsen, Schalen und die rote Haut, welche die Nuss umgeben, lassen sich ebenfalls pulverisieren und in Form eines Getränks gegen sehr starke Menstruationsschmerzen verabreichen. Das Holz wird, ebenso wie bei der Weide, überwiegend für Flechtwerke verwendet und auch auf dieselbe Weise angebaut und geerntet. Die biegsamen Zweige des Haselstrauchs sind bei Wünschelrutengängern sehr begehrt, die eine Astgabelung als Wünschelrute auf der Suche nach Wasser, Mineralien oder anderen Stoffen verwenden.

Der Haselstrauch breitet sich bereits seit langer Zeit über die Britischen Inseln und Irland nachhaltig aus; dies lässt sich aus der Erforschung von Pollenablagerungen entnehmen, die an archäologischen Ausgrabungsstätten auf allen britischen Inseln gefunden wurden. Diese Ablagerungen zeigen, dass die Bäume bereits vor Jahrhunderten von den Einheimischen gepflanzt und kultiviert wurden, vermutlich wegen der zahlreichen Verwendungszwecke des Baums für die Ernährung und die Medizin.

Der englische Name *Hazel* (Haselstrauch) war lange ein beliebter Mädchenname, und der Nachname MacCuill oder noch gebräuchlicher MacColl und MacCall bedeutet »Sohn des Haselstrauchs«. Ein ebenfalls häufiger Ortsname in Schottland ist Calton oder Carlton, eine Abwandlung des alten gälischen Namens für diesen Baum und ein Hinweis auf Plätze – häufig Hügel –, an denen eine beträchtliche Anzahl von Haselsträuchern gewachsen ist, vielleicht in der Form eines heiligen Hains. Das Fortbestehen dieser Namen auch lange über die Zeit hinaus, in der diese Bäume dort standen, zeigt, wie wichtig der Haselstrauch unter diesem System war.

Mentale Ebene

Die Beschreibung des Wort-Oghams von Morrain »schönster Baum« ist etwas merkwürdig, denn der Haselstrauch ist nicht schöner als andere Bäume auch. Wir sollten deshalb nach einem versteckten Hinweis und einer tieferen Bedeutung für diese irreführende Bezeichnung suchen. Der Name »schönster Baum« wird aus dem Irischen *Cainiu Fedaib* übernommen. Die tiefere Bedeutung dieses Ausdrucks liegt in der alternativen Bedeutung von *cainiu* »über einen Toten klagen« oder »jemanden verspotten«. Die Attribute der Totenklage, der Trauer und des Wehgeschreis werden der Gottheit Brighid zugeordnet, die nach dem Tod ihres Sohnes bei der Schlacht von Moytura untröstlich war. Der moderne gälische Name für den Baum lautet *Calltuinn*, ein Wort mit der Bedeutung »etwas verloren haben«. Dies lässt sich eindeutig mit dem Tod und auch der Trauer in Verbindung setzen.

Der Haselstrauch wird auch in den Schriften über den Tod von Balor, dem bösen König der Formorier, mit dem Tod und der Trauer in Verbindung gebracht. Dort heißt es, dass Lugh den Kopf auf die Astgabel eines Haselstrauchs gesteckt hatte, nachdem er sein grässliches Haupt abgeschlagen hatte. Böses Gift troff aus dem Hals und fiel auf den Haselstrauch. Ein Gedicht aus den *Lays of Fionn* beschreibt, dass der Haselstrauch daraufhin über fünfzig Jahre in vergiftetem Zustand war, bis Manannan, der Gott des Meeres, ihn fällte. Später verwendete Fionn das Holz für ein Schild, dem er den Namen *Dripping Ancient Hazel* (»Tropfender Alter Haselstrauch«) gab. Fionns eigener Nachname wird entweder mit Mac Cuill oder MacColl angegeben, beides mit der Bedeutung »Sohn des Haselstrauchs«.

Brighid ist die Göttin, die am engsten mit der Weisheit und der göttlichen Inspiration verbunden ist, und darin liegt auch die tiefere Bedeutung des Haselstrauchs. Es gibt mehrere Legenden, die sich auf den magischen Haselstrauch konzentrieren, dessen Nüsse alle Weisheit enthielten. Die Aufführung von Spottversen und satirischen Gedichten ist ebenfalls eng mit göttlicher Inspiration und Poesie verbunden. Ursprünglich waren die Dichter diejenigen, die Satire verbreiteten, und deren Schutzgöttin war wiederum Brighid.

Die Satire wurde als ein so machtvolles und auch destruktives Instrument angesehen, dass nur bestimmte Barden oder Druiden mit hohem Ausbildungsgrad dieses Mittel einsetzen durften. Es gab sehr strenge Richtlinien, wie dies zu geschehen habe, wann es verwendet werden sollte und welche Strafen für unsachgemäße Ausübung zu verhängen seien. Druiden, die das bekannte Ritual *Dichetel Do Chenaid* ausübten, sollen dabei Haselnüsse gekaut haben, um Inspiration oder Kenntnisse über eine verborgene oder verloren gegangene Angelegenheit zu bekommen. Der Haselstrauch wurde auch dazu verwendet, den Geist zu konzentrieren, ehe eine zerstörerische Satire ausgesprochen wurde.

Die Verwendung des Haselstrauchs und besonders der Haselnüsse wird bei Reisen in die Anderswelt und bei Ritualen empfohlen, bei denen es darum geht, neue Kenntnisse zu gewinnen. Herolde sind die Überbringer von Wissen, und eine Passage aus dem »Viehraub von Cooley« beschreibt einen Herold als:

> Ein dunkler, stattlicher Mann mit breitem Gesicht. Er hatte eine braune Brosche an seinem herrlich braunen Mantel mit einem starken Hemd über der Haut. Zwischen den Füßen und dem Boden trug er Schuhe. Er hielt einen geschälten Stab aus Haselstrauch in der einen Hand und in der anderen ein einkantiges Schwert mit einem Stichblatt aus Elfenbein.[29]

Ein Stab aus Haselstrauch war ein anerkanntes Symbol für einen Herold und ist ein gutes Symbol, nach dem Sie auf Reisen in die Anderswelt Ausschau halten sollten. Beachten Sie außerdem, dass die Haselzweige bei den Wünschelrutengängern vor allem dafür verwendet werden, verborgene Ströme und unterirdische Metalle zu finden. Die Tatsache, dass es neun Jahre dauert, bis ein Haselstrauch Früchte trägt, ist ein weiterer Hinweis auf die magischen Verbindungen des Baums zur physikalischen Welt.

Die ersten Könige Irlands waren Brüder, die den Namen Mac-Ceacht, Mac Greine und Mac Coll trugen. Diese Namen bedeu-

---

29 Zit. aus: Cecile O'Rahilly, *Tain Bo Cuailgne*. Dublin: Irish Texts Society, 1962.

ten »Sohn des Ackers«, »Sohn der Sonne« und »Sohn des Haselstrauchs«. Diese Namen stellen eine Verbindung vom Haselstrauch zum Hohen König und zur Fruchtbarkeit des Landes her.

Spirituelle Ebene

Die Präsenz des Haselstrauchs zeigt, dass Sie immer noch viel von den Bäumen und dem Baum-Ogham zu lernen haben. Brighid ist die Gottheit, die am engsten mit dem Haselstrauch verbunden ist. Eine bewusste Arbeit auf der spirituellen Ebene mit ihr und dem Haselstrauch sollte sich als besonders erhellend auf allen Ebenen erweisen. Es gibt viele Legenden um Brighid und diese sollten zu Ideen und Symbolen verhelfen, die eine bewusste Kontaktaufnahme vereinfachen. Neben der vorchristlichen Gottheit der Tuatha De Danann gibt es auch noch eine spätere Heilige Brigit, deren Existenz vermutlich auf die ältere heidnische Göttin zurückzuführen ist. Wenn Sie es vorziehen, mit einem Bild der Heiligen Brigit anstatt mit der alten, vorchristlichen Gottheit zu arbeiten, ist dies ebenfalls akzeptabel. Achten Sie auf Reisen in die Anderswelt immer darauf, dass es wichtig ist, was die nicht-menschlichen Führer sagen und tun und nicht, was sie vorgeben zu sein. Das Leben der Heiligen zu studieren kann ebenso sinnvoll für die Baum-Magie sein wie das Studium der etwas objektiveren Verbindung zur vorchristlichen Mythologie. Die frühen christlichen Mönche, die über die Leben ihrer Heiligen berichteten, waren dieselben Personen, die das *Buch von Ballymote*, das *Buch von Leinster* und die anderen Manuskripte anfertigten, die uns zu so wertvollem Wissen über das Ogham und die Baum-Magie verholfen haben.

Der Prozess, einen bewussten Kontakt zu Brighid herzustellen, muss sicherlich öfter wiederholt werden. Ebenso wie der Haselstrauch jedes Jahr neue Nüsse hervorbringt, gibt es auch für Sie das gesamte Leben lang immer wieder Neues zu lernen und zu erfahren. Um an der Weisheit der Haselnüsse teilzuhaben, ist ein andauerndes Engagement notwendig. Dies ist keine Sache, die einmal erledigt und dann wieder vergessen werden kann. Das Wort-Ogham von Aonghus »Freund des Knackens« bezieht sich auf das Aufknacken der Haselnüsse der Weisheit. Dies ist vermutlich der Grund, warum das Wort-Ogham von Cuchulain den Haselstrauch als »süßestes Holz, eine Nuss« bezeichnet.

Praktische Arbeit

Der Haselstrauch ist ein Baum, zu dem Sie in Ihrer praktischen Arbeit immer wieder zurückkehren werden, um möglichst viel von ihm zu erhalten. Es ist auch der erste Baum, dessen Früchte eine eigenständige und wichtige Rolle spielen. Sie können in das grundlegende Ritual zum Beispiel integrieren, dass Sie Haselnüsse kauen, wenn die Jahreszeit dafür gekommen ist. Sie können natürlich auch immer dann Haselnüsse essen, wenn Sie dies als Gedächtnisstütze für die Bedeutung des Haselstrauchs benötigen. Die Haselnüsse enthalten laut Legende alle Weisheit. Beachten Sie dies bei der praktischen Arbeit mit diesem Baum.

Sie sollten auch eine Beziehung zu Brighid entwickeln, denn auch sie wird Ihnen viel zu sagen haben. Laut einigen Ahnenforschern ist Brighid die Tochter von Dagda. Diese familiäre Verbindung zwischen den beiden Gottheiten lässt sich in Verbindung mit dem Haselstrauch gut einsetzen, um Kenntnisse von Vater und Tochter zu bekommen.

Die riesige Sammlung gälischer Legenden von Alexander Carmichael enthält Anbetungen und Formulierungen, die sich im grundlegenden Ritual gut zur Anrufung von Brighid verwenden lassen. Die meisten dieser Aussprüche verbinden Brighid mit Heim und Herd. Brighid ist immer bei Ihnen, besonders zu Hause. Versuchen Sie, diesen Aspekt in die praktische Arbeit einzubeziehen. Führen Sie eine Zeremonie oder ein Ritual aus, das Brighid in ihrer Präsenz zu Hause anerkennt und sie dort willkommen heißt. Auf diese Weise stellen Sie auch eine bessere Verbindung zwischen Ihrer magischen Arbeit und Ihren alltäglichen Verrichtungen wie Kochen, Abwaschen und Putzen her. Brighid und der Haselstrauch werden über diese Dinge viel zu erzählen haben.

Wenn Sie Brighid anrufen, ist es hilfreich, sich an ihre zahlreichen Verbindungen zum Feuer und zur Inspiration zu erinnern.

Es kann unterstützend wirken, wenn Sie ein kleines Feuer innerhalb der Grenzen Ihres Arbeitsbereichs anzünden, um einen Konzentrationspunkt zu schaffen, während Sie Brighid bitten, der Arbeit beizuwohnen. Viele Menschen finden die Flammen eines Feuers hypnotisierend, was ebenfalls hilfreich sein kann. Die meisten von uns starren in die Tiefe eines brennenden Feuers und lassen dabei ihre Gedanken schweifen. Während solcher spontaner Abschweifungen finden es die Geschöpfe aus der Anderswelt häufig einfacher, mit uns Kontakt aufzunehmen. Wenn Sie sich dazu entschließen, ein Feuer in Ihrem Bereich zu entfachen, sollten Sie besonders vorsichtig damit umgehen und darauf achten, dass das Feuer komplett gelöscht ist, ehe Sie wieder »nach Hause« zurückkehren.

Kapitel 14 APFELBAUM

Name: Queirt
Buchstabe: Q
Ogham-Symbol: ⊥⊥⊥⊥
Beschreibung: Queirt, Apfelbaum, Schutz für die Hirschkuh bietet der Apfelbaum.
Wort-Ogham von Morainn: CLITHCHAR BOSCILL, Unterschlupf einer Hirschkuh, BOSCELL entspricht dem Wahnsinnigen, BAS CEALL entspricht der Todesahnung, jene Zeit, in der die Sinne eines Wahnsinnigen zu ihm zurückkehren. Deshalb bedeutet CLITHCHAR mBAISCAILL Schutz vor Geisteskrankheit.
Wort-Ogham von Cuchulain: DIGHU FETHAIL z. B. CUMDAIGH, ausgezeichnetes Emblem, Schutz.
Wort-Ogham von Aonghus: BRIG ANDUINE, Kraft eines Menschen.

Physische Ebene

Es gibt viele Sorten von Apfelbäumen, doch alle diese Kreuzungen verdanken ihre Existenz dem ursprünglichen Holzapfelbaum. Dieser Baum wächst auch heute noch in Großbritannien, wird aber meist zugunsten der höheren Kreuzungen vernachlässigt. Der Holzapfelbaum ist klein und selten höher als 10 Meter. Die Rinde ist braun und gefleckt, und sogar heute noch gibt es einige Holzapfelbäume mit jenen Dornen, die so typisch sind für den Originalbaum. Die Blätter sind oval und wachsen beidseitig des Stängels spitz zu. Die Blüten sind größer und haben ein kräftigeres Rosa als die Blüten der Kreuzungen. Im Herbst verwandeln sich diese Blüten in gelbe und rote Äpfel, die kleiner und bitterer sind als die kultivierten Äpfel. Trotz dieser Bitterkeit wurden die Früchte zur Herstellung von Marmelade, Gelee und Wein verwendet. Das Holz eignet sich gut zum Feuern und Schnitzen. Ein Umschlag aus den gerösteten oder gekochten Früchten lindert Seitenstechen und hilft bei Brandwunden auf der Haut. Dieselbe gekochte Fruchtpaste hilft, wenn sie abgekühlt ist, gegen entzündete Augen. Die rohe Frucht ist gut gegen Asthma und Wasser in den Lungen. Es wirkt auch unterstützend für einen regelmäßigen Stuhlgang. Aus den Blättern lässt sich ein sehr angenehmer Tee aufkochen, und die Frucht wird zum Brauen von Cidre, dem kräftigen alkoholhaltigen Apfelwein, verwendet. Der bekannte englische Ausspruch »An apple a day keeps the doctor away« (Ein Apfel am Tag hält den Arzt fern) zeigt, welche wichtige Rolle der Apfel spielt, selbst im Gedächtnis des Volkes. Ich habe diesen Ausspruch auch schon mit folgender sarkastischen Ergänzung gehört: »but only if you throw it very hard and very accurately!« (aber nur wenn du ihn sehr fest und sehr genau wirfst). Dieser Witz wird, und das ist wirklich seltsam, durch eine Passage im »Viehraub von Cooley« untermauert. Dort wird beschrieben, wie Cuchulain einen Widersacher mit einem Apfel angriff, den er so fest warf, dass er zwischen dem Schildrand hindurch zischte und den Kopf des Feindes traf.

Das englische Wort *Apple* ist in vielen Ortsnamen zu finden, insbesondere im englischsprachigen Raum, zum Beispiel Appleton und Appleyard.

Mentale Ebene

Die Textbezüge zum Apfelbaum sind ziemlich obskur, enthalten aber symbolische und magische Bedeutung. Die ist auch angemessen, denn es ist ein ganz besonderer Baum, dessen Symbolik häufig sehr tief verborgen ist. Eine der Textbeschreibungen lautet »Schutz für die Hirschkuh«. Dies wird in einer zweiten Beschreibung wiederholt, die außerdem feststellt, dass er auch »Schutz vor Geisteskrankheit« bedeuten kann. Diese Beschreibungen enthalten Doppelbedeutungen, durch die, sofern verstanden, die ansonsten eher verwirrenden Beschreibungen erst einen Sinn erhalten.

Das Wort *clithchar* bedeutet »Schutz«, aber bezeichnet gleichzeitig auch alles, was nah und warm ist. *Baiscaill* bedeutet »Hirschkuh«, ist aber auch gleichzeitig der Name für »Rinderherde«. *Boscell* bedeutet »verrückter Mann« oder »Wahnsinniger«, kann aber auch in zwei Worte unterteilt werden, *bas* und *ceall*, was dann »Tod« und »Sinn« bedeutet. Daraus ergibt sich, dass der Text sehr verschieden übersetzt werden kann: Schutz der Hirschkuh, Schutz der Rinderherde, Schutz des Wahnsinnigen, Schutz des Todessinns; naher, warmer Platz der Rinderherde; naher warmer Platz der Hirschkuh; naher, warmer Platz des verrückten Mannes; naher, warmer Platz des Todessinns. Keine dieser Übersetzungen ergibt einen unmittelbaren Sinn, es sei denn, Sie verstehen den Status von Rinderherden und verrückten Männern in der keltischen Gesellschaft. Für die alten Kelten waren die Rinderherden ein entscheidender Faktor für den gesellschaftlichen Status. Der gesamte Wohlstand wurde in Form von Rindern bemessen. Diejenige Person, die sich um die Rinderherde eines Clans kümmerte, genoss höchstes Ansehen und großes Vertrauen. Auch andere Passagen im Baum-Ogham unterstreichen die Bedeutung der Rinder. Die Eberesche ist die »Kraft der Rinder«, die Erle ist der »Hüter der Milch«. Das Rind war sehr wichtig, denn es lieferte Milch, Fleisch, Haut, Knochen, Sehnen und damit alles, was von den Kelten dringend benötigt wurde.

Den Rinderherden wurden auch magische Fähigkeiten zugesprochen. In den irischen Legenden verwandeln sich Rinder- und Schweineherden in andere Geschöpfe oder Menschen, die eine wichtige Rolle spielen. Die vermutlich berühmtesten Rinderherden, ursprünglich Schweineherden, sind Friuch und Rucht, die im Epos »Der Viehraub von Cooley« auftreten. Diese beiden Freunde gerieten in Streit und benutzen ihre magischen Fähigkeiten, um sich gegenseitig in den verschiedensten Verwandlungen und Gestalten zu bekämpfen, zum Beispiel als Raubvögel, Meerestiere, Hirsche, Krieger, Phantome, Drachen, Larven und letzten Endes als zwei große Bullen, der braune Bulle Cuailgne und der weiße Bulle Finnbennach. Diese wurden zum Hauptthema des großen Viehraubs.

In ähnlicher Weise nahmen auch »verrückte Männer« einen anderen Platz in der alten keltischen Gesellschaft ein, als dies heute der Fall ist. Ihre Verrücktheit galt als ein Geschenk der Götter und wurde nicht als Unfähigkeit angesehen. Die keltischen Schamanen, die auf Geheiß ihres Clans in die Anderswelt reisten, wurden in einem göttlichen Sinne für verrückt gehalten. Sie wohnten häufig im Wald, unter Bäumen und bei wilden Tieren, wo sie lernten, mit den Stimmungen und Schwingungen der Lebenskräfte in der Grünen Welt in Einklang zu kommen. Es hieß auch, sie seien fähig, die Gestalt von Tieren und Vögeln anzunehmen und sich in jedwedes lebendige Wesen zu verwandeln. Der Bezug auf die wilde Hirschkuh könnte ein Hinweis auf einen verwandelten Schamanen sein. Ein solcher wilder Mann war Suibhne Geilt, Sweeney der Verrückte, der mit anderen großen Schamanen aus der Mythologie wie Taliesin und Merlin ebenso wie mit dem weniger bekannten schottischen wilden Mann Lailoken gleichgesetzt wird. (Sweeney eignet sich für unsere Studien besonders gut, und ihm wird später in diesem Buch ein eigenes Kapitel gewidmet.) Schamanen und Dichter trugen Apfelzweige als Symbole ihres Amtes mit sich. Diese waren unter dem Namen *Craobh Ciuil* bekannt, was »Ast der Vernunft« bedeutet. In allen Legenden lassen sich diese als Apfelzweige identifizieren.

Der Apfelbaum hat eine sehr enge Verbindung zum Magier oder Schamanen und wird von diesen für magische Transformationen oder Reisen in die Anderswelt verwendet. In den Legenden erscheinen Besucher aus der Anderswelt in der realen Welt häufig im Gewand eines Schamanen, der einen Apfelzweig mit kleinen Glöckchen daran trägt. In der Legende »Reise des Bran, Sohn von Feabhail« erscheint eine Frau aus der Anderswelt, die einen Apfelzweig mit Glöckchen in der Hand hält; sie spricht zu Bran über die Schönheit und die Wunder der Anderswelt. Bran ist so ergriffen von ihren Worten, dass er sofort die Segel setzt, um an diesen wunderbaren Ort zu gelangen. Auf seinem Weg dorthin muss er viele Abenteuer bestehen. Auf diesen symbolischen Apfelbaum bezieht sich das Wort-Ogham von Cuchulain, das den Apfel als »ausgezeichnetes Emblem« und als Zeichen für »Schutz« beschreibt. Je öfter Sie in die Anderswelt reisen und je besser Sie deren Bewohner kennen lernen, desto verständlicher wird Ihnen diese Aussage werden.

In der Legende »Viehraub von Cooley« findet sich eine Beschreibung des Palastes von König Conchobhar mac Neasa. Darin heißt es, über dem Kopf von König Conchobar hänge eine silberne Stange mit drei goldenen Äpfeln, um Ordnung bei großer Unruhe zu schaffen. Wenn der König die Stange schüttelte, fiel jeder sofort in respektvolles Schweigen, und es wurde so leise, dass man eine Nadel hätte fallen hören können. Die Tatsache, dass die alten Kelten symbolische Bäume und Äste für rituelle Zwecke verwendeten, wird durch einen archäologischen Fund bei Manching in Bayern untermauert. Dort wurde ein kleiner ritueller Baum mit einer Höhe von siebzig Zentimetern ausgegraben, dessen Holz komplett mit Bronze und Gold überzogen ist. Daran hängen Blätter, Früchte und Beeren, die ebenfalls ganz aus Bronze und Gold sind.

Das Wort-Ogham von Morainn, »Todesahnung, jene Zeit, in der die Sinne eines Wahnsinnigen zu ihm zurückkehren«, ist ein Bezug auf die Fähigkeit eines Magiers, in die Anderswelt zu reisen. Währenddessen stirbt der Magier in dieser Welt, aber gleichzeitig erhält er Sinne für die Wahrnehmung der Anderswelt, die klarer und empfänglicher sind als die Sinne in dieser Welt. Der Satz »in der die Sinne eines Wahnsinnigen zu ihm zurückkehren« ist ein Hinweis darauf, dass diese Sinne bereits ein Teil von Ihnen sind, sie sich aber erst durch eine Reise in die Anderswelt wach rufen und verwenden lassen. Leider gilt auch die umgekehrte Bedeutung, dass diese fein abgestimmten Sinne sich wieder verschließen, sobald Sie die Rückkehr in die dichte Wirklichkeit dieser Welt antreten. Der Verrückte, Wahnsinnige, Schamane oder Magier ist jene Person, die sich beider Sinnesarten bewusst ist und diese, wenn es angebracht ist, sowohl in dieser Welt als auch in der Anderswelt einsetzen kann.

Die Bedeutungen des Wortes *clithchar*, »Nähe, Wärme oder Schutz«, zeigen, dass sich die Empfänglichkeit des Apfelbaums auf diese Weise nutzen lässt. Der Apfelbaum ist ein starkes Symbol aus der Anderswelt und lässt sich, in den richtigen Händen, bei rituellen Arbeiten auch in dieser Welt als starkes Mittel verwenden. Der Schutzaspekt des Apfelbaums kann wörtlich genommen werden. Der physische Baum lässt sich als Schutz bei Reisen in die Anderswelt verwenden, indem man sich zum Beispiel darunter setzt.

Spirituelle Ebene

Der Apfelbaum ist jener Baum, mit dem Sie arbeiten müssen, um den göttlichen Wahnsinn des Schamanen zu erfahren. Sie können diesen Baum als Zeichen der Anrufung für die Anderswelt verwenden, um kund zu tun, dass Sie dieses Reich betreten möchten. Im irischen System hat die Anderswelt viele Namen, einer der bekanntesten ist Avalon. Dieser wird vor allem in der Artussage verwendet, deren Basis die keltische Legende ist. Das Wort selbst stammt von einem altirischen Wort mit der Bedeutung »Ort der Äpfelbäume« ab. Der altirische Name für die Insel Arran im schottischen Firth of Clyde lautete *Eamhain Abhlach* (gesprochen: ewain avaloch) und bedeutete »heiliger Hügel der Apfelbäume«. Für die irischen Kelten ist Eamhain Abhlach die Insel Arran, ein Paradies der Anderswelt. Diese Assoziationen zu Avalon werden auch in den überlieferten Legenden der Artussage noch wach gehalten, obwohl die engen Verbindungen mit dem Apfelbaum darin keine Erwähnung finden.

In Kapitel 3 wurde erwähnt, dass der Buchstabe Q eines jener drei Zeichen ist, die nur unter bestimmten Umständen angewendet werden. »Wo C vor U steht, muss Queirt geschrieben werden.« Der Buchstabe Q existierte allerdings weder damals noch heute im irischen Alphabet. Wir wissen aus vielen Manuskripten, dass beim Zusammentreffen von C und U diese nie durch Q oder QU ersetzt wurden, wie die Anleitung besagt. Es scheint demnach hinter dieser nicht befolgten Regel ein anderer Sinn auf höherer Ebene zu stecken. Dies ist häufig der Fall, wenn etwas auf physischer oder mentaler Ebene verwirrend oder bedeutungslos erscheint.

Die beiden Buchstaben C und U bilden zusammen das Wort *cu*, das »Wolf« oder »Hund« bedeutet. Dies war gleichzeitig ein Synonym für Krieger, zum Beispiel bei Cuchulain, dessen Beiname Wolf von Culain oder Krieger von Culain lautete. Das Wort *cu* taucht in den Legenden sehr häufig auf, denn die meisten Legenden handeln von Kriegern. Wenn Sie das Wort für einen Krieger, *cu*, lesen oder schreiben, sollen Sie im Geiste dafür *Queirt* einsetzen und verstehen, dass die Aktionen eines Kriegers sich nicht nur auf physischer Ebene, sondern auch auf mentaler und spiritueller

Ebene interpretieren lassen. Die irischen keltischen Krieger waren auch in magischen und geistigen Fähigkeiten exzellent ausgebildet. Wenn Sie in den keltischen Legenden zwischen den Zeilen lesen, erhält das, was vordergründig als brutale Taten längst verstorbener keltischer Krieger gesehen wird, eine andere Bedeutung.

Der Apfelbaum fungiert dann als geistiger Krieger, der keine Angst vor dem Tod oder der Reise in die Anderswelt hat, um sein Volk zu verteidigen. Dieser Baum symbolisiert das harte Los, das Opfer und die Selbstverleugnung, die ein Krieger/Magier auf sich nehmen muss, um die Reise nach Avalon und zurück anzutreten. Das ist die »Kraft eines Menschen«, auf die im Wort-Ogham von Aonghus verwiesen wird. Der Apfelbaum ist das Zeichen für die Ankunft eines Menschen und dessen Schutz bis zu seiner Rückkehr.

Praktische Arbeit

Ebenso wie alle anderen Bäume sollten Sie auch den Apfelbaum auf individuelle Art kennen lernen. Stellen Sie zuerst Ihren Ogham-Stab her und benutzen Sie diesen dann als magisches Instrument, um eine physische, mentale und geistige Verbindung zu einem Apfelbaum aufzubauen. Sie können diesen Prozess unterstützen, indem Sie Äpfel oder einen Apfelkuchen essen und gelegentlich ein Glas Cidre (Apfelwein) trinken. Wenn Sie in Ihrem Garten genügend Platz haben, können Sie dort Apfelbäume aufziehen. Dadurch erhalten Sie eine besondere Verbindung mit diesem Baum, ebenso wie dies für den Haselstrauch im letzten Kapitel beschrieben wurde.

Sobald Sie von dem Baum eine Anerkennung erfahren haben und der innere Dialog begonnen hat, sollten Sie auch die anderen vier Bäume vor dem Apfelbaum integrieren, ebenso wie Sie dies in Kapitel 9 mit der Esche getan haben. Gehen Sie in der Anderswelt durch einen Wald, der überwiegend aus diesen fünf Baumarten besteht. Beachten Sie, wie sich die Bäume abwechseln und in welchem Bezug sie zueinander auftreten. Holen Sie die Ogham-Stäbe für die ersten fünf Bäume und mischen Sie diese mit den letzten fünf. Sobald Sie sich mit allen zehn Bäumen vertraut fühlen, beginnen Sie eine Reise in die Anderswelt und integrieren alle bisher untersuchten Bäume in die Szenerie.

Dies ist die einzige Methode, um die Bäume und ihr Zusammenspiel wirklich kennen zu lernen. Nehmen Sie sich so viel Zeit wie notwendig, denn es mag eine anspruchsvolle Aufgabe sein und eher einer Gedächtnisübung gleichen anstatt einer magischen Übung. Doch wenn Sie eine persönliche Beziehung zu jedem Baum entwickelt haben, dann wird auch jeder Baum zu Ihnen sprechen, wenn Sie ihn in Ihrer visuellen Vorstellung in den Vordergrund rücken. Sie sollten so weit sein, dass Sie die einzelnen Symbole und Assoziationen mühelos und ohne langes Nachdenken aus dem Gedächtnis abrufen können. Denken Sie daran, alles in Ihrem magischen Tagebuch aufzuschreiben, was Sie getan und erfahren haben.

Die Betonung des Wahnsinns in Verbindung mit dem Apfel mag für einige eine unbequeme Verknüpfung sein. Wenn es Ihnen nicht glückt, einen Baumgeist anzurufen, der mit Verrücktheit in Zusammenhang gebracht wird, dann sollten Sie die Werke von Fiona Macleod lesen. Die meisten ihrer Bücher werden nicht mehr aufgelegt, denn die Erstausgaben stammen aus dem 19. Jahrhundert. Sie sind aber der Suche wert, vielleicht werden Sie in einem Antiquariat fündig. Fiona Macleod behandelt in vielen Geschichten das Thema »Wahnsinn« unter dem Gesichtspunkt der Baum-Magie, und ihre Schriften bieten gute Einblicke in den gesamten Themenkomplex göttlicher, spiritueller Verrücktheit. (Es ist interessant zu wissen, dass Fiona, die in Wirklichkeit ein Mann namens William Sharp war, einen Großteil ihrer Arbeiten auf der Insel Arran schrieb.) Verbringen Sie einige Zeit damit, Ihre Reaktion auf jegliche Ausprägung von Verrücktheit oder Wahnsinn in Ihrer Familie, Ihrer Gemeinde oder der Gesellschaft zu beobachten. Vermutlich kennen wir alle irgendjemanden, der ein bisschen schrullig, wenn nicht ganz verrückt ist. Wer in einer Stadt wohnt, sieht öfter traurige, heimatlose und desorientierte Menschen, die wie in Trance durch die Straßen gehen. Denken Sie einmal über diese Menschen nach und über ihren Geisteszustand. Wie sind sie so geworden? Wie reagieren Sie auf sie? Wechseln Sie auf die andere Straßenseite, verstecken Sie sich in einem Hauseingang? Treten Sie diesen Menschen ebenso höflich und freundlich entgegen wie allen anderen? Aus solchen zufälligen Beobachtungen können Sie viel lernen und sich selbst einschätzen.

Wenn Sie die Feinheiten und die Komplexität des Apfelbaums und seine Beziehung zu den anderen Bäumen genau untersucht haben, sollten Sie mit dem nächsten Baum fortfahren. Streng genommen ist es eigentlich kein Baum, aber er bietet ein großes Maß an Verständnis und Enthüllung, denn es ist der sich immer weiter verflechtende Weinstock.

Kapitel 15 WEINSTOCK

Name: Muin
Buchstabe: M
Ogham-Symbol: ⌐
Beschreibung: Muin ist ein Weinstock von höchster Schönheit, denn er wächst hoch empor.
Wort-Ogham von Morainn: ARDAM MAISI, von höchster Schönheit, TRESIM FEDMA, stärkste Bemühung, MUIN entspricht dem Rücken eines Mannes oder Ochsen, weil sie in der Existenz die stärksten Bemühungen an den Tag legen.
Wort-Ogham von Cuchulain: CONAIR GOTHA z. B. TRE MUIN, ein Rudel Wölfe mit Speeren, drei Reben.
Wort-Ogham von Aonghus: MARUSCN-AIRLIG, Bedingung des Schlachtens.

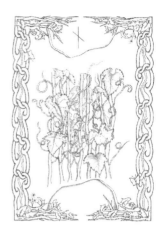

Physische Ebene

Die wuchernde Form des Weinstocks ist in der ganzen Welt bekannt. Trotz seiner Vorliebe für wärmeres Klima wächst er auch auf den Britischen Inseln. Da die Ursprünge unseres Baum-Ogham weit zurückreichen, kann es aber auch sein, dass das Klima auf den Britischen Inseln damals wärmer war als heute. Bei ungehindertem Wachstum kann sich der Weinstock zu einer beträchtlichen Größe entfalten. Seine Rinde ist rau und braun. Er hat viele, lange, sich verzweigende Äste, die ihr eigenes Gewicht nicht tragen können, weshalb sich seine langen, dünnen Nebenäste, die vom Hauptstamm abgehen, um Bäume und andere feste Strukturen winden. Die Blätter sind groß und rund mit je vier oder fünf Lappen, die am Rand gezackt sind. Die Blüten sind klein und grünlich-weiß, die Wurzeln lang und stark.

Die Frucht des Weinstocks ist die Weintraube, die sich auf vielfältige Art und für vielerlei Zwecke verwenden lässt. Die getrocknete Frucht, Rosine oder Korinthe, ist gut gegen Husten und Brustleiden. Die gegorene Frucht, in Form von Wein oder Brandy, eignet sich zur Beruhigung der Nerven, zur Unterstützung der Verdauung, erzeugt ein Wohlgefühl und ist, in Maßen genossen, ein angenehmes Erfrischungsgetränk. Eine übermäßige Einnahme der gegorenen Früchte sollte vermieden werden. Die gekochten Blätter ergeben eine gute Lotion zur Mundspülung und eignen sich außerdem als beruhigende Auflage auf Entzündungen oder Wunden. Ein Sud aus den Blättern hilft beim Ausscheiden von Nieren- oder Blasensteinen.

Die Blätter enthalten ebenso viele mineralische Salze und Vitamine wie die Trauben, und wenn Sie Ihrer Tageskost täglich ein paar rohe Blätter hinzufügen, dient dies der eigenen Stärkung. Sie eignen sich sehr gut dazu, die Haut zu säubern und unterstützen zudem die Blutbildung. Die Asche der verbrannten Zweige lässt sich als Zahnpasta verwenden, denn sie hilft bei der Entfernung von Flecken auf den Zähnen. Die langen, holzigen Wurzeln des Weinstocks können zu starken Schnüren oder Seilen geflochten werden. Der Weinstock ist eine überaus nützliche Pflanze, dessen zahlreiche wertvolle Eigenschaften leider meist zugunsten der Frucht allein vernachlässigt werden.

Mentale Ebene

Das Wort-Ogham von Morainn bezeichnet den Weinstock als »von höchster Schönheit« und »größter Bemühung«. Dies bedeutet, dass der Weinstock höher wachsen kann als die Gastpflanze, an die er sich anlehnt. Es ist eine Pflanze, die größte Bemühungen anstellt, um zu wachsen und sich über den Erdboden zu erheben. Der zweite Teil dieses Bezugs lautet »Muin entspricht dem Rücken eines Mannes oder Ochsen, weil sie in der Existenz die stärksten Bemühungen an den Tag legen«. Dabei wird die große Wachstumsbemühung des Weinstocks mit einer anderen Bedeutung von *muin* kombiniert, die »Rücken« oder »oben« lautet. (Das Wort

Mann im Text bedeutet Menschheit, nicht nur das männliche Geschlecht.) Eine weitere Bedeutung des Wortes *muin* ist »lehren«. Und genau diese Bedeutung ist auf der mentalen Ebene von Interesse. Der Wein kann uns während des göttlichen Rausches, für den seine Frucht sorgt, einiges lehren, sofern er sparsam verwendet wird. Dies ist eine Erweiterung der Eigenschaften des Apfelbaums, der ebenfalls eng mit der göttlichen Inspiration verbunden ist. Ein tieferer Aspekt dieser Fähigkeit zu lehren lässt sich erkennen, wenn Sie den wilden Wein in der Natur erforschen, wo er sich an einen Gastbaum anlehnt, um zu wachsen. Dies symbolisiert das Wissen des Weinstocks über die Eigenschaften des Gastbaumes und die Harmonie und Sympathie, die zwischen ihm und dem Gastbaum herrscht. Das Verständnis ist so gut, dass der Wein fähig ist, daneben oder darauf zu leben. Der Wein könnte uns helfen, auch die Eigenschaften anderer Bäume gut kennen zu lernen. Das bedeutet nicht, dass Sie dazu einen Weinstock finden müssen, der sich um einen bestimmten Baum gewunden hat, um die Geheimnisse des einen oder anderen Baums zu entdecken. Aber wenn Sie den Weinstock bewusst auf Reisen in die Anderswelt oder bei Ritualen einsetzen, kann dies Möglichkeiten zu neuen Erkenntnissen eröffnen oder eine alternative Methode sein, die Eigenschaften anderer Bäume herauszufinden, die zusammen mit dem Weinstock wachsen.

Obwohl die gegorenen Früchte des Weinstocks die Quelle zur Inspiration sein können, sollte dies nur als Akt auf der physischen Ebene verstanden werden. Es ist im Allgemeinen nicht ratsam, Getränke anzunehmen, insbesondere keine bewusstseinsverändernden Getränke, die auf Reisen in die Anderswelt angeboten werden. Vielleicht gewinnen Sie durch einen solchen Wein aus der Anderswelt göttliche Inspirationen, aber Sie werden einen hohen Preis dafür zu zahlen haben. Sollte diese Situation während einer Reise in die Anderswelt entstehen, wägen Sie sehr sorgsam ab, ob Sie das angebotene Getränk annehmen oder ablehnen. Kennen Sie die Person, die Ihnen das Getränk anbietet, und vertrauen Sie ihr? Da der Anderweltteil von Ihnen weder Nahrung noch Getränke benötigt, sollten Sie sich fragen, warum Ihnen dieses Getränk angeboten wird. Sollen Sie um eine Gegenleistung gebeten werden? Nur selten hat ein solches Szenario symbolische Bedeutung.

Der Weinstock ist ein lehrender Baum, aber er fungiert darüber hinaus auch als vereinigender Baum. Er ist einer der wenigen Bäume, die in Verbindung mit einem anderen Baum wachsen und sich dann selbst ausdehnen, um sich wieder einem anderen Baum anzuschließen und immer so weiter – ohne Ende. Dadurch vereint der Weinstock buchstäblich und symbolisch Bäume miteinander, die andernfalls getrennt wären. Das ist mit den »stärksten Bemühungen« aus dem Wort-Ogham von Morainn gemeint. Sie sollten wie ein Weinstock werden, indem Sie die verschiedenen Eigenschaften der Bäume in sich selbst vereinigen und Ihre Frucht dann in einen schmackhaften Wein verwandeln, der zur Inspiration für andere wird. Das Ogham-Zeichen für den Weinstock ist das erste, das die zentrale Grundlinie schräg durchkreuzt, als ob das Zeichen selbst bereits auf der Suche nach anderen ist, an denen es ruhen und wachsen kann.

Spirituelle Ebene

Die Eigenschaften des Weinstocks auf spiritueller Ebene sind ähnlich den Assoziationen, die sich auf mentaler Ebene ergeben. Die Stärke dieses Baums liegt darin, sich mit anderen Bäumen ohne große Widerstände zu verbinden. Die Stärke des Weinstocks besteht darin, dass seine Frucht, sofern gegoren, eine Person ihrer Sinne berauben kann; im Extremfall kann dies sogar zum Tod führen. Dieselbe gegorene Frucht kann aber auch Quelle der Inspiration sein, und unsere eigentliche Aufgabe ist es, den korrekten Umgang damit zu erlernen. Die Arbeit auf der spirituellen Ebene soll also eine Balance zwischen dem Übertriebenen und dem Ungenügenden herstellen – jenen so wichtigen Zustand, der uns zwischen die Welten versetzt. Sie selbst sollten dabei zu einer Quelle der Inspiration für andere werden; denn was bedeuten Fortschritt und Lernen, wenn Sie dabei anderen auf ihrem Weg nicht helfen?

Der Wein diskriminiert nicht. In der Grünen Welt verbindet sich der Wein glücklich mit jedem beliebigen Baum, der ihn stützen kann. Auch Sie selbst sollten eine komplett unvoreingenommene Haltung gegenüber Ihren Mitmenschen einnehmen und sich darüber freuen, Ihre Kenntnisse und Erfahrungen unabhängig von Geschlecht, Rasse, Farbe, Glauben oder Persönlichkeit miteinander zu teilen. Jeder hat das Recht zu lernen, aber niemand hat das Recht, dem anderen Beistand zu verweigern, wenn dieser dringend Hilfe bedarf.

Wenn Sie mit diesem Konzept Probleme haben, sollten Sie einige Zeit in der Anderswelt mit dem Wein arbeiten und erforschen, wie er sich selbst stützt und in Harmonie mit anderen Bäumen lebt. Der altirische Name des Weins *Tresim Fedma*, »stärkste Bemühung«, ist das Motto, das auf jeder Ebene Anwendung finden sollte.

Dieselben Punkte, die hier für den Wein ausgearbeitet wurden, lassen sich auch für andere Kletterpflanzen oder Bäume anwenden, etwa für die Brombeerranke. Auch deren Frucht lässt sich in Wein vergären. Wenn es Ihnen näher liegt, anstelle des Weins mit der Brombeere zu arbeiten, dann können Sie dies ruhig tun. Bei magischen Arbeiten und Reisen in die Anderswelt ist lediglich die symbolische Bedeutung maßgeblich und nicht deren Erscheinungsform auf physischer Ebene.

Wir haben bereits eine Verbindung vom Weinstock zum Apfelbaum hergestellt, aber zwischen dem Wein und dem nächsten Baum werden sich noch tiefere Verbindungen auftun.

Praktische Arbeit

Es kann schwierig sein, ein geeignetes Stück Holz des Weinstocks für den Ogham-Stab zu finden. Sie sollten dann überlegen, welchen anderen Baum Sie als Ersatz dafür verwenden möchten. Mein Vorschlag wäre, einen Baum zu benutzen, der nicht bereits im Baum-Ogham enthalten ist, zum Beispiel eine Buche, Kastanie, Ulme oder einen Ahornbaum.

Es kann auch sein, dass Sie ihr Ritual etwas abwandeln müssen, denn Sie werden vermutlich keinen Weinstock finden, der groß genug ist, um auf die bisher gewohnte Art und Weise eine Verbindung mit dickstämmigen Bäumen aufzunehmen. Versuchen Sie, sich vorzustellen, Sie selbst seien der Weinstock, der eine Verbindung zu den anderen Bäumen herstellt. Gehen Sie alle Bäume durch, die Sie bisher kennen gelernt haben, wiederholen Sie das zuletzt durchgeführte Ritual, aber stellen Sie sich diesmal vor, wie sich der Wein langsam, aber beständig um den Gastbaum windet. Stecken Sie den Ogham-Stab für den Wein in den Boden, halten Sie ihn fest und berühren Sie gleichzeitig den Gastbaum. Hören Sie dem Wein zu und dem Gastbaum, und fragen Sie Ihren Führer, wenn Sie nicht verstehen, was Sie dabei hören.

Vielleicht ist es für Sie auch erhellend, wenn Sie sich bei Ihren Alltagsgeschäften vorstellen, dass Sie selbst ein Weinstock sind – in Interaktion mit der Familie, mit Freunden und Kollegen, auf dem Weg durch den Park oder die Straßen, beim Autofahren oder bei der Arbeit. Bringen Sie Ihr Wissen über die Bäume in Ihre tägliche Routine ein und sehen Sie sich selbst zu, wie Sie sich ebenso wie der Wein verbinden und abstützen. Auf diese Art werden Sie sich der spirituellen Aspekte Ihrer Arbeit bewusst.

Nehmen Sie die vielfältigen Verbindungen wahr, die Sie zu Menschen aufbauen, und werden Sie sich darüber klar, wie sich diese ihren Weg durch ihr eigenes und Ihr Leben bahnen und darin verzweigen, ebenso wie der Weinstock sich seinen Weg durch den Wald sucht.

Experimentieren Sie auch mit der Frucht des Weinstocks, indem Sie Weintrauben essen und die nahrhaften Weinblätter zu sich nehmen. Versuchen Sie ein wenig Wein, aber seien Sie vorsichtig. Ein wenig Wein kann zu göttlicher Inspiration führen, zu viel führt zu einem höllischen Kater!

Es ist eine gute Zeit, sich selbst ein heiliges Band herzustellen, das Sie bei Ihren Ritualen um die Hüfte tragen können. Dieses Band signalisiert der Anderswelt, dass Sie ein bestimmtes fortgeschrittenes Stadium in Ihren Baumstudien erreicht haben. Es hilft auch dabei, sich symbolisch mit den vielen Menschen zu verbinden, die sich ebenfalls bereits mit der Baum-Magie befasst haben, diese gerade erforschen oder vorhaben, dies zu tun. Das Band sollte so lang sein, dass es sich mühelos um die Hüfte legen und verknoten lässt und auch noch ein Stück übrig bleibt, das seitlich herunterhängt. Es kann aus beliebigem Material, in beliebiger Farbe sein. Es ist Ihr persönliches Band, deshalb ist Ihr eigener Geschmack das einzig maßgebliche Kriterium. Sobald Sie das gewünschte Band gefunden, hergestellt oder gekauft haben, weihen Sie es Ihren Vorstellungen entsprechend. Tragen Sie das Band nur bei Ritualen oder magischen Arbeiten; es sollte nicht zu einem Alltagskleidungsstück werden.

Da der Weinstock der elfte Baum im Baum-Ogham ist, knüpfen Sie elf Knoten der Länge nach verteilt in das Band. Von nun an knüpfen Sie nach jedem weiteren Baum-Ritual, das Sie komplett durchgeführt haben, einen weiteren Knoten in das Band. Auf diese Weise wird das Band für die späteren Arbeiten zu einer weiteren Gedächtnisstütze, denn entlang der Bandlänge können Sie die einzelnen Bäume fühlen und sich an ihre Namen, ihre Reihenfolge und Bedeutung erinnern.

Kapitel 16 EFEU

Name: Gort
Buchstabe: G
Ogham-Symbol:
Beschreibung: Gort ist Efeu, grüner als die Weiden ist der Efeu.
Wort-Ogham von Morainn: GLAISEM GELTA, grünste aller Weiden, MILLSIU FERAIB, süßer als Gräser dank der Verbindung mit Kornfeldern.
Wort-Ogham von Cuchulain: SASADH ILE z. B. ARBHAR, angenehmes Öl, Getreide.
Wort-Ogham von Aonghus: MED NERCC, Größe eines Kriegers.

Physische Ebene

Der Efeu ist ein weiterer Buchstabe im Baum-Ogham, der sich eigentlich nicht als richtiger Baum bezeichnen lässt. Ähnlich dem Weinstock ist auch er häufig auf einen Gastbaum als Stütze angewiesen und gehört ebenfalls zu den Kletterpflanzen, die sich mit anderen Bäumen verbinden. Die meisten Menschen kennen den Efeu gut, denn er ist häufig zu finden und rankt sich um Bäume, Gebäude oder andere feste Strukturen. Seine Blätter sind dunkelgrün und wächsern, und mit vier oder fünf Zacken versehen. Die langen, verzweigten Stämme sind dünn und leicht haarig. Sie wachsen schnell und bedecken in Windeseile ganze Gebäude oder Bäume. Der Efeu hat dünne Ranken, die sich über glatte Oberflächen ausbreiten und ihren Weg bisweilen mit solcher Kraft verfolgen, dass dadurch auch Schäden an Gebäuden entstehen können. Wenn ein anderer Baum als Gast dient, so kommt es nicht selten vor, dass sich der Efeu daran mit solcher Dichte ausbreitet, dass der Gastpflanze das lebensnotwendige Umfeld genommen wird und diese eingeht. Der Efeu ist ein Immergrün, das sehr widerstandsfähig und langlebig ist. Die Beeren des Efeus haben heilende Eigenschaften, sollten aber auf medizinischem Gebiet mit Vorsicht eingesetzt werden. Sie können in zu großer Dosis auch giftig sein. Ehe Sie diese Früchte in Selbstmedikation anwenden, insbesondere bei innerlicher Verwendung, sollten Sie unbedingt den Rat eines Fachmanns einholen. Die Pflanze lässt sich äußerlich auf verschiedene Weise sicher anwenden: Ein Aufguss der frischen Blätter in Weinessig lässt sich als Kompresse auf schmerzende Stellen auflegen und verschafft bei Stichen oder Kopfschmerzen Linderung. Eine ähnliche Lösung aus frischen Blättern hilft beim Säubern von Wunden oder hilft gegen Entzündungen an jedem beliebigen Körperteil. Ein Puder aus getrockneten Efeublättern und Beeren kann als Schnupfmittel gegen verstopfte Nasen oder Stirnhöhlen verwendet werden, sollte allerdings nur gelegentlich angewandt werden. Es soll auch ein gutes Mittel gegen einen Kater sein, was den Efeu magisch mit dem Wein und dessen vergiftenden Eigenschaften in Zusammenhang bringt. Beachten Sie, dass die Anwendung aller Mittel aus dem Efeu, ebenso wie beim Wein, in maßvoller Weise geschehen muss. Das englische Wort für Efeu, *Ivy*, ist ein häufiger Vorname im englischen Sprachraum.

Mentale Ebene

Das Wort-Ogham von Morainn bezeichnet den Efeu als »grünste aller Weiden« und »süßer als Gräser«. Auch hierbei handelt es sich wieder um ein Wortspiel, denn das Wort *gort* bedeutet »grünes Feld« oder »Garten«. Es kann auch »aufrechtes Korn« bedeuten, woher der Bezug zu den Kornfeldern im Wort-Ogham stammt. Der Efeu und das Geißblatt sind in den Legenden und Gedichten austauschbar. Die Bedeutung des Efeus oder des Geißblatts aus magischer Sicht ist, dass sie dem Weinstock zwar sehr ähnlich sind, aber noch viel stärker. Der Wein tötet seinen Gastgeber nur selten, der Efeu aber tut dies sehr häufig.

Aufgrund seiner Fähigkeit, auch eine starke Eiche töten zu können, gilt der Efeu als sehr mächtiger Baum. Auch seine Fähigkeit, die Bäume des Waldes so miteinander zu verbinden, dass ein undurchdringliches Dickicht entsteht, verleiht dem Efeu den Hauch des Bösen. Das Ogham-Zeichen, das den Efeu darstellt, zeigt zwei schräge Linien, die die Grundlinie durchkreuzen, also die doppelte Zeichenzahl des Weinstocks. Dies zeigt, dass der Efeu noch mehr Kräfte als der Wein entfaltet, wenn es darum geht, sich selbst auszubreiten und sich an einen Gastbaum oder an mehrere Bäume zu binden.

Ebenso wie Sie mit dem Efeu auf physischer Ebene Vorsicht walten lassen sollten, empfiehlt sich diese Vorsicht auch auf magischer Ebene. In einer Beschreibung der kindlichen Taten von Fionn mac Cumhaill findet sich in der Schrift *Lays of Fionn* ein Hinweis darauf:

> In der Aushöhlung eines großen, efeubewachsenen Baums wächst der ehrwürdige Führer Fiann auf. Eines Tages wird er allein gelassen, und ein Iltis kommt an der Höhle vorbei. Das Kind hat keine Angst vor dem Tier. Es greift danach und hält es vom frühen Morgen bis zum Abend streichelnd in seinen Armen.[30]

Der Efeu ist sicher kein Baum, den Sie bewusst auf einer Reise in die Anderswelt verwenden würden. Bestimmt möchten Sie nicht in ein Dickicht geraten oder sich bis zum Ersticken gebunden und stranguliert fühlen. Dennoch ist der Efeu ein hilfreicher Baum für jene in der Anderswelt, denen Ihre Interessen am Herzen liegen. Sie benutzen den Efeu oder das Geißblatt dazu, ein Dickicht auf Ihrem Weg durch die Anderswelt aufzubauen. Sollte dies geschehen, ist es jedoch ratsam, anzuhalten und ernsthaft über die eigenen Ziele nachzudenken. Das plötzliche Auftreten eines Dickichts kann anzeigen, dass Ihre gesamte Absicht falsch ist und geändert oder komplett aufgegeben werden muss.

Der Efeu ist ein Baum, dessen Erscheinen Sie bei Ihren magischen Studien hoffentlich nicht allzu oft antreffen. Wenn Sie häufig mit dem Efeu konfrontiert werden, sollten Sie alle magischen

---

30 Zit. aus: Gerard Murphy, Übers., Duanaire Finn. Dublin: Irish Texts Society, 1933.

Arbeiten und Unternehmungen in der Anderswelt einstellen und zunächst einmal die Gründe für Ihr Studium und Ihre weitere Entwicklung neu überdenken. Werfen Sie auch einen genauen Blick auf Ihr physisches Leben. Wenn Sie den Grund für das Problem erkannt und die notwendigen Schritte zur Behebung unternommen haben, können Sie mit Ihrer Reise durch den Wald der Ogham-Bäume wieder sicher fortfahren. Die positiven Aspekte des Efeu – »angenehmes Öl« und »süßer als Gräser!« – erhalten dann ihre volle Bedeutung, wenn Sie erkennen, dass Sie dank der Warnungen des Efeus einer drohenden Gefahr entronnen sind.

Spirituelle Ebene

Die spirituelle Lektion des Efeus besteht darin zu erkennen, dass Sie nicht immer alles unter Kontrolle haben – wie Sie vielleicht meinen. Gelegentlich liegt es in der Hand von anderen, ob aus dieser Welt oder der Anderswelt, Sie auf Fehler aufmerksam zu machen, die Sie bereits begangen haben oder die Sie im Begriff sind zu begehen. In diesem fortgeschrittenen Stadium Ihrer Entwicklung kann es sein, dass Sie glauben, sich bereits jenseits aller Gefahren zu befinden und keine Irrtümer mehr auf Sie warten. Doch in Wahrheit sind Sie in größerer Gefahr als in den frühen Stadien auf dem Weg in diese neuen und faszinierenden Reiche. Wenn Sie zum ersten Mal magische Arbeiten ausführen, sind Sie kaum in der Lage, Dinge auszuführen, die Schaden anrichten. Doch selbst in dieser Phase wachen immer aufmerksame Augen über Ihr Tun, denen Ihre Interessen am Herzen liegen. Je mehr Sie gelernt haben, je größer Ihre Fortschritte wurden und je mehr Fähigkeiten und Macht Sie entfaltet haben, desto größer wird auch die Gefahr, dass Sie diese Kräfte auf falsche oder unbedachte Art einsetzen. Damit wachsen auch Ihre Verantwortung und Ihre Rechenschaftspflicht bei deren Anwendung. Auch wenn Ihre unsichtbaren Freunde, Führer und Wächter in der Anderswelt immer gegenwärtig sind, wird deren Macht, einzuschreiten und Sie von Unglück fern zu halten, immer geringer. Es liegt jetzt an Ihnen, Ihre Aktionen und Absichten zu erklären. Wenn Sie bis zu diesem Punkt noch nicht zu viele ernsthafte Fehler gemacht haben, besteht vielleicht die Gefahr, dass Sie zu selbstsicher werden und ihre neuen Kräfte und Fähigkeiten zu lebhaft einsetzen. Auf diese Weise können Sie plötzlich zu einer Gefahr für sich selbst und für andere werden.

Wie groß und stark Sie auch meinen zu sein, der kümmerliche, kleine Efeu, den das Wort-Ogham von Aonghus als »Größe eines Kriegers« beschreibt, kann Sie immer noch im Zaum halten, zuerst ganz sanft, und Sie dann langsam binden und einschränken. Der Efeu hält Sie auf, um zu prüfen, was Sie tun, und um Ihre Motive für diese Taten kennen zu lernen. Sollten Sie nicht in der Lage sein, Ihre Fehler zu sehen oder sie einzugestehen, wird der Efeu Sie so lange drücken, bis Sie nicht mehr fähig sind, etwas zu tun.

Meditieren Sie darüber, was Sie erreicht haben, wie Sie sich verhalten haben, wie Sie sich selbst sehen und ob Sie die Diskretion nach wie vor als eine Notwendigkeit anerkennen. Dies ist das Thema des Efeus auf der spirituellen Ebene.

Praktische Arbeit

Ebenso wie bei der Arbeit mit dem Weinstock sollten Sie auch beim Efeu versuchen, sich in einen Efeu hineinzuversetzen. Versuchen Sie zu fühlen, wie es ist, wenn Sie sich eng um andere Bäume schlingen, und lernen Sie, was dies auf der physischen Ebene in Ihrem täglichen Leben bedeutet. Der Efeu ist ein Baum der Warnung. Wo und wann geben Sie selbst Warnungen in Ihrem Alltag? Sind Sie sich darüber bewusst, dass Sie dies tun? Werden Ihre Warnungen befolgt? Sind sie immer richtig und notwendig? Befolgen Sie selbst Warnungen, die Ihnen von anderen Menschen gegeben werden?

An diesem Punkt in Ihrer Entwicklung und der magischen Arbeit ist es sinnvoll, eine Pause einzulegen. Sie können ruhig in diesem Buch weiterlesen, sollten aber die praktische Arbeit eine Weile ruhen lassen. Magische Übungen erfordern immer auch wieder Ruhepausen ebenso wie Aufgaben auf der physischen Ebene. In diesen Ruhepausen sollten Sie darüber nachdenken, wie sich die Dinge bisher entwickelt haben. Lesen Sie in Ihrem magischen

Tagebuch, um die Muster in Ihrer Arbeit zu erkennen und die Fortschritte, die Sie bisher gemacht haben. Betrachten Sie die Grüne Welt um sich herum mit neuen Augen und sehen Sie, wie Sie selbst mit den vielen verschiedenen Lebensformen verbunden sind, nicht nur mit den Bäumen. Fühlen Sie sich im Einklang damit und erfreuen Sie sich an dieser Wirklichkeit.

Verbringen Sie einige Zeit im Spiel mit den Ogham-Stäben. Halten Sie sie, erforschen Sie sie. Bemerken Sie, wie einfach die Namen der Bäume Ihnen ins Gedächtnis kommen, wenn Sie die Kerben auf den Stäben betrachten? Wie viel Symbolik überträgt sich dabei auf Sie? Gibt es Konzepte, die Ihnen einfacher erscheinen als andere? Sie sollten dieses Spiel als Akt der Entspannung begreifen, ähnlich wie ein Kartenspiel. Wenn Sie sich genügend ausgeruht haben und wieder erfrischt und tatendurstig sind, dann lesen Sie das nächste Kapitel und studieren Sie sorgfältig, was darin gesagt wird.

Kapitel 17 GINSTER

Name: nGetal
Buchstabe: nG
Ogham-Symbol: ⌗
Beschreibung: nGetal, Ginster oder Farn, die Stärke eines Arztes hat der Ginster.
Wort-Ogham von Morainn: LUTH LEIGHE, Kraft eines Arztes, CATH entspricht dem Allheilmittel, GETAL entspricht dem Ginster.
Wort-Ogham von Cuchulain: TOSACH N-ECHTO z. B. ICCE, Anfang von Heldentaten, Heilung.
Wort-Ogham von Aonghus: EITIUD MIDACH, Gewand des Arztes.

Physische Ebene

Der gelb blühende Ginster wächst in allen Gegenden der britischen Inseln und ist häufig in der Heide, den Mooren und in offenen Gebieten zu sehen. Nur selten wächst er höher als zwei Meter, aber was ihm an Höhe fehlt, macht er durch Breite wieder wett, denn er ist ein sehr buschiger Strauch. Der Ginster hat lange, dünne, grüne Äste, auf denen in den Sommermonaten goldgelbe, hülsenförmige Blüten sitzen. Er ist verwandt mit dem Stechginster, der ähnlich aussieht, aber lange, spitze Stacheln hat und im Gegensatz zum Ginster mehrmals pro Jahr blüht.

Der Ginster lässt sich für vielerlei Zwecke verwenden, häufig werden seine Äste zu Besen zusammengebunden und im Haus verwendet. Ein Absud aus den jungen Zweigen oder Samen führt zu heftigem Erbrechen, wenn er in zu starker Dosis eingenommen wird; eine kontrollierte Einnahme verschafft jedoch Linderung bei

Gicht, Ischiasbeschwerden oder schmerzhaften Gelenken. Auch gegen Malariaanfälle oder Fieber hilft dieser Aufguss. Er ist ferner harntreibend und unterstützt den Abgang von Nieren- oder Blasensteinen. Öl lässt sich aus den Stämmen gewinnen, indem man diese über offenem Feuer erhitzt. Die so hergestellte Tinktur hilft gegen Zahnschmerzen. Dasselbe Öl eignet sich nach dem Aufkochen und Abkühlen zur Reinigung des Kopfes und der Haut von Parasiten, zum Beispiel bei Läusen.

Das Holz des nahen Verwandten Stechginster brennt ebenfalls gut, wie auch die Halme und Stacheln selbst, dennoch ist der Ginster keine Pflanze, die wegen ihres Holzes kultiviert wird. Der Stechginster ist eine sehr harte Pflanze und ein großer Besiedler, der nur schwer wieder loszuwerden ist, wenn er einmal Wurzeln geschlagen hat. In der Vergangenheit wurde er häufig als Hecke angepflanzt und in Form geschnitten. Viele alten Häuser hatten zumindest einen großen Stechginsterbusch im Garten, der zum Trocknen der Wäsche verwendet wurde, denn die Stacheln verhinderten, dass die trockene Wäsche vom Wind weggeblasen wurde.

Traditionsgemäß kampiert das fahrende Volk von Schottland und Irland im kalten Winter an einem festen Ort. Sobald der Sommer kommt, brechen sie das Lager ab und verbringen die warmen Monate, indem sie von Dorf zu Dorf und von Insel zu Insel reisen. Die Zeit für den Aufbruch aus dem Wintercamp wird nicht anhand des Kalenders bestimmt, sondern erfolgt dann, wenn der erste Ginster blüht. In anderen Worten: Die Grüne Welt signalisiert, wann der Wetterumschwung erfolgt und es Zeit zum Aufbruch wird. Diese Funktion eines Vorboten lässt sich auch auf die nichtphysischen Ebenen übertragen. Das englische Wort für Ginster lautet *Broom* und ist auch heute noch in einigen Vornamen sowie in Ortsnamen, zum Beispiel Broomhill und Broomfield, zu finden.

Mentale Ebene

nGetal ist wie der Buchstabe *Queirt* eines der drei zusammengesetzten Zeichen, die nur unter bestimmten Umständen verwendet werden. *Queirt* wird laut Text nur verwendet, wenn das U einem C folgt, und *nGetal* wird nur verwendet, wenn N vor G steht.

Es wurde bereits erwähnt, dass der Buchstabe Queirt trotzt dieser grammatikalischen Regel in keiner schriftlichen Aufzeichnung zu finden ist. Die eigentliche Verwendung findet stattdessen auf einer höheren Ebene statt. Dasselbe gilt auch für *nGetal*.

Um ein Verständnis für die höheren Aspekte dieses zusammengesetzten Buchstabens zu bekommen, sollten Sie sich zunächst die Eigenschaften der einzelnen Buchstaben in Erinnerung rufen. Sie erinnern sich, dass die Esche die Befreiung aus einer Periode der Lethargie oder Unsicherheit bedeutet. Ist dieser Zustand erreicht, erfolgt ein Rückschlag. Wir wissen ferner, das der Buchstabe *Gort*, der Efeu, ein warnender Baum ist, dessen Anwesenheit bei magischen Arbeiten unbedingt beachtet werden sollte. *nGetal* ist eine Kombination aus N und G, also aus Esche und Efeu, und symbolisiert damit die kombinierten Effekte dieser beiden Bäume.

Praktisch bedeutet dies: Wenn Sie mit einer neuen Arbeit beginnen oder eine Periode der Untätigkeit hinter sich haben und wenn der Rückschlag möglicherweise gefährlich oder destruktiv ist, dann wird der Efeu von der Anderswelt angerufen, um Sie zu warnen. Sie müssen dies zur Kenntnis nehmen und die neue Arbeit aufgeben. Es wäre jedoch gefährlich, einfach die Arbeit zu beenden, ohne zu prüfen, ob es möglich ist, eventuell bereits verursachte Schäden wieder zu reparieren oder zu heilen. Der Ginster ist jener Baum, der sich dafür verwenden lässt. Er kann helfen, Schäden zu beseitigen. Genau dafür wird der Ginster auch auf physischer Ebene eingesetzt. Der Ginster korrigiert oder heilt alle Schäden oder unabsichtlich verursachte Verletzungen. Seine Beschreibung im Wort-Ogham von Morainn »Kraft eines Arztes, Allheilmittel« reflektiert dies ebenso wie die Bezeichnung im Wort-Ogham von Cuchulain »Anfang von Heldentaten, Heilung« und auch im Wort-Ogham von Aonghus »Gewand des Arztes«. Magische Hygiene ist ebenso wichtig wie körperliche Hygiene. Wenn die Dinge auf magischer Ebene halb fertig liegen bleiben, kann dies zu Infektionen und Erkrankungen führen. Unabhängige Lebensformen können sich mit Dingen anstecken, die von sorglosen Anderswelt-Reisenden zurückgelassen wurden. Diese Anderswelt-Viren können dann ein eigenständiges Leben entfalten und beträchtlichen Schaden anrichten.

In den höheren Reichen sind diese unerwünschten Dinge auch als liegen gebliebener Dreck zu bezeichnen, nicht immer sofort erkennbar. Sie können aus Abstraktem bestehen, wie falsche oder bösartige Gedanken, Gefühle, Emotionen und geistige Aktionen. Sie müssen lernen, diese Dinge zu erkennen, und genau dabei wird der Efeu Ihnen helfen. Dann müssen Sie lernen, den Ginster als »Schaufel und Besen« zu verwenden, die Ihnen dabei helfen, den Dreck aufzukehren und loszuwerden.

Der einfache Ginster ist ein wichtiger Baum, aber Sie sollten ihn nicht zu oft benötigen. Wenn Sie sich nicht sicher sind, ob Sie den Ginster brauchen, gehen Sie auf Nummer Sicher und verwenden Sie ihn. Er ist ein Allheilmittel, wie das Wort-Ogham von Morainn sagt.

Spirituelle Ebene

Was über die Eigenschaften und die Symbolik des Ginsters auf physischer und mentaler Ebene ausgesagt wurde, lässt sich ebenso auf die spirituelle Ebene anwenden. Sie müssen auf dieser Ebene ebenso sorgsam auf Reinheit achten wie auf den anderen Ebenen. Man könnte sogar argumentieren, dass die Notwendigkeit zur Reinigung und Heilung auf dieser Ebene noch wichtiger ist, denn alles, was hier geschieht – positiv oder negativ – wird unweigerlich auch Auswirkungen auf der physischen und mentalen Ebene haben. Die spirituelle Botschaft des Ginsters lautet: Wenn Sie ihn auf einer beliebigen anderen Ebene verwendet haben, sollten Sie einige Zeit zur Prüfung verwenden, um festzustellen, ob auf der spirituellen Ebene Schaden entstanden ist, der gereinigt oder geheilt werden muss. Denken Sie darüber nach, was falsch gelaufen ist und warum der Efeu und der Ginster erstmalig angerufen wurden. Nehmen Sie die Gelegenheit wahr, aus Ihren Fehlern in der magischen und spirituellen Arbeit zu lernen.

Dies ist mit der Beschreibung im Wort-Ogham von Cuchulain gemeint, wenn sie vom »Anfang der Heldentaten« spricht. Wirkliche Helden werden nicht nur physisch in der Kriegskunst und im Kampf ausgebildet, sondern auch in den höheren, magischen Künsten. Das bedeutet manchmal auch, Dinge über sich selbst zu erkennen – über die eigenen Gefühle, Gedanken und Emotionen –, die eventuell gefährlich oder schädlich sein können und mit denen etwas geschehen muss. Dies kann eine unerfreuliche Erfahrung sein, aber wenn Sie sich ihr stellen, ist es wirklich der Anfang von Heldentaten.

Praktische Arbeit

Wenn Sie ein Stück Ginster finden, das lang, gerade und dick genug ist, um daraus einen Ogham-Stab anzufertigen, dann ist dies ideal. Leider wachsen Ginster nicht immer in dieser Dicke, weshalb Sie eventuell auf ein Ersatzholz zurückgreifen müssen.

Es sollte jedoch eigentlich möglich sein, ein geeignetes Stück Ginster für den Ogham-Stab zu finden, andernfalls müssen Sie sich mit jenen Hölzern behelfen, die bereits im vorherigen Kapitel aufgeführt wurden. Verbringen Sie einige Zeit mit einem Wechsel zwischen den folgenden beiden Ansätzen. Bemühen Sie sich zuerst, eine Verbindung zum Ginster herzustellen, indem Sie das grundlegende Ritual durchführen, und rufen Sie dazu Dagda und Ihren Führer an. Als Nächstes führen Sie ein Ritual aus, bei dem Sie sich selbst als Ginster vorstellen. Beobachten Sie dabei, wie Sie reagieren, wenn Sie eine Verbindung zu anderen Bäumen aufnehmen. Untersuchen Sie diese beiden verschiedenen Aspekte des Ginsters. Die Art und Weise, wie sich dies bei Ihnen auswirkt, wird Ihnen dabei helfen, wahrzunehmen, was der Ginster für Sie bedeutet, wenn er auf einer Reise in die Anderswelt erscheint.

Versuchen Sie eine Verbindung vom Ginster zur Esche und zum Efeu herzustellen. Dies sind die beiden Buchstaben N und G, aus denen sich *nGetal* zusammensetzt. Indem Sie diese Bäume im grundlegenden Ritual miteinander verbinden, spüren Sie, welche Verschiebungen und Veränderungen sich dadurch ergeben, wenn diese nebeneinander platziert werden. Stecken Sie dazu zunächst Ihren Ogham-Stab in den Boden und stellen Sie dann eine Verbindung zu Ihrem Ginster her. Sobald die Verbindung hergestellt ist, stecken Sie den Ogham-Stab aus Ginster in den Boden, während Sie eine Verbindung zur Esche knüpfen. Haben Sie eine Reaktion erhalten, wechseln Sie von der Esche zum Efeu. Als Nächstes nehmen Sie Ihren Ogham-Stab aus Esche, stecken ihn in den Boden und verbinden sich mit dem Ginster und dem Efeu; zuletzt stecken Sie den Efeu-Stab in den Boden und knüpfen eine Verbindung zum Ginster und zur Esche. Dieses Wechselspiel mag einige Zeit in Anspruch nehmen, aber wenn Sie die Sprache der Bäume wirklich ganz kennen lernen möchten, wird die Belohnung für diese Aktionen die Mühe wett machen.

Es ist jetzt eine gute Zeit, eine physische Reinigung in Ihrem Lebensbereich vorzunehmen. Diese Hausreinigung lässt sich auf einfache Weise mit einem magischen Akzent versehen, indem Sie sich über Sinn und Zweck dieser Reinigung klar werden. Es ist ein bewusster physikalischer Akt, der nicht nur dazu dient, Ihre Wohnung zu putzen, sondern auch Ihr höheres Selbst. Wenn Sie auf physischer Ebene wirklich einen Besen aus Ginsterzweigen dazu verwenden, und Ihre magischen Absichten beibehalten, werden Sie die spirituelle mit der physischen Ebene verbinden und Ergebnisse auf beiden Ebenen erzielen. Sie können in diesem Stadium auch eine Reise in die Anderswelt durchführen, die speziell dem Zweck gewidmet ist, die subtileren Aspekte Ihres Selbst zu erkennen und mit ihnen umzugehen, also eine Art spirituelles Großreinemachen. Ihr Führer sollte einschätzen können, welche Aspekte Ihrer Persönlichkeit besonderer Aufmerksamkeit bedürfen.

Kapitel 18 SCHWARZDORN

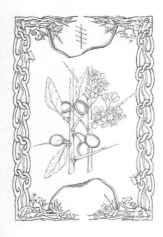

Name: Straiph
Buchstabe: St
Ogham-Symbol:
Beschreibung: Sraibh ist der Schwarzdorn, die Hecke an einem Strom ist Sraibh.
Wort-Ogham von Morainn: AIRE SRABHA, vorsichtige Bemühung, TRESIM RUAMNA, stärkstes Rot. STRAIPH entspricht dem Schwarzdorn, der eine starke rote Färbung auf Metall verursacht.
Wort-Ogham von Cuchulain: SAIGID NEL z. B. A DDE SUAS, das Flirren eines Pfeils, vom Feuer aufsteigender Rauch.
Wort-Ogham von Aonghus: MORAD RUN, Zunahme der Geheimnisse.

Physische Ebene

Der Schwarzdorn ist eher ein großer Busch als ein Baum, denn er wächst nur selten zu seiner vollen Größe bis zu drei Metern heran. Er ist auf den gesamten Britischen Inseln zu finden, überwiegend am Rande der Wälder, aber auch in alten Heckenreihen. Er ist mit starken, scharfen Dornen übersät und wächst zu einem dichten, ineinander verwobenen und undurchdringlichen Dickicht heran, weshalb er sich hervorragend als Nistplatz für Vögel eignet. Seine Blätter sind klein, oval, oben stumpf und unten haarig. Sie wachsen beidseitig des Stängels. Der Schwarzdorn trägt weiße Blüten mit fünf Blumenblättern, die jeweils rot getupft sind. Seine Rinde ist rau und schuppig und direkt unter der Oberfläche hellorange. Das hellgelbe Grünholz und das braune Kernholz werden kaum genutzt, denn der Baum wird nie hoch genug, um für einen kommerziellen Wert verwertet werden zu können. Die Hauptnutzung besteht in der Produktion von Einlegearbeiten und Spazierstöcken. Er liefert das traditionelle Holz für die Herstellung des irischen Knüttels.

Die Frucht des Schwarzdorns ist jene runde, schwarzbläuliche Beere, die unter dem Namen Schlehe bekannt ist. Aus der Schlehe lässt sich Marmelade und Schnaps herstellen. Der Schlehenschnaps ist sehr bitter, aber ein gutes Adstringens, das sowohl innere als auch äußere Hämorrhoiden heilt. Die Blätter lassen sich zu einem Absud aufkochen, der abgekühlt eine gute Mundspülung und Gurgelwasser abgibt, das gegen Hals- und Mandelentzündungen hilft. Auch als Augenwasser kann es verwendet werden. Ein Tee aus der pulverisierten Rinde wirkt beruhigend für die Nerven. Der dunkle Saft der Schlehe lässt sich auch als Tinte verwenden, die nur schwer wieder entfernt werden kann, besonders aus Kleidern.

Mentale Ebene

Dieser Buchstabe ist der letzte der Buchstabenkombinationen. In diesem Fall lautet die Anweisung »Wo S vor D steht, muss *Straiph* geschrieben werden«. Wie bei den anderen Doppelbuchstaben findet sich dieser ebenfalls in keiner schriftlichen Aufzeichnung. Die Richtigkeit dieser Verwendung wird zudem von der Vielzahl der verschiedenen Schreibweisen in Frage gestellt, die in den schriftlichen Quellen zu finden sind. Es hilft jedoch weiter, wenn wir uns daran erinnern, was über die Austauschbarkeit der Buchstaben D und T bekannt ist. Der Text besagt, das *Straiph* verwendet wird, wenn S vor D steht, aber für den Namen des Buchstabens wird T mit S kombiniert.

In *Straiph* werden S, die Weide, und D, die Eiche, zusammengeführt; vielleicht aber auch T, die Stechpalme. Alle zusammen werden durch den Schwarzdorn symbolisiert. Die Beschreibungen, die im Wort-Ogham von Morrain für den Schwarzdorn gegeben werden, lauten »vorsichtige Bemühung, stärkstes Rot«, »starke rote Färbung auf Metall« und in der Textbeschreibung »die Hecke an einem Strom«. Alle diese Titel haben mit Tod und Kriegern zu tun, denn die Farbe Rot ist in irischen Legenden ein Synonym für Tod, beide Worte sind miteinander austauschbar. Die starke rote Färbung auf Metall ist das Blut auf dem Schwert des Kriegers. Die Hecke an einem Strom ist eine Beschreibung für eng gruppierte Kriegerschwerter (Hecke) auf dem Vormarsch (Strom). Diese Assoziationen erscheinen in einer Passage aus einer Version des »Viehraubs von Cooley«, in der Cuchulain gewarnt wird, nicht voranzuschreiten:

> Dein rotes Blut wird tropfen
> aus zahlreichen gesplitterten Schilden.
> Die Armee, die mit Feuern ausschwärmt,
> ist eine Legion aus vielen Gruppen.
> Ein Sturzbach aus Blut wird sich ergießen
> über Cuchulain; darin auch Fleisch.
> Du wirst leiden an einer Wunde der Rache,
> zugefügt bei der Begegnung mit einer Hecke von Speeren.
> Eine eiserne Spitze wird das rote Schild zum Bersten bringen
> und die Haut durchdringen.[31]

Die beiden Buchstaben und Bäume, aus denen *Straiph* besteht, sind ebenfalls erhellend. Die Weide wurde als »Farbe der Leblosen, dank der Ähnlichkeit ihrer Farbe mit einer toten Person« und als »Farbe der Leblosen« beschrieben. Diese Beschreibungen korrespondieren mit den Vorstellungen, die in obigem Zitat zum Ausdruck kommen. Die Eiche wurde als Schutz für Krieger und die Stechpalme als Ersatz für den wirklichen König beschrieben, der sein Leben zugunsten seines Volkes lassen sollte. Aus dieser Kombination von Bildern und Vorstellungen lässt sich die Bedeutung des Schwarzdorns auf einer tiefen Ebene erkennen und sollte ganz verstanden werden, ehe der Baum verwendet wird.

Wenn Sie die Legenden als Hilfestellung heranziehen, was immer ein kluger Schritt ist, finden Sie in der »Verfolgung von Diarmaid und Grainne« eine Passage über eine Frau namens Sadhbh, die eine Frucht von einem Schwarzdornbaum isst, schwanger wird

---

31 Zit. aus: Cecile O'Rahilly, *Tain Bo Cuailgne*. Dublin: Irish Texts Society, 1962. Übs. ins Deutsche von Gabriele Broszat.

und einen Sohn mit einer merkwürdigen Beule auf dem Kopf gebiert. Es stellt sich heraus, dass diese Beule ein Wurm oder eine Schlange ist, die schließlich zur Kompensation des Lebens eines anderen Mannes getötet wird. In den *Lays of Fionn* gibt es ein seltsames Gedicht mit dem Titel »The Sword of Oscar« (»Das Schwert von Oskar«), das die klassische Mythologie mit der irischen Mythologie vermischt. Auch hier werden wieder Schlehen eingeführt, und es handelt von einer Person, die zugunsten einer anderen stirbt.

Der Schwarzdorn symbolisiert den Tod des Kriegers im Dienst des Hohen Königs und zugunsten seines Volkes. Der Bezug im Wort-Ogham von Cuchulain »das Flirren eines Pfeils« und »vom Feuer aufsteigender Rauch« sind Synonyme für den Tod. Wenn Sie im obigen Kommentar für das Wort »Krieger« das Wort »Magier« einsetzen, erhalten Sie eine Beschreibung davon, was der Schwarzdorn für Sie bedeutet. Hier stehen Sie Ihrem eigenen Tod gegenüber, Sie sehen, ob es ein kurzer oder langer Weg bis dahin ist, ob der Tod gewalttätig oder friedvoll ist. Früher oder später werden Sie dem Übergang von dieser in die Anderswelt ins Auge sehen, und es ist gut, darauf vorbereitet zu sein, anstatt dies zu verdrängen und dann zu schreien, wenn es so weit ist. Über den eigenen Tod nachzudenken und darüber zu meditieren ist nicht so morbid, wie es zunächst scheinen mag. Es ist eine Praxis, die von vielen magischen und spirituellen Disziplinen angewendet wird, lediglich die christlichen Kirchen im Westen vernachlässigen diesen Aspekt und tragen damit zur Angst vor dem Tod und dem Sterben bei.

Es ist jedoch nicht ratsam, sich den eigenen Tod während einer Reise in die Anderswelt vorzustellen. Die Auswirkungen einer solchen Aktion könnten traumatisch sein. Dies ist es, was im Wort-Ogham von Morainn mit »vorsichtiger Bemühung« gemeint ist. Sie sollten sich immer darüber im Klaren sein, dass diese Reisen real sind; dass sie tatsächlich in der Anderswelt stattfinden. Wenn Sie visualisieren, wie Sie selbst sterben – egal wie ruhig oder friedlich –, ist dies sicher keine gute Idee. Es ist jedoch akzeptabel, sich die Auswirkungen des eigenen Todes für sich selbst und diejenigen, die Sie zurücklassen, vor Augen zu führen; nicht aber den Tod selbst.

Wenn es Ihnen schwer fällt dies zu tun, können Sie die Frucht des Schwarzdorns zu Hilfe nehmen oder einen Zweig oder eine Blüte in Händen halten. Wie das Wort-Ogham von Aonghus sagt, bedeutet der Schwarzdorn auch »Zunahme der Geheimnisse«. Diese mentale Übung, unter Einbindung der Kräfte des Schwarzdorns, kann sehr erhellend sein. Die meisten Menschen haben die Auswirkungen Ihres eigenen Todes niemals ganz bedacht. Viele Menschen haben zwar sicher schon einmal kurz den Gedanken an den eigenen Tod gehabt und eine Lebensversicherung für die hinterbliebenen Angehörigen abgeschlossen, aber das ist nicht dasselbe. Die meisten Menschen glauben an irgendeine Form des Lebens nach dem Tod, aber nur wenige haben in der Tiefe darüber nachgedacht, was es eigentlich für sie bedeutet, wenn ihre Existenz von dieser Welt in die Anderswelt übergeht. Der Tod ist das einzige künftige Ereignis, von dem wir mit Sicherheit wissen, dass es uns allen widerfahren wird. Es ist also sinnvoll, ein persönliches Verständnis davon zu entwickeln, was dies für uns als Individuum bedeutet, und sich darauf vorzubereiten.

Spirituelle Ebene

Die spirituelle Lektion des Schwarzdorns ist, die Unvermeidbarkeit des eigenen Todes anzuerkennen und sich darauf einzustellen. Das bedeutet, eine gute Vorstellung davon zu haben, was die Anderswelt ist und was sie für Sie bedeutet. Es bedeutet auch, sich um weltliche Dinge zu kümmern, zum Beispiel darum, die eigenen Schulden auf allen Ebenen beglichen zu haben oder in dieser Welt nichts ungesagt oder ungetan zu lassen und Vorsorge für jene zu treffen, die man zurücklässt. Auch eine Vorbereitung auf das Treffen mit jenen, die einem vorausgegangen sind, ist wichtig. Dazu gehören Freunde und Familienangehörige, auf die Sie sich freuen können, aber auch jene, die Sie in dieser Welt gemieden haben. Sie sollten auf den Tod immer vorbereitet sein und die Dinge dann erledigen, wenn sie getan werden müssen, die Dinge dann sagen, wenn sie gesagt werden müssen, und Schulden so bald wie möglich begleichen. Morgen kann es bereits zu spät sein.

Versuchen Sie, Ihren Tod möglichst objektiv zu sehen, betrachten Sie ihn als eine Art Richter aus der Anderswelt, der nun Ihr gesamtes Leben auf Erden untersucht und über Ihr Handeln urteilt.[32] Verwenden Sie Ihre Vorstellungskraft auf der spirituellen Ebene dazu, genau zu prüfen, wie es Ihnen in dieser Welt bisher ergangen ist. Reagieren Sie auf Fehler oder Unterlassungen, die Sie bei solchen spirituellen Übungen erkennen. Benutzen Sie den Geist des Schwarzdorns, um bei dieser schwierigen Übung Hilfe zu bekommen. Diese Übungen werden einen unauslöschlichen Stempel in Ihrer Aura hinterlassen, ebenso wie der Saft der Schlehe auf Ihren Kleidern. Dieser Stempel wird für jene, die diese Dinge sehen können, deutlich machen, dass Sie eine Person sind, die das Wesen dieser Welt und der Anderswelt versteht und sich nicht davor fürchtet, von einer Welt in die andere überzugehen, wenn es notwendig wird.

Praktische Arbeit

Wenn Sie das Baumritual ausführen und sich einen eigenen Ogham-Stab aus Schwarzdorn hergestellt haben, erhalten Sie einen klareren Blick für Ihren Platz im Schema der Dinge und ein deutlicheres Verständnis davon, was der eigene Tod für Sie, Ihre Familie und Freunde bedeutet. Während der praktischen Arbeit kann es hilfreich sein, den irisch-keltischen Gott Donn anzurufen. Donn ist dem Tod sehr eng verbunden und er wird die Dinge erklären und viele Geheimnisse aus dem Weg räumen, die mit dem Tod und dem Sterben verbunden sind. Er ist auch eine Vaterfigur, eine unterstützende, leitende und beschützende Gottheit. Für die alten Kelten war Donn ein kollektiver Vater, der Tod, aus dem wir geboren wurden und zu dem wir alle zurückkehren. Den Tod auf diese väterliche Weise zu sehen hilft dabei, Angst und Furcht zu vertreiben.

---

32 Dies soll nicht heißen, dass es so etwas wie Richter in der Anderswelt wirklich gibt. Im irischen System gibt es keine Belohnung oder Bestrafung für Taten, die in dieser Welt begangen wurden. Es gibt kein Konzept der Sünde wie in der christlichen Religion oder den Glauben an ein Karma wie bei den Hindus.

Vielleicht erleben Sie einige seltsame und aufwühlende Reaktionen auf die praktische Arbeit mit diesem Baum. Machen Sie sich darüber keine Sorgen. Sie behandeln ein Thema, dem die meisten Menschen buchstäblich bis zur letzten Minute aus dem Weg gehen. Wenn Sie diesem Thema in die Augen sehen können, wird es zu einer weiteren Facette des Lebens.

Versuchen Sie auch hier, das grundlegende Ritual mit den beiden anderen Ogham-Stäben durchzuführen, die für den Schwarzdorn von Bedeutung sind – mit der Weide und der Eiche/Stechpalme. Indem Sie die verschiedenen Stäbe im Wechsel mit den verschiedenen Bäumen verbinden, bauen Sie eine praktische Erfahrung und Wissen darüber auf, wie sich die Bäume aufeinander beziehen oder aufeinander reagieren. Diese zusätzliche Arbeit beim grundlegenden Ritual wird auch hier einige Zeit in Anspruch nehmen, aber diese Dinge lassen sich nicht auf die Schnelle erledigen. Die Natur dieser Dinge sorgt dafür, dass es lange Zeit dauert, bis sie zu einem bewussten Teil Ihres Anderswelt-Selbst werden, mit dem Sie arbeiten können.

Beachten Sie wie immer, dass Sie nach dem Abschluss des grundlegenden Rituals Ihre Ideen, Gedanken und Umsetzungen im magischen Tagebuch festhalten. Sie werden bemerken, dass sich Ihre Ideen und Ihr Verständnis vom Wesen der Bäume und deren Verbindung zur Anderswelt mit fortschreitender Übung ändern. Der Schwarzdorn ist ein guter Baum, um einmal darauf zurückzublicken und sich anzusehen, welche Fortschritte Sie gemacht haben und wie sich Ihr Verständnis geändert hat.

Kapitel 19 HOLUNDER

Name: Ruis
Buchstabe: R
Ogham-Symbol: ⫽
Beschreibung: Ruis ist Holunder, das Rot der Scham.
Wort-Ogham von Morainn: TINNEM RUICE, intensivstes Erröten, jenes Rot, das auf dem Gesicht eines Mannes entsteht, wenn es mit dem Saft dieses Krautes eingerieben wurde.
Wort-Ogham von Cuchulain: BRUTH GERGGA z. B. IMDERGADH, großer Zorn, Bestrafung.
Wort-Ogham von Aonghus: ROMNAD DRECH, Röte des Gesichts.

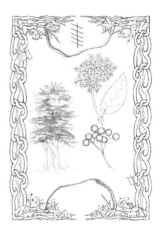

Physische Ebene

Wenn der Holunder genügend Platz und Licht erhält, kann er bis zu 10 Meter hoch werden. Die Rinde ist hellbraun, dick und mit tiefen Furchen und Rissen versehen. Die Blätter sind breit, oval geformt und wachsen zu beiden Seiten des knotigen Stängels, meist in Gruppen von fünf oder sieben Blatt. Die sehr kleinen, cremeweißen Blüten mit fünf Blütenblättern verströmen einen starken, süßlichen Duft.

Im Herbst ist der Holunder mit Büscheln schwarzer Beeren übersät, die sich zu verschiedenen Zwecken verwenden lassen. Aus den Beeren und Blättern können Wein und Marmelade hergestellt werden. Beide sind reich an Vitamin C. Ein Tee aus den Blüten eignet sich zur Behandlung von Husten und Halsschmerzen. Ein Shampoo aus den gekochten Beeren kann zum Abdunkeln und Reinigen der Haare benutzt werden. Die aufgekochten Blätter, mit

Olivenöl gemischt und abgekühlt, ergeben Tropfen, die sich ausgezeichnet gegen Entzündungen oder Schmerzen im Ohr verwenden lassen. Ein Destillat aus den Blüten ist ein gutes Hautreinigungsmittel, ein Mittel gegen Kopfschmerzen und Erkältungen und gut für das Blut. Die Rinde der kleineren, frischen Zweige lässt sich trocknen und als Abführmittel benutzen. Mit einigen Teilen des Baumes lassen sich Färbungen in verschiedenen Tönen erzielen. Die Rinde erzeugt einen tiefschwarzen Farbton, die Blätter ergeben ein saftiges Grün und die Blüten die Farben Blau oder Lila. Die Äste haben ein weiches Mark, das sich aushöhlen lässt, um daraus zum Vergnügen der Kinder und Erwachsenen Pfeifen oder Blasrohre zu basteln.

Der Holunder passt ausgezeichnet an diese Position, denn es ist der letzte der Konsonanten im Baum-Ogham.

Mentale Ebene

Es scheint, als sei nach dem Kapitel über den Schwarzdorn, in dem Sie dem eigenen Tod ins Auge gesehen haben, nichts mehr zu tun übrig geblieben. Den eigenen physischen Tod anzuerkennen ist ein wichtiger Teil der gesamten Erfahrung, aber der Tod ist nicht das Ende, sondern nur eine Transformation von einer Existenzart in eine andere. Es ist für Sie und jene, die Sie in dieser Welt hinterlassen, notwendig, auch andere Aspekte des physischen Todes zu bedenken. Für die alten Kelten und viele andere heute lebenden Menschen ist es von entscheidender Bedeutung, einen guten Ruf als tapfere, ehrbare und vor allem vertrauenswürdige Person zu haben. Das Bild, das andere von uns haben, ist nicht nur für die Lebenszeit in dieser Welt von Bedeutung, sondern es bleibt auch über unseren eigenen Tod hinaus bestehen. Es ist deshalb von größter Wichtigkeit, dass Sie als jemand gesehen werden, der ehrenvoll und tapfer stirbt. Ein ehrenvolles, tapferes und aufrichtiges Leben zu führen, aber in der letzten Minute all dies über den Haufen zu werfen und als Feigling zu sterben galt bei den alten Kelten als schlimme Sache.

In einigen Zivilisationen der Welt glaubte man, dass für ein Fortleben in der Anderswelt die leiblichen Überreste in dieser Welt möglichst gut erhalten bleiben müssten, wie bei den alten Ägyptern. Aber auch bei einigen amerikanischen Indianerstämmen war es von großer Wichtigkeit, den Körper vor dem Verfall zu schützen, um im Reich der Toten die eigene Vitalität zu erhalten. Die alten Kelten sahen diese Dinge nicht so, obwohl ihr Glaube doch ähnlich war. Sie hielten es nicht für nötig, den Körper zu konservieren, um ein Weiterleben in der Anderswelt zu ermöglichen. Dies beweist die Praxis der Verbrennung. Ebenso glaubten sie nicht, dass nur die Erinnerungen der anderen Menschen in dieser Welt sie in der Anderswelt am Leben erhielten. Sie glaubten, dass aufgrund der starken Verbindung zwischen dieser Welt und der Anderswelt die Einschätzungen oder Erinnerungen an die Verstorbenen in dieser Welt auch die Art und Weise beeinflussen würde, wie diese in der Anderswelt gesehen würden. Deshalb war es so wichtig, als starke, tapfere und vertrauenswürdige Person betrachtet zu werden. Dies ist auch heute noch eine häufig anzutreffende Vorstellung, wenn auch in sehr vereinfachter Form. Viele Menschen haben den Wunsch, für das Gute, das sie im Leben bewirkt haben, oder einfach als guter Mensch in Erinnerung zu bleiben. Dies erklärt vielleicht den tiefen Glauben vieler Menschen aus der westlichen Welt, dass es falsch sei, über Tote schlecht zu sprechen, auch wenn sie zu deren Lebzeiten häufig und gern über sie hergezogen sind, mit Vorliebe hinter deren Rücken.

Die mentale Ebene des Holunders verlangt eine Meditation oder ein Nachdenken über diesen Punkt, der sich mühelos an die Übungen zum Schwarzdorn anfügt. Die Textbeschreibung des Holunders lautet »das Rot der Scham« und weist bereits darauf hin, was sich aus diesen Gedanken ergeben kann. Auch das Wort-Ogham von Morrain »intensivstes Erröten« und das Wort-Ogham von Aonghus »Röte des Gesichts« zielen auf diesen Punkt. Wenn Sie sich die guten und schlechten Punkte aus Ihrem Leben ins Gedächtnis rufen, überwiegen dabei sehr häufig die schlechten. Um dies zu überwinden, ist es wichtig zu akzeptieren, dass sich nicht mehr ändern lässt, was Sie bereits getan haben. Aber Sie können daraus lernen und sicherstellen, dass Sie diese Fehler nicht noch einmal wiederholen. Sie können die eigenen Fehler auch auf positive Weise aufgreifen, indem Sie sich diese selbst und anderen gegenüber eingestehen. Auch bereits angerichteter Schaden lässt sich gegebenenfalls wieder ausgleichen. Das ist der »große Zorn« und die »Bestrafung«, von dem im Wort-Ogham von Cuchulain die Rede ist. Es gibt ein Gedicht in den *Lays of Fionn* mit dem Namen »Headless Phantoms« (»Kopflose Geister«). Darin verbringt Fionn eine Nacht in einem merkwürdigen Haus, dessen Besitzer Holunderscheite verbrennt. Während der ganzen langen Nacht wird Fionn dazu gezwungen, alle Arten trauriger und verhöhnter Gestalten anzusehen. Schließlich fällt er in Ohnmacht, und als er am Morgen erwacht, sind das Haus, der Besitzer und alle Geister verschwunden. Dies ist eine Allegorie dafür, dass Sie jene Aspekte bewusst ansehen sollen, die Sie bisher verdrängt haben, denn nur wenn Sie lernen, damit umzugehen und dieser Herausforderung standzuhalten, können Sie weitere Fortschritte erzielen.

Es gibt auch noch andere Dinge, die Ihnen bei den mentalen Übungen zum Holunder in den Sinn kommen werden und nicht zur oben beschriebenen Kategorie der erkennbaren Fehler zählen. Diese Aspekte sind nicht einfach zu erkennen und handeln von Dingen wie Betrug, Bigotterie, Unfairness, Selbstbezogenheit und der Gier nach Dingen, die Sie nicht benötigen, aber trotzdem besitzen möchten. Mit all diesen Aspekten müssen Sie sich versöhnen, ehe die Schamesröte des Holunders langsam weicht und Sie Ihren Kopf mit Selbstvertrauen hoch halten können.

Ebenso wichtig wie das Eingestehen von Fehlern ist die Anerkennung der guten Dinge, die Sie getan haben, die Hilfe, die Sie geleistet haben. Seltsamerweise lassen sich Menschen in der westlichen Welt nur schwer dazu ermutigen, ein Loblied auf sich selbst zu singen, als ob dies in irgendeiner Weise moralisch falsch wäre. Doch wenn ein Lob wirklich angebracht ist, dann sollten Sie sich dies ebenso zugestehen wie die Kritik. Dies ist sehr wichtig und kann dabei helfen, jene Balance zu finden, die immer herrschen sollte. Wenn Sie die guten Punkte in Ihrem Leben erkannt haben, und diese von anderen gelobt werden, kann dies ebenfalls zum Erröten des Gesichts durch den Holunder führen.

Spirituelle Ebene

Die spirituelle Lektion für den letzten Konsonanten aus dem Baum-Ogham besteht in der Reinigung und Befreiung, damit die vorhergehenden mentalen Übungen vollständig abgeschlossen werden. Das bedeutet, dass Sie sich selbst sowohl als Einzelperson als auch als Mitglied größerer Gruppen betrachten, zu denen Sie gehören. Dabei kann es sich um die Familie oder andere soziale Gruppen sowie ethnische Zugehörigkeiten handeln. Auf der spirituellen Ebene wird unser Sinn für persönliche Identität überschattet von diesen größeren Zusammenhängen. Ebenso wie Ihre eigene Entwicklung auf unsichtbaren historischen Einflüssen beruht, müssen Sie lernen wahrzunehmen, dass auch Sie selbst Einfluss auf die Mitglieder ihrer Familie und auf soziale oder ethnische Gruppen haben – jetzt und in der Zukunft. Die Art und Weise, wie man sich an Sie erinnert, wird eines Tages und irgendwo unvermeidlich Auswirkungen auf irgendjemanden haben. Dies wird am Beispiel von religiösen Führern, großen Philosophen, Denkern oder Heiligen, deren Leben als Modelle dienen, besonders deutlich. Durch die Art und Weise, wie diese in einer Inkarnation gelebt haben, wurden ganze Generationen beeinflusst.

Nicht jeder wird in der Zukunft solche Auswirkungen haben, aber jeder wird doch seinen Stempel oder sein Zeichen hinterlassen, und dies wird größer sein, als Sie selbst als Person. Wenn Sie darüber nachdenken, tritt erneut Röte in das Gesicht, denn Sie werden sich unweigerlich darüber klar, wie eng wir alle miteinander verbunden sind. Sie haben die Verantwortung für sich selbst und andere, und diese Verantwortung kann sich auf sehr subtile Weise manifestieren. Der Holunderbaum wird Ihnen dabei helfen, diese Aspekte zu sortieren und in ein verständliches und akzeptables Schema zu bringen, mit dem Sie arbeiten können, um sich und andere einen Schritt weiter zu bringen. Der englische Name für den Holunder lautet *elder* (Älterer) und ist sehr treffend, denn die Älteren weisen uns den Weg. Auch Sie werden eines Tages für die kommende Generation der Ältere sein. Verbringen Sie einige Zeit mit diesem Baum und seinen Lektionen, denn es sind wichtige Lektionen.

Praktische Arbeit

Wenn Sie mit diesem Baum durch das grundlegende Ritual gut vertraut sind, wiederholen Sie die Übung für alle fünf vorherigen Bäume, wie Sie dies bereits auch zuvor getan haben. Wenn Sie die Beziehungen zwischen diesen Bäumen kennen gelernt haben, dehnen Sie die Übung auf alle Konsonantenbäume aus. Errichten Sie einen Wald, der aus diesen Bäumen besteht und eine Interaktion ermöglicht. Gehen Sie durch diese Landschaft hindurch und öffnen Sie sich selbst für alle Einflüsse um Sie herum.

Damit erhalten Sie einen vollständigen Blick auf die Konsonanten des Baum-Ogham, von dem nun nur noch die Vokale übrig sind. Die Methoden der Beschreibung für die Vokale unterscheiden sich etwas von der Beschreibung der Konsonanten, wie Sie in den folgenden Kapiteln bemerken werden. Die Beschreibungen der Vokale im Wort-Ogham sind knappe Statements und bieten nicht mehr so viele wortreiche Umschreibungen wie bei den Konsonanten. Außerdem werden Sie feststellen, dass die praktische Verwendung der einzelnen Bäume auf physischer Ebene seltener wird, denn Sie befinden sich im Baum-Ogham auf dem Weg nach oben. Dies war zu erwarten. Sie bewegen sich weiter vom Boden und der physischen Ebene weg und erreichen die höchsten Äste der höchsten Bäume. Hier wird eine Ähnlichkeit zwischen geschriebenen Alphabeten und dem Baum-Ogham deutlich. In den meisten Alphabeten nehmen die Vokale eine Sonderstellung gegenüber den Konsonanten ein, sowohl in der Konstruktion von Wörtern als auch im Satzbau. Ebenso verhält es sich bei den Baumvokalen, die ihren eigenen Regeln und Anleitungen folgen.

Führen Sie das grundlegende Ritual aus und beobachten Sie, wie sich ein detaillierter Wald aus vielen Bäumen, Vorstellungen, Emotionen, Realisierungen und Symbolen daraus ergibt. In diesem Wald sollte alles zu finden sein, was Sie bisher wissen. Ein tiefes Verständnis von den Konsonantenbäumen ist wichtig, um die subtileren Aspekte der Vokalbäume richtig einzuschätzen. Schlagen Sie Wurzeln, strecken Sie die Äste in den Himmel und lassen Sie die Lebenskraft der Bäume in sich wirken und entwickeln – in dem ihnen eigenen, beständigen Tempo. Nach dieser Übung werden Sie im magischen Tagebuch viel aufzuschreiben haben. Bleiben Sie konsequent und ernst, und erinnern Sie sich möglichst an alle Vorstellungen – auch an jene, die außerhalb der formalen praktischen Arbeit auftauchen.

Kapitel 20 FÖHRE

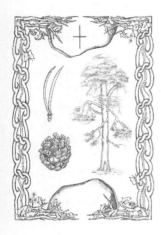

Name: Ailm
Buchstabe: A
Ogham-Symbol: +
Beschreibung: Ailm, eine Föhre, eine Kiefer.
Wort-Ogham von Morainn: ARDAM IACHTADHA, lautestes Stöhnen, das heißt Verwunderung. AILM oder A ist das, was ein Mann aus Elend oder Verwunderung ausstößt.
Wort-Ogham von Cuchulain: TOSACH GARMA z. B. Anfang eines Webschiffs, ahh.
Wort-Ogham von Aonghus: TOSACH FREGRA, Beginn der Antworten.

Physische Ebene

Die Föhre steht im Baum-Ogham stellvertretend für alle Kieferngewächse. Heute gibt es auf den Britischen Inseln viele verschiedene Kiefernarten, aber die einzige, die bereits zu Zeiten der alten Kelten hier heimisch war, ist die schottische Kiefer. Dieser herrliche Baum kann bis zu 30 Meter hoch werden und bietet einen eindrucksvollen Anblick, insbesondere wenn mehrere Bäume nebeneinander stehen. Die Rinde ist in genaue Hälften unterteilt, wobei der untere Stamm mit einer rötlich braunen, tief eingeritzten Rinde versehen ist, während der obere Bereich des Stammes eine hellrote, deutlich glattere Oberfläche aufweist. Alle Kieferngewächse sind immergrün und haben keine Blätter, sondern dünne Nadeln, die paarweise wachsen. Die Frucht des Baumes ist ein Kiefernzapfen, der sich allmählich öffnet und dann geflügelte Samen freigibt. Die schottischen Kiefern können auf jedem Zweig Zapfen haben und eine dreijährige Periode abdecken, wobei die neuen Zapfen sich an den Astspitzen bilden und die Zapfen der Vorjahre jeweils etwas weiter in Richtung Stamm gewachsen sind.

Das Holz der Föhre oder Kiefer ist stark, lässt sich aber trotzdem gut bearbeiten und wird für verschiedene Zwecke, darunter auch für die Möbelproduktion, verwendet. Da die Stämme hoch sind und gerade wachsen, sind sie als Baumaterial für Telefon- und Schiffsmasten sehr beliebt. Aus der Föhre wird Terpentin, Harz und Teer gewonnen und sie eignet sich zudem für Holzkohle. Ein Tee aus den frischen Sprösslingen zubereitet, gekocht und langsam abgekühlt, gilt als guter Schutz gegen Nieren- und Blasenentzündung. Er kann auch als Mittel gegen Skorbut, eine heute nur noch selten anzutreffende Erkrankung, eingesetzt werden. Der Teeaufguss lässt sich auch als belebender Badezusatz und als Massageöl für schmerzende Gelenke und Gliedmaßen benutzen. Eine Inhalation der heißen Dämpfe ist gut gegen Schnupfen und Husten.

Früher waren große Teile Schottlands mit diesen Bäumen bedeckt, heute gibt es nur noch einige wenige Originalwälder auf sehr kleinen Flächen. Viele der künstlich aufgeforsteten Wälder, die sich in streng gegliederten Reihen über die Hügel und Ebenen erstrecken, bestehen aus importierten Kieferngewächsen. Davon haben sich einige auf den Britischen Inseln sehr gut entwickelt. Vielleicht ist es wichtig, dies zu wissen, denn aus symbolischer Sicht kann dies Bilder abgeben, die Sie bei den Übungen zum Buchstaben *Ailm* verwenden können. Es ist nicht notwendig, sich mit den vielen verschiedenen Kiefernarten zu befassen, um mit der praktischen Übung zu beginnen. Gehen Sie einfach in den Wald, suchen Sie sich eine beliebige Kiefernart aus, und lernen Sie diese auf allen drei Ebenen kennen. Wenn Ihre Intuition Ihnen sagt, dass dies ein akzeptabler Baum ist, dann ist das gut genug.

Mentale Ebene

Die Beschreibungen im Wort-Ogham von Morrain »lautestes Stöhnen ... was ein Mann aus Elend oder Verwunderung ausstößt« und im Wort-Ogham von Aonghus »Beginn der Antworten« basieren alle auf einem Grundgedanken, der auch heute noch gültig ist. Der Klang des Buchstabens A, »ahhh«, kann sowohl Verwunderung und Erstaunen ausdrücken als auch die befreiende Erkenntnis, wenn die Lösung für ein Problem gefunden wurde. Am anderen Ende dieser Skala kann er einem Schreien gleichen oder einem Stöhnen, das physische oder mentale Schmerzen signalisiert. Der Laut A repräsentiert in gewissem Sinne beide Enden einer Skala menschlicher Erfahrungen. Sie können sich in höchster Ekstase der spirituellen Erleuchtung und Realisierung befinden und dabei in göttlicher Verwunderung »ahhh« ausrufen oder in Stadien tiefer Krankheit und Verletzung, aus Unbehagen oder Schmerzen ebenfalls »ahhh« stöhnen. Der Laut selbst ändert sich dabei nur wenig, wesentlich für die Unterscheidung ist einzig und allein die Stimmlage, in welcher dieser Laut ausgestoßen wird. Der Zuhörer wird nie Zweifel haben, in welchem Stadium sich jemand befindet, der diesen Schrei ausstößt, weil die Eindeutigkeit durch die Art und Weise hergestellt wird, mit der ein solcher Ton erzeugt wurde.

Ebenso wie der Laut »ahhh« in exakter Intonation ausgesprochen werden muss, um den Sinn zu verstehen, müssen wir erkennen, mit welchen anderen Bäumen sich die Kiefer unter bestimmten Umständen verbindet. Erst dann können wir den Sinn ihres Auftretens erkennen und wissen, ob es sich um spirituelle Ekstase oder physische und mentale Qualen handelt.

Ein Vokal für sich allein bedeutet wenig. Sein Sinn und seine Betonung ändern sich, je nachdem welche Buchstaben neben ihm platziert werden. Er hängt in seiner gesamten Existenz und Bedeutung von anderen Buchstaben ab. Auf dieselbe Weise lässt sich auch der Baumvokal nur in Verbindung mit anderen Bäumen interpretieren, und natürlich können diese anderen Bäume ihre Bedeutung ebenfalls geringfügig ändern, wenn sie mit einem Vokal verbunden werden. Sie müssen also wissen, welche Bedeutung jeder Baum für sich allein hat und wie sich diese ändert, wenn er mit anderen Bäumen verbunden wird. Dies ist derselbe Vorgang, der stattfindet, wenn wir Lesen und Schreiben lernen. Wir beginnen mit dem Alphabet und lernen dann, wie die Buchstaben zu Wörtern zusammengefügt werden, die eine andere Bedeutung haben als die Gesamtsumme ihrer einzelnen Teile. Schon bald stellen wir fest, dass es zwar Regeln darüber gibt, welche Buchstaben mit anderen Buchstaben stehen können, aber die möglichen Kombinationen trotzdem unendlich sind. Genauso verhält es sich auch mit dem Erlernen des Baum-Ogham. Sobald Sie die komplette Bedeutung des Baum-Ogham erlernt haben, müssen Sie mit den Studien und Anderswelt-Übungen fortfahren, um eigene Baumworte und Baumsätze bilden und lesen zu können.

Ernsthafte Betrachtungen darüber anzustellen, wie derselbe Laut bei unterschiedlicher Betonung jeweils andere Bedeutungen erhält, ist eine Möglichkeit, sich die tieferen Aspekte der Kiefer zu erschließen. Dieser Multiaspekt drückt sich in der Grünen Welt auch dadurch aus, dass es mehr als zweihundert verschiedene Kiefernarten gibt, die zwar im Wesentlichen derselbe Baum sind, sich aber in erkennbar unterschiedlichen Formen in der physischen Welt manifestieren.

Reisen in die Anderswelt sind ein weiteres Mittel zum Experimentieren mit der Kiefer. Visualisieren Sie dabei die verschiedenen Bäume zu verschiedenen Jahreszeiten. Stellen Sie sich nah neben eine Föhre oder Kiefer und erfassen Sie, wie sich die verschiedenen Verbindungen für Sie selbst anfühlen und was während der Übung als Resultat daraus geschieht. Einige dieser Resultate werden ekstatischer Natur sein, andere eher schmerzvoll; aber Sie müssen beides kennen lernen, um zu einem späteren Zeitpunkt damit arbeiten zu können.

Spirituelle Ebene

Der altirische Name der Föhre, *Ailm*, stammt aus einer Wortwurzel, die »womit es vorwärts geht« oder auch »Wille oder Wunsch« bedeuten kann. Diese Bedeutung rundet die Übung für diesen Buchstaben auf mentaler Ebene ab. Sie sollen neuen Boden unter den Füßen gewinnen, vorwärts gehen, Ihren Willen einsetzen, Experimente auf neuen Gebieten durchführen und sich die Resultate ansehen. Das ist mit »Anfang eines Webschiffs« im Wort-Ogham von Cuchulain gemeint. Das Webschiff, Sie erinnern sich, ist ein Synonym für einen Speer und symbolisiert den Willen des

Magiers. Auf einer spirituellen Ebene können Sie dies noch einen Schritt weiter ausführen und auch alle jene Themen mit einbeziehen, die sich entwickeln, wenn Sie ein Ding neben ein anderes stellen.

Beobachten Sie mit dieser Idee im Kopf einmal die Menschen und ihre Interaktionen, einschließlich sich selbst. Versuchen Sie zu sehen, wie Sie sich verhalten, wenn Sie neben jemandem sitzen, den Sie ausgesprochen ungern mögen, neben jemandem, den Sie lieben, neben jemandem, den Sie nicht sehr gut kennen, neben jemandem, den Sie mögen, der aber Sie nicht mag, und so weiter.

Malen Sie ein Bild davon, wie wir Menschen auf der einen Seite unabhängig sind, auf der anderen Seite Wirkung aufeinander haben. Dasselbe Schema lässt sich auch auf den Wald der Grünen Welt anwenden. Alle Bäume im Wald sind unabhängig voneinander. Ob sie zur selben Art gehören oder nicht, ob sie miteinander auskommen, sie entwickeln eine eigene Lebensform und Vitalität, die insgesamt den Wald bildet.

Die Kiefer oder Föhre ist der erste Baum, der auf den ersten Blick vage bleibt und auf der mentalen und spirituellen Ebene schwer zu definieren ist. Dies bedeutet aber nicht, dass er unerklärbar ist; es dauert nur etwas länger. Beständiges Arbeiten mit diesem Baum, insbesondere auf spiritueller Ebene, wird Früchte tragen und dabei helfen, Ihr Verständnis vom Baum-Ogham insgesamt zu erweitern. Eines Tages werden Sie selbst »aaah!« rufen, weil Sie plötzlich verstanden haben.

In diesen luftigen Höhen der Entwicklung durch das Baum-Ogham werden Sie mit abstrakteren Konzepten konfrontiert. Sie werden feststellen, dass die übliche Logik der mentalen Ebene, jener Teil von Ihnen, der die meisten Ideen und Vorstellungen kontrolliert, sinnlos wird. Wenn Sie versuchen, sich den Vokalbäumen aus einem rein logischen Gesichtspunkt zu nähern, verwirren Sie sich selbst nur zusätzlich. An diesem Punkt müssen Sie lernen, auf Ihre Intuition zu hören, auf den tieferen, inneren und spirituelleren Teil von sich selbst, der meist komplett ignoriert wird. Die Intuition gewinnt nur in Zeiten der Gefahr Oberhand über das Bewusstsein, und zwar dann, wenn Sie nicht lange Zeit haben, über Lösungen nachzudenken, sondern schnell reagieren müssen.

Mit etwas Training ist es möglich, diesen instinktiven Teil auch in anderen Situationen zu aktivieren und ihm auch dann Raum zu geben, wenn keine unmittelbare Gefahr besteht.

Praktische Arbeit

Beginnen Sie mit der Übung für diesen Baum, indem Sie das Grundritual so lange wiederholen, bis Sie sich mit der Kiefer vertraut fühlen und ein Verständnis für diesen Baum entwickelt haben. Verbringen Sie dann einige Zeit mit einer Reihe von spontanen Reisen in die Anderswelt. Ehe Sie zu einer Reise aufbrechen, wählen Sie auf zufälliger Basis einen der Ogham-Stäbe aus, sehen sich an, welchen Baum er symbolisiert, und begeben sich mit der Kiefer und diesem anderen Baum auf die Reise.

Ziel dieser Übung ist es, ein Verständnis auf intuitiver Ebene davon zu entwickeln, wie die Föhre Sie dazu bringt, in Verbindung mit manchen Bäumen aus Überraschung und Freude »aaah« auszurufen und in Verbindung mit anderen Bäumen Enttäuschung und Schrecken hervorzurufen. Schrecken Sie nicht vor Reisen in die Anderswelt zurück, die sich unbehaglich oder ängstigend anfühlen. Sie müssen diese Emotionen kennen lernen und verstehen, welche Baumkombinationen sie hervorrufen und warum. Dann ist der Tag gekommen, an dem Sie »aaah« rufen, weil Sie plötzlich verstanden haben.

Beginnen Sie die Reise mit einer Föhre zu Ihrer Rechten und dem zufällig gewählten, anderen Baum zur Linken. Rufen Sie sich genau ins Gedächtnis, was diese beiden Bäume symbolisieren, insbesondere auf emotionaler Ebene, und überdenken Sie, wie sich diese Sammlung von Gefühlen in ihrem täglichen Leben niederschlägt. Sobald Sie eine grobe Vorstellung davon haben, gehen Sie einen Pfad entlang, der auf einer Seite von hohen Föhren und auf der anderen Seite von dem zweiten Baum umsäumt ist. Schließlich wird dieser lange Weg zu einer bestimmten Szene führen, zum Beispiel zu einer Waldlichtung, einem Dorf, einem Haus oder einem Zimmer. Wählen Sie dafür einen sicheren, ruhigen Ort aus, der es Ihnen erlaubt, diese beiden Gefühle, die von den Bäumen symbolisiert werden, auszuleben. Unweigerlich werden auch andere Menschen in dieser Umgebung auftauchen, eventuell Freunde, Verwandte, Arbeitskollegen oder vielleicht Berühmtheiten. Widmen Sie den Personen keine allzu große Aufmerksamkeit, sie sind nur Symbole für Energien und Charaktere, die Sie benötigen, um eine umfassend emotionale Erfahrung zu haben. Wer immer sie sind und was immer sie tun, übernehmen Sie für Ihren Teil möglichst viel. Diese Szenen sind absolut real, auch wenn sie keine physische Präsenz haben. Sie können und werden aus ihnen lernen, aber nur dann, wenn Sie sie als Realität behandeln.

Es ist sehr wichtig, dass Sie diese Reisen in die Anderswelt langsam und komplett abschließen. Sie werden zwar nicht alle von erschütternder Bedeutung sein, aber manche können störend oder schwer zu behandeln sein. Es ist nie eine gute Idee, Emotionen, die auf Reisen in die Anderswelt erzeugt wurden, in das tägliche Bewusstsein mit hinüber zu nehmen. Ein korrekter Abschluss ist jetzt wichtiger als je zuvor. Vielleicht ist für Sie wichtig, dafür ein formales, physisches Ritual zu erfinden.

Sie müssen nicht mit der Föhre und jedem andern bisher untersuchten Baum auf eine solche Reise gehen. Unternehmen Sie dieselbe Reise noch mit drei oder vier anderen Bäumen und beobachten Sie dabei, wie sich diese unterscheiden. Zeichnen Sie alle Erfahrungen so genau wie möglich im magischen Tagebuch auf. In den nächsten vier praktischen Übungen wird dieses Grundprinzip wiederholt, wobei anstelle der Föhre jeweils einer der anderen Vokale eingesetzt wird. Bis zum Ende dieser Reihe von Anderswelt-Erfahrungen werden Sie über einen großen Fundus an Wissen verfügen. Ihr Baum-Vokabular wird mit der Zeit immer größer.

Kapitel 21 STECHGINSTER

Name: Onn
Buchstabe: O
Ogham-Symbol: ╫
Beschreibung: Onn, das ist der Stechginster.
Wort-Ogham von Morainn: CONGNAID ECK, Helfer der Pferde. ONNAID entspricht den Rädern eines Wagens. ALITER COMGUINIDECH entspricht der Verwundung. Stechginster.
Wort-Ogham von Cuchulain: LUTH FIANN z. B. GRAECH, Kraft eines Kriegers, Stärke.
Wort-Ogham von Aonghus: FOILLEM SIRE, freundlichste Arbeit.

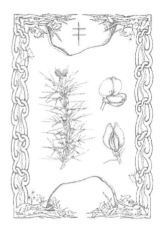

Physische Ebene

Der Stechginster wurde bereits erwähnt, als der Buchstabe *nGetal* für den Ginster besprochen wurde. Der Stechginster hat nur einige wenige medizinische Aspekte. Ein Absud aus den Blüten, die wechselweise das ganze Jahr über auftreten, ist besonders hilfreich gegen Gelbsucht und reinigt die Nieren von Blasensteinen und anderen Rückständen. Das Holz des Stechginsters brennt ausgezeichnet, aber das Einsammeln und Fällen kann aufgrund der vielen scharfen Stacheln zu einer Tortur werden.

Der Stechginster ist eine fruchtbare Pflanze und überall auf den Britischen Inseln zu finden, besonders jedoch in offenen Mooren und auf den Hängen von Hügeln. Im Sommer leuchten die Blüten hellgelb und erfreuen das Auge. Der starke Geruch erinnert an frisches Kokosöl und erfüllt die Luft mit diesem köstlichen Duft. Früher wurde er von den Landpächtern in Form von Hecken kultiviert, die diese Vorhaben aber schnell wieder aufgaben, weil sich der Stechginster schnell und unkontrollierbar ausbreitete. Unter den weit ausladenden Ästen dieses Busches wächst kaum etwas anderes. Es ist auch heute noch gängige Praxis, das ungestüme Wachstum des Stechginsters durch Brandrodung zu beschränken, wenn sich dieser allzu dicht ausgebreitet hat. In den ländlichen Gebieten Großbritanniens ist es kein ungewöhnlicher Anblick, ganze Hügelketten zu sehen, die durch jüngste Brandrodungen noch schwarz gefärbt sind.

Mentale Ebene

Die Ähnlichkeiten zwischen dem Ginster und dem Stechginster auf physischer Ebene finden auf der mentalen Ebene ihr Echo. Was bereits über den Ginster gesagt wurde, gilt auch für den Stechginster. Die Beschreibungen »Pferde, Wägen, Verwundung, Kraft des Kriegers« und »Stärke« betonen den kriegerischen Aspekt des Stechginsters. Er hat dieselben Eigenschaften wie der Ginster, allerdings auf einer höheren Ebene. Während der Ginster noch für Säuberungsaktionen bei abgebrochenen Unternehmungen eingesetzt wurde, ist der Stechginster für jene Fälle reserviert, an denen sich Widerstand regt, wenn eine bestimmte Arbeit eingestellt werden soll.

Dies klingt, als könne die Arbeit selbst – also ein abstraktes Konzept – eine eigene Dynamik und ein eigenes Bewusstsein entwickeln und darauf beharren, nicht beendet zu werden. Und dies ist auch tatsächlich manchmal der Fall, und es ist gar nicht so merkwürdig, wie es scheinen mag. Wenn Sie überlegen, dass es eines der Ziele der Magie ist, etwas hervorzubringen, was es zuvor noch nicht gab, dann ist es auch plausibel, dass dadurch eine Intelligenz geschaffen wird, die es zuvor noch nicht gab. Dies bedeutet nicht, dass Sie wie der liebe Gott als Schöpfer neuer Lebensformen agieren, aber es bedeutet, dass zuvor ungenutzte Lebensformen, die bereits existierten, sich in einer Art mentaler oder spiritueller Muschel oder Behausung niedergelassen haben, die von Ihnen erschaffen worden ist. Wenn sich die betreffende Arbeit in einem

Stadium befindet, in dem sie bereits eine eigene Intelligenz angenommen hat, kann sie sehr wohl beschließen, dass sie nicht beendet werden möchte und jegliche Aktionen in diese Richtung torpedieren. Sollte dies geschehen, ist der kleine Ginster nicht mehr stark genug, um diese Reaktion zu überwinden. In diesem Fall müssen Sie mit »schwererem Geschütz« auffahren und den Stechginster anrufen.

Bei den Erläuterungen zum Ginster wurde bereits erwähnt, dass die magische Hygiene ebenso wichtig ist wie die physische Hygiene, und Sie nach allen magischen Arbeiten entsprechende Reinigungsvorgänge durchführen sollten. Es ist nun an der Zeit zu realisieren, dass magische Arbeit auch die Wirkung haben kann, eine Intelligenz oder ein Bewusstsein wachzurufen, das es vorher noch nicht gab. Im Gegensatz zu den mittelalterlichen Geistern lassen sich diese unabhängigen Intelligenzen weder durch Verwünschungen oder Flüche in Bann halten, noch durch Zauber und Magie binden. In den meisten Fällen werden Sie mit allen Kräften, die Sie wachgerufen haben, in perfekter Harmonie leben, und die Idee, eine Arbeit aufzugeben, wird Ihnen nicht einmal in den Sinn kommen. Doch falls die Dinge einmal falsch zu laufen beginnen oder es sich als überflüssig erweist, sie zu Ende zu bringen, stehen Sie vor einer Situation, die ein anderes Handlungsmuster erfordert. In diesem Fall müssen Sie dafür Sorge tragen, dass alles gereinigt und entfernt wird, was man nicht länger braucht. Sie müssen auch selbst entscheiden, ob es noch unabhängige, halbfertige, herumschwirrende Intelligenzen gibt, die Sie zurückgelassen haben. Wenn Ihnen dies widerfahren ist oder wenn Sie auch nur den Verdacht haben, dass es so sein könnte, dann müssen Sie den mächtigen Stechginster zur Unterstützung anrufen.

Einem Neuling auf dem Feld der Magie werden solche Dinge eher nicht passieren, denn er oder sie besitzt meist noch gar nicht die notwendige Position, um solche unabhängigen Lebenskräfte aus Versehen zu erschaffen, die dann der Reinigung durch den Stechginster bedürfen. Sollte es jedoch Ihrer Meinung nach auch nur den geringsten Zweifel geben, ist es ratsam, auf Nummer Sicher zu gehen und den Stechginster in jedem Fall zu verwenden. In der Realität haben Sie vermutlich nur wenig zu befürchten; Anfänger sind, wie gesagt, selten dazu in der Lage, solche machtvolle Magie auszuüben, und Magie hat immer auch ihre eigenen Sicherheitsvorrichtungen. Mit der Zeit, mit zunehmender Praxis und Intuition werden aber auch Sie eines Tages zu Arbeiten auf diesem Level in der Lage sein.

Spirituelle Ebene

Die spirituelle Ebene für den Stechginster könnte auch als moralische Übung bezeichnet werden. Denn es erhebt sich die Frage, wie Sie sich dabei fühlen, wenn Sie eine Lebenskraft töten, der Sie selbst ein unabhängiges Bewusstsein und eine eigene Existenz gegeben haben. Widerspricht dies Ihren tiefsten inneren Glaubenssätzen über Gewalttätigkeit und Mord? Können Sie sich selbst dazu bringen, etwas auf einer Ebene zu zerstören, wohlwissend, dass dies auch eine Zerstörung auf den anderen Ebenen bedeuten kann? Eines Tages werden Sie sich in dieser Situation wiederfinden und Sie sollten darauf vorbereitet sein und wissen, wie Sie dann reagieren. Hören Sie auf Ihre Intuition. Befassen Sie sich eine gewisse Zeit auf mentaler Ebene mit dieser Frage, aber legen Sie dann die logischen Argumente beiseite, die im Moment für oder gegen solche Aktionen sprechen. Ihre Intuition spricht in Form von Gefühlen zu Ihnen. Ihr logisches Bewusstsein wird Ihnen vielleicht sagen, dass es eine schreckliche Sache ist, etwas zu töten, während Sie gleichzeitig vielleicht *fühlen*, dass daran nichts falsch ist. Sie müssen beiden Eingebungen Gehör schenken und daraus Ihre Schlüsse ziehen.

Aus solch einer Befreiung kann sich zum Beispiel der Schluss ergeben, dass das Problem gar nicht in der Lösung der Frage besteht, ob es in der einen oder anderen Situation moralisch richtig ist zu töten, sondern in der Lösung der Frage, ob das gesamte Konzept der Moral eigentlich auf der spirituellen Ebene zur Anwendung kommen kann? Letztlich müssen Sie sich diese Frage selbst beantworten. Was Sie über die anderen Bäume gelernt haben, mag Ihnen dabei helfen. Warum glauben Sie, bezieht sich das Wort-Ogham von Aonghus auf den Stechginster als »freundlichste

Arbeit«? Beachten Sie, dass das Wort für Arbeit auch Freiheit bedeuten kann. Warum sollte Aonghus die spirituelle Bedeutung des Stechginsters als »freundlichste Freiheit« bezeichnen?

Praktische Arbeit

Führen Sie das Grundritual mit dem Stechginster durch. Wenn Sie ebenso wie in der letzten praktischen Arbeit einen bestimmten Grad der Vertrautheit erreicht haben, beginnen Sie mit einer Reihe von Reisen in die Anderswelt, in die jeweils der Stechginster und ein anderer, zufällig ausgewählter Baum integriert ist. Das Szenario für diese Reisen ist identisch mit den Reisen, die im letzten Kapitel beschrieben wurden. Der Schwerpunkt sollte jetzt allerdings darauf liegen, wie der Stechginster jene Emotionen und Erfahrungen aufheben kann, die durch den zweiten Baum aufgekommen sind. Diese Negation wird viele Formen annehmen und kann extrem direkt und gewalttätig, oder subtil und delikat sein. Vielleicht finden Sie sich in manchen Szenen auch selbst in der Rolle des Stechginsters wieder und müssen den Akt der Zerstörung selbst ausführen. Aus diesem Grund sollten die Warnungen über einen kompletten Abschluss der Reise auch hier ernst genommen werden. Sie werden es in den nächsten Monaten mit einigen sehr tiefen, rohen und wilden Emotionen zu tun bekommen. Nehmen Sie sich selbst einige Minuten Zeit, um zu entspannen und über Ihre Anderswelt-Erfahrungen nachzudenken, ehe Sie zu Ihrer normalen Routine zurückkehren.

Kapitel 22 HEIDEKRAUT

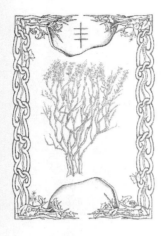

Name: Ur
Buchstabe: U
Ogham-Symbol: ⌗
Wort-Ogham von Morainn: GRUIDEM DAL, schrecklicher Stamm, UARAIB ADBAIB, Wohnen in der Kälte. URI entspricht lockerer Erde. UR ist das Heideland.
Wort-Ogham von Cuchulain: FORBHAID AMBI z. B. UIR, Vollendung der Leblosigkeit, Grab.
Wort-Ogham von Aonghus: SILAD CLAND, Wachstum der Pflanzen.

Physische Ebene

Das Heidekraut ist ein weit verzweigter und verschlungener Baum, der sich besonders in offenen Moorgebieten, in Hügellandschaften und im Heideland ausbreitet. Seine dünnen Äste sind fest und meist länger, als sie zunächst aufgrund des horizontalen Wachstums erscheinen. Das Heidekraut trägt kleine lila, rote und bläuliche Blüten, die ein herrliches Aroma haben und besonders von Bienen wegen der Pollen bevorzugt werden. Als medizinische Pflanze dient es überwiegend zur Behandlung von nervösen Beschwerden und Herzklopfen. Es ist nicht immer notwendig, die Pflanze dem Körper in irgendeiner Form zuzuführen, besonders nicht bei nervösen Leiden. Häufig genügt es, einfach im Sonnenschein durch eine Heidelandschaft spazieren zu gehen, die schöne Aussicht zu genießen und den herrlichen Duft der Pflanzen einzuatmen. Diese Erfahrung sensibilisiert die Sinne und den Geist und bringt Ruhe und Gelassenheit.

Das Heidekraut kann auch im Fall von Migräne oder Menstruationsbeschwerden helfen. Die Bienen gewinnen aus den Pollen einen ausgezeichneten Honig, und die Pikten sollen aus dem Heidekraut ein hervorragendes, aber starkes Bier gebraut haben. Die kräftigen, weit verzweigten Wurzeln und Stämme werden im Hochland und auf den Inseln immer noch für die Herstellung von Seilen, Dachstroh und kräftigen Besen verwendet; bei den Handwerkern ist das Heidekraut zu einem begehrten Material geworden. Die verschiedenen Heidekrautarten mit ihren vielen Farbtönen lassen sich zusammenbinden und ergeben farbenfrohe und attraktive Trockensträuße.

Die Namen Heidi und Heidemarie sind häufig verwendete Mädchennamen.

Mentale Ebene

Die Beschreibung des Heidekrauts im Wort-Ogham von Morainn »schrecklicher Stamm, Wohnen in der Kälte und lockere Erde« und im Wort-Ogham von Cuchulain »Vollendung der Leblosigkeit« und »Grab« lassen Freudloses und Morbides vermuten. Das Heidekraut ist ein Baum, der mit dem Tod verbunden ist, aber der Name des Buchstabens im Wort-Ogham, *Ur,* bedeutet eigentlich sowohl auf Irisch als auch auf Gälisch »neu«. Dieser offensichtliche Widerspruch lässt sich durch den unerschütterlichen Glauben der Kelten an ein Leben nach dem Tod und an die Reinkarnation erklären. Sterben und in ein Grab gelegt zu werden wurde als erster Schritt in die Richtung von etwas Neuem gesehen. Ein alter schottisch-gälischer Euphemismus für den Tod war »der weiße Schlaf«. Dieser Ausdruck wurde nicht aus Aberglauben verwendet oder aus Angst davor, die Worte »tot« oder »Tod« auszusprechen, sondern weil dieses Synonym den Zustand, in dem die tote Person existierte, genau beschrieb: physisch leblos, aber das Erwachen in der Anderswelt erwartend. Das Wort-Ogham von Aonghus spiegelt diese Ansicht mit der Beschreibung »Wachstum der Pflanzen«, die in völligem Widerspruch zu den anderen Beschreibungen des Heidekrauts zu stehen scheint.

Das irische und schottisch-gälische Wort für Heidekraut ist *fraoch*. Es bedeutet »wild« oder »kriegerisch«, was wiederum einen anderen Charakter hat als der Begriff des Neuen. In den irischen Legenden gibt es eine wichtige Erscheinung namens Fraoch, die sich mit Nechtain, Nuadhu, Conlai und Neara gleichsetzen lässt. Seine Frau war die Göttin Boand und seine Mutter die große Kriegergöttin Medb von Connacht. Sein Vater war der Ulsterheld Cuchulain. Alle diese familiären Verbindungen geben Fraoch einen wilden, kriegerischen Hintergrund. In einer Legende ist niedergelegt, dass er von seinem Vater getötet und sein Leichnam in einen großen Grabhügel gelegt wurde. Der Grabhügel wurde bei den Ausgrabungen von Cruachan gefunden, einem Teil des Territoriums von Medb. Darauf fand man die Inschrift »*VRACCI MAQVI MEDVVIA*«, was bedeutet »Grab von Fraoch, dem Sohn von Medb«.

Noch einmal kommt der Buchstabe *Queirt* ins Spiel, denn es heißt: »Wenn C vor U steht«, oder *Coll* vor *Ur*, »wird Queirt verwendet«. Eine Bedeutung von *Coll* ist die »Zerstörung«. Wenn dies mit *Ur* kombiniert wird, ergibt sich daraus »Zerstörung gefolgt von etwas Neuem«. Wird dies wiederum mit den anderen Beschreibungen von *Ur* – Grab, Neues, Stärke und Zerstörung – kombiniert, so stellt das Heidekraut eindeutig jene Phase dar, die der gewalttätigen Zerstörung folgt und den Beginn von etwas Neuem ankündet.

Dies fügt sich nahtlos an den vorherigen Baumbuchstaben *Onn*, den Stechginster, an. Dessen wirkliche Bedeutung ist die Zerstörung von etwas, das erschaffen, dann aber überflüssig wurde. Wir wissen aus zwei ganz verschiedenen Quellen, dem alten keltischen Glauben und der modernen Wissenschaft, dass nichts jemals total zerstört wird, sondern dass eine Form in eine andere Form übergeht. Aus diesem Grund haben Sie bei der Reinigung mit dem Stechginster zwar eine bestimmte Ausdrucksform zerstört, diese aber hat nun eine neue Existenz angenommen. Das Heidekraut ist jener Baum, der angerufen wird, wenn die Reinigung vollständig abgeschlossen wurde. Sie müssen realisieren, dass das letzte Stadium einer Aktion immer auch das erste Stadium einer neuen Sache ist. Ob Sie mit physischer, mentaler oder spiritueller Zerstörung operieren, immer geht es gleichzeitig auch um eine physische, mentale oder spirituelle Neukonstruktion – den ewigen Kreislauf von Leben, Tod und Wiedergeburt.

Der Übergang von einem Stadium in ein anderes kann manchmal sehr unerfreulich und gewalttätig sein. Die sofortige Verwendung des Heidekrauts nach dem Einsatz des Stechginsters ist zum Wohle des Magiers, der damit einen andernfalls übermächtigen Schlag abfedern kann. Es ist auch aus demselben Grund zum Wohle der neuen Lebensform.

Spirituelle Ebene

Die erneuernde Eigenschaft des Heidekrauts sollte uns bei der Antwort auf die Frage helfen, die im letzten Kapitel gestellt wurde: Können Sie etwas zerstören, was Sie selbst geschaffen haben? Sie wissen jetzt, dass Sie eigentlich nichts töten oder zerstören; Sie beschleunigen lediglich eine Veränderung von einem Zustand in einen anderen und forcieren etwas, was schließlich ohnehin geschehen würde. Doch auch dies bringt eine Menge Verantwortung mit sich. Es ist zum Beispiel nicht in Ordnung, jederzeit etwas zu töten oder zu zerstören mit der Rechtfertigung, dass damit ohnehin nur die Evolution beschleunigt würde. Wenn Sie etwas töten oder zerstören, übernehmen Sie damit gleichzeitig eine enorme Verantwortung, und Sie müssen sich selbst zur Rechenschaft ziehen für das, was Ihre Aktionen bewirken. Sie können dieser Tatsache auf keiner Ebene entfliehen. Im irischen magischen System sind Sie allein verantwortlich für Ihren Fortschritt, Ihre Entwicklung, Ihre Handlungen und die Konsequenzen aus diesen Handlungen. Sie müssen über alles, was Sie tun, sehr sorgfältig nachdenken, auch über die möglichen Resultate.

Es ist eindeutig eine sehr wichtige Entscheidung, mit dem Stechginster etwas zu zerstören, was Ihrer Meinung nach nicht mehr wichtig ist. Und ebenso schwerwiegend ist es, die wahrscheinlichen Konsequenzen zu bedenken. Häufig sind die Situationen nicht so dramatisch, wie es hier klingt, aber dasselbe Prinzip gilt, auch wenn Sie nur ein Stück Abfall auf der physischen Ebene wegwerfen oder ein machtvolles Ritual auf der mentalen oder spirituellen Ebene ausführen.

Vielleicht bemerken Sie einen entscheidenden Unterschied zwischen dieser keltischen Auffassung von Verantwortung für das eigene Verhalten und den Lehren anderer Religionen und Philosophien. In der keltischen Magie stehen Sie den Konsequenzen direkt gegenüber, anstatt auf das Urteil eines höheren Wesens zu warten. Es gibt keine übergeordnete, bestrafende oder belohnende Instanz, die in der Anderswelt auf Sie wartet. Sie werden für Ihre Taten auch nicht in einer künftigen Inkarnation bezahlen müssen. Diese Konzepte der göttlichen Belohnung oder Bestrafung aus dem Christentum, dem Judentum und dem Islam oder auch die Vorstellungen der Hindus, dass durch die Taten in der Gegenwart das Karma der Zukunft bestimmt wird, sind nicht Teil des keltischen Systems. Sie sind verantwortlich für Ihre Aktionen und deren Auswirkungen, und das ist alles. Das keltische System bietet einen viel einfacheren und, meiner Meinung nach, auch gerechteren Ansatz bei diesen Fragen.

Die Lektion des Heidekrauts auf der spirituellen Ebene besteht darin, die persönliche Position im Schema der Dinge zu bestimmen und sich selbst zu fragen, ob Sie wirklich bereit dazu sind, die Verantwortung eines Zerstörers und Schöpfers auf sich zu nehmen. Erinnern Sie sich daran, dass alles, was Sie anderen antun, schließlich auch Ihnen angetan wird. Sie müssen auch bedenken, ob Sie selbst bereit sind, sich auf dieser Ebene zerstören und in eine andere, unbekannte Ebene projizieren zu lassen. Denken Sie ernsthaft über die Folgen Ihrer Handlungen nach, auf allen Ebenen und zu allen Zeiten. Erst wenn Sie ein wirkliches Verständnis von Ihrem Platz im Schema der Dinge haben, können Sie Ihr volles Potenzial sicher entfalten. Die praktische Arbeit mit dem Heidekraut wird Ihnen dabei helfen, einige dieser Fragen zu lösen.

Praktische Arbeit

Führen Sie das Baumritual aus, bis Sie mit dem Heidekraut vertraut sind. Verbinden Sie dann das Heidekraut, wie bereits zuvor mit den andern Vokalen geschehen, mit einem anderen Baum und starten Sie zur Reise in die Anderswelt. Es ist eine gute Idee, dort mit dem Heidekraut fortzufahren, wo Sie mit dem Stechginster aufgehört haben, indem Sie dieselben Bäume verwenden, die Sie in der letzten Übung benutzt haben. Auf diese Weise werden Sie die Konsequenzen der Zerstörung sehen, die durch den Stechginster ausgelöst wurden, und auch das Neue, das aus der Zerstörung mit Hilfe des Heidekrauts geschaffen wurde. Diese Übung hilft Ihnen dabei, die immer wiederkehrende, zyklische Natur der Erschaffung und Zerstörung zu erfahren.

Sie sollten auch die Baumkombinationen für die Doppelbuchstaben mit in die praktische Arbeit einbeziehen, die das Heidekraut betreffen. In diesem Fall sollten Sie eine Verbindung zum Apfelbaum, *Queirt,* zum Haselstrauch, *C,* und zum Heidekraut, *U,* herstellen. Beachten Sie, dass Sie die Verbindung zu den Bäumen im Wechsel vornehmen und jeweils verschiedene Kombinationen der Ogham-Stäbe zu diesen Bäumen (Buchstaben) dafür auswählen.

Wenn Sie eine Vorliebe dafür haben, können Sie auch eine Reise in die Anderswelt ausführen und Szenen aus Ihrem eigenen Leben nachempfinden, die Sie ursprünglich als Zeiten von Tod, Verlust oder Zerstörung betrachtet haben und aus denen dann – wie Sie aus der Sicht von heute wissen – viel positive Energie oder sogar neues Leben entstanden ist.

Versuchen Sie, dieses Wissen einzusetzen, damit Sie sehen können, wie um Sie herum immer wieder vieles neu geschaffen wird. Verwenden Sie dieses Wissen dazu, ein bewusster Schöpfer in diesem ewigen Kreislauf zu werden. Die keltische Tradition ist einmalig in den Mythologien der Welt, denn sie besitzt keinen Schöpfungsmythos, der erklärt, wie die Dinge ins Leben gerufen werden. Die Kelten glaubten, die Schöpfung sei ein immer währender Vorgang. Wenn Sie intensiv und eng mit dem Heidekraut arbeiten, werden Sie dies besser verstehen und ein Mitspieler im Spiel der Schöpfung werden.

Kapitel 23 ESPE

Name: Eadhadh
Buchstabe: E
Ogham-Symbol: ╫
Beschreibung: Edhadh (Ed Uath – Schreckliche Gram), Testbaum oder Espe.
Wort-Ogham von Morainn: AERCNAID FER NO FID, besonderer Mann oder besonderes Holz.
Wort-Ogham von Cuchulain: BRATHAIR BETHI z. B. E, Verwandte der Birke, Espe.
Wort-Ogham von Aonghus: COMMAIN CARAT, zusätzlicher Name eines Freundes.

Physische Ebene

Die Espe ist ein einmaliger Baum mit zitternden Blättern, die im Herbst gelb leuchten. Sie kann bis zu 25 Meter hoch werden, obwohl der Stamm für seine Höhe relativ dünn zu sein scheint. Die Blätter der Espe sind rundlich und wachsen beidseitig des Stängels, mit zackigen Rändern und flachen Stielen. Wegen der flachen Stiele zittern die Blätter selbst bei der kleinsten Brise. Die Rinde ist ansehnlich silber-grau, mit schwarzen diamantförmigen Schattierungen darauf. Die hellbraunen, männlichen Kätzchen und die grünen weiblichen Kätzchen wachsen jeweils auf getrennten Bäumen. Die weiblichen Kätzchen werden im Mai, wenn sie samen, weiß und flaumig.

Ähnlich wie die letzten Vorgänger im Baum-Ogham haben die Espen kaum medizinische Relevanz. Die getrocknete Rinde lässt sich pulverisieren, in einer Flüssigkeit auflösen und gegen Fieber einnehmen. Hauptsächlich wird diese Mischung aber zur Bekämpfung von Würmern und internen Parasiten sowohl beim Menschen als auch bei Tieren verwendet.

Mentale Ebene

Das Wort-Ogham von Morainn »besonderer Mann oder besonderes Holz«, das Wort-Ogham von Aonghus »zusätzlicher Name für einen Freund« und das Wort-Ogham von Cuchulain »Verwandte der Birke« sagen nicht viel über die tiefere Bedeutung der Espe aus. Dies wird durch die Tatsache ergänzt, dass die Verfasser des *Buches von Ballymote* und der anderen Manuskripte von diesem Baum und Buchstaben offensichtlich verwirrt waren. Er wird in mehreren Schreibweisen angegeben: Eadhadh, Eadad, Ebhadh, Ebad und Eduath; außerdem wird er in manchen Manuskripten mit der *forfeda* gemischt, der letzten Gruppe der Doppelvokale. Dies könnte auch ein entschiedener Versuch von Seiten der Verfasser sein, die Bedeutung der Espe unter einem Berg von Symbolen zu verstecken, aber ich glaube nicht, dass dies der Fall war. Wenn man in Betracht zieht, wie viel über die anderen Buchstaben gesagt wurde und wie kompliziert es wäre, eine solche Vertuschung aufzubauen, scheint diese Erklärung nicht plausibel. Ich bin viel eher der Auffassung, dass sie sich selbst über die magische Bedeutung dieses Baumbuchstabens im Unklaren waren und deshalb keine Übereinstimmung erzielen konnten.

Die Beschreibung der Espe als »besonderer Mann oder besonderes Holz« könnte sich auf die physische Rinde beziehen, die in der Tat etwas Besonderes ist. Doch dies wäre nicht in der Logik der bisherigen Textbeschreibungen für die anderen Bäume, weshalb es also eine tiefere Bedeutung geben muss. Das Wort »besonders« bezieht sich wirklich nicht auf den Baum, sondern auf die Person, die diese Ebene der Entwicklung durch Erfahrungen mit dem Baum-Ogham erreicht hat. Das Wort für Holz und das Wort für Wissen haben im Altirischen dieselbe Wurzel. Das Wort »Holz« könnte also auch als besonderes »Wissen« gelesen werden. Eine Person, die dieses besondere Wissen hat, durch eigene Entwicklung und tiefe physische, mentale und spirituelle Erfahrung erworben, kann wahrhaftig als »besonders« bezeichnet werden. Die Erfahrung mit der Espe auf mentaler Ebene ist also eine Anerkennung des erfolgreichen Abschlusses von allem, was vorangegangen ist. Die einzige Möglichkeit, dieses Niveau zu erreichen, besteht darin, sich kontinuierlich durch alle Bäume durchzuarbeiten und die Erfahrungen jeweils aufeinander aufbauen zu lassen. Die Espe ist das Zeichen für die Errungenschaft oder erfolgreiche Absolvierung eines Studiums.

Die Espe war bei den irischen Kelten einer der wichtigsten Bäume für die Herstellung von Schilden. Dieser Umstand, gepaart mit der eher esoterischen Symbolik, wird in der Legende von der Ausbildung Cuchulains auf der Isle of Skye deutlich. Laut dieser Legende war die Person, die das Abschlusstraining des Ulsterhelden Cuchulain überwachte, eine Frau namens Scathach (sky-ah – jetzt der Name der Insel). Dieser Name bedeutet »Schatten«, aber auch »Schild«. Aus dem Anfang der Legende geht eindeutig hervor, dass Cuchulain bereits ein Experte und erprobter Krieger in dieser Welt war. Die Anleitungen, die Scathach ihm gab, betrafen nicht die physische Ebene, sondern die mentale oder magische Ebene der Anderswelt. Daraus lässt sich schließen, dass das Schild ein Symbol für jemanden war, der auf allen Ebenen höchstes Niveau erreicht hat. Da das Schild aller Wahrscheinlichkeit nach aus Espenholz gemacht war, wird deutlich, wie der Baum selbst Errungenschaft und höchstes Niveau auf der magischen Ebene symbolisiert.

Spirituelle Ebene

Was über die Espe auf der mentalen Ebene gesagt wurde, gilt auch für die spirituelle Ebene. Die Gefahr, der Sie immer wachsam gegenüberstehen müssen, auch auf diesem Niveau, besteht darin, sich selbst zu wichtig zu nehmen. Sie sollten realisieren, dass Sie immer noch in Ungnade fallen, Fehler machen und die zarte Balance der Dinge ins Wanken bringen können, wenn Sie tun, was Sie *möchten*, und nicht, was Sie *wollen*. Das Wort-Ogham von Cuchulain drückt dies in seiner Assoziation von der Espe als »Verwandte der Birke« gut aus. Die Birke ist der erste Baum in dieser magischen Entwicklung. Cuchulains Worte erinnern daran, dass Sie Ihre ungeschickten Anfänge nicht vergessen sollten.

Eine noch größere Gefahr ist, dass die natürlichen Wächter über die Sicherheit, die in allen magischen Arbeiten auf den einfachen Ebenen integriert sind, auf dem jetzigen Niveau eventuell nicht mehr vorhanden sind. Ab jetzt sollten Sie die magischen Kräfte, mit denen Sie arbeiten, voll unter Kontrolle haben, und Ihre Gründe für den Einsatz dieser Kräfte sollten im Einklang mit den Gesetzen der Grünen Welt sein. Das Schild ist ein geeignetes Symbol dafür, Sie daran zu erinnern, dass Ihre Kompetenz nicht bedeutet, dass Sie auf Schutz verzichten können, auch nicht in diesem fortgeschrittenen Stadium. Das Schild wird Sie vor sich selbst beschützen, nicht jedoch vor anderen Gegnern. Das Wort-Ogham von Aonghus »zusätzlicher Name eines Freundes« rundet Ihre Beziehung zur Espe ab.

Ein Grund dafür, warum die Wachen aus den niedrigeren Ebenen in diesem Stadium nicht mehr vorhanden sind, ist folgender: Sie haben nun ein so hohes Niveau erreicht, dass jede weitere Entwicklung nur noch durch Experimente erfolgen kann. Sie müssen sich selbst neue Baumkombinationen für Ihre Arbeit ausdenken, neue Kräfte anrufen und nach neuem Boden Ausschau halten, der zum Wohle all jener, die nachkommen, bestellt werden kann. Genau dies geschieht auch in der akademischen Welt, in der ein Doktor oder Professor so viel lernt, wie er kann, dann in die Forschung geht, um neue Theorien, Praktiken und Kenntnisse zu entwickeln, die er an jene Studenten weiter gibt, die sich noch durch die unteren Lektionen durcharbeiten. Wenn die Sicherheitsmechanismen bei solchen Experimenten und dieser Pionierarbeit nicht entfernt würden, wären die Einschränkungen so groß, dass überhaupt keine Weiterentwicklung und keine Entdeckungen mehr möglich wären.

Wer auf dieser Ebene rücksichtslos agiert, kann viel Schaden anrichten, aber die Lektion der Espe auf der spirituellen Ebene ist, sich dieser Verantwortung und auch der Macht, die Sie auf allen Ebenen haben, bewusst zu werden. Stellen Sie sicher, dass Sie diese Macht kontrollieren können. Dies erfordert von Ihnen auch, dass Sie kalkulierbare Risiken eingehen. Der experimentelle Aspekt der Espe kommt auch in ihrem anderen Namen zum Ausdruck: »Testbaum«. Es gibt eine Passage im »Viehraub von Cooley«, die vor dem warnt, was geschehen kann, wenn ein Magier oder Krieger gegen die Gesetze der Magie und der Grünen Welt verstößt, der nicht genügend dafür qualifiziert ist, mit den Auswirkungen seiner Handlungen umzugehen. In dieser Passage hat Cuchulain die drei Brüder Lon, Ualu und Diliu gegen sich aufgebracht, und diese haben beschlossen, ihm aufzulauern und ihn zu töten. Da sie wissen, welch gefährlicher Gegner er ist, sorgen sie dafür, dass die drei Wagenlenker Meslir, Meslaech und Meslethan ihnen beim Kampf halfen. Doch dies verstieß gegen die Regeln keltischer Kriegsführung. Wagenlenker durften nicht aktiv in den Kampf eingreifen, und die Krieger durften umgekehrt auch nicht die Wagenlenker angreifen.

> Drei Speere aus Espenholz wurden für ihre Wagenlenker geschnitzt, damit alle sechs zusammen gegen ihn kämpfen konnten, auf diese Weise brachen sie die Regeln des fairen Kampfes. Aber er schlug sie alle.[33]

Die Nachricht ist eindeutig: Experimente ja, aber innerhalb der Regeln. Die praktische Arbeit mit der Espe wird dabei helfen, diesen Punkt noch besser zu verstehen.

Praktische Arbeit

Führen Sie das Baumritual wie gewohnt aus, eignen Sie sich gute Kenntnisse über die Espe an und bauen Sie eine Beziehung zu ihr auf. Sobald Sie dies erreicht haben, beginnen Sie mit einer Reihe von Reisen in die Anderswelt und verbinden die Espe dabei mit einigen zufällig ausgewählten Bäumen. Was danach geschieht, liegt ganz bei Ihnen. Der Hauptweg für eine Entwicklung mit der Espe ist das Experiment, aber Sie müssen sich die Experimente

---

33 Zit. aus: Cecile O'Rahilly, *Tain Bo Cuailgne*. Dublin: Irish Texts Society, 1962. Übs. ins Deutsche von Gabriele Broszat.

selbst aussuchen und jene Punkte erforschen, die für Sie interessant und wichtig sind. Ich kann Ihnen leider nicht sagen, was das im Einzelnen ist. Um Ihnen jedoch eine Hilfestellung zu geben, sollten Sie die Experimente in einer strukturierten Form vornehmen und sich auf jene Bereiche beschränken, in denen Sie weitere Antworten benötigen. Diese Bereiche sollten Ihnen nach der intensiven Arbeit, die Sie bereits geleistet haben, klar sein. Nutzen Sie diese Zeit auf fruchtbare Art und Weise. Verwenden Sie Ihr bisheriges Wissen, um weitere Kenntnisse zu erhalten. Sie haben die Sprache der Bäume gelernt und können nun nach Belieben lesen und schreiben. Es wartet eine spannende Zeit auf Sie!

Kapitel 24 EIBE

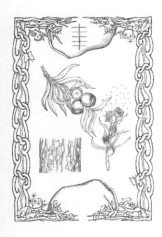

Name: Idhadh
Buchstabe: I
Ogham-Symbol: ⅢⅡ
Beschreibung: Ido, Eibe.
Wort-Ogham von Morainn: SINEM FEDHA, ältestes Holz. IBUR ist der dienende Baum, Eibe.
Wort-Ogham von Cuchulain: LUTH (NO LITH) LOBAIR z.B. AES, Kraft (oder Farbe) eines kranken Mannes, eines Volkes oder das Alter.
Wort-Ogham von Aonghus: CAINED SEN NO AILEAM AIS, Missbrauch eines Vorfahren oder angenehme Übereinstimmung.

Physische Ebene

Die Eibe lebt am längsten von allen Bäumen, die wir untersucht haben. Noch vor kurzem glaubte man, das maximale Alter dieser Bäume betrüge 800 Jahre. Neueste Forschungsarbeiten von Dendrologen (Jahresringforschern) weisen jedoch darauf hin, dass einige Eiben in britischen Kirchhöfen vermutlich älter als 4.000 Jahre sind. Dies übersteigt die Lebensspanne der amerikanischen Redwood-Riesen und der Bristlecone-Fichten, die bisher als älteste Bäume des Planeten galten, bei weitem. Die Tatsache, dass die meisten dieser alten britischen Eiben in Kirchhöfen stehen, ist ein Hinweis darauf, dass die Kirchen absichtlich neben diesen sehr alten Bäumen errichtet wurden. Vielleicht wurden diese Bäume auch damals von den neu konvertierten Christen sehr geehrt, und ihr großer Respekt für die Bäume in vorchristlicher Zeit scheint hier noch einmal durch. Trotz dieses enormen Alters ist die Eibe nicht der größte aller Bäume, sondern wächst zu einer durchschnittlichen Höhe von 20 Metern heran. Was ihr an Statur fehlt, macht sie an Körperumfang wieder wett, denn sie geht in die Breite und bildet oft mehrere Hauptstämme nebeneinander, die derselben Wurzel entstammen. Die Eibe ist ein Immergrün und hat dunkelgrüne Nadeln, die an der Unterseite hell sind und beidseitig des grünen Stängels wachsen. Die Eibe trägt eine hellrote Frucht, die nur einen einzelnen Samen in sich birgt. Die weiblichen Blüten sind grün und sehr klein, während die männlichen Blüten, die auf anderen Bäumen wachsen, etwas größer sind und eine gelbe Farbe aufweisen. Die Rinde ist glatt, hellbraun und sehr schuppig. Das Holz hat eine orange-braune Farbe und seine Maserung ist sehr attraktiv. Im Mittelalter wurden Langbögen aus dem Eibenholz hergestellt. Die Eibe wurde damals in so großer Menge gefällt, dass die Existenz des Baumes gefährdet war. Da dieser Zweck heute überflüssig ist, besteht keine Gefahr mehr. Ihre Eignung für die Herstellung von Bögen war lange vor den mittelalterlichen oder sogar keltischen Zeiten bereits bestens bekannt, wie durch den beinahe perfekt erhaltenen Leichnam eines Jägers aus der Steinzeit, der 1991 in den Ötztaler Alpen gefunden wurde, bewiesen ist. Neben anderen Utensilien fand man bei ihm einen Bogen aus Eibenholz.

Die Nadeln, die Rinde, der Saft und die Beeren sind alle extrem giftig und haben keinen medizinischen Anwendungsbereich. Wenn Sie mit gefälltem oder lebendem Holz der Eibe zu tun haben, mit den Ästen, Samen oder was auch immer, sollten Sie zum Schutz vor dem Gift unbedingt Handschuhe tragen und sich anschließend so schnell wie möglich die Hände gründlich waschen. Neueste Arbeiten von Medizinern und Wissenschaftlern in Amerika haben eine Substanz aus der Rinde der Pazifik-Eibe gewonnen, die »Taxol« genannt wird und zur Behandlung bestimmter Krebsarten eingesetzt wird. Doch dieser medizinische Spezialbereich übersteigt die Kenntnisse eines durchschnittlichen Baumstudenten und die Möglichkeiten dieses Buches. Ich möchte aber noch einmal eine deutliche Warnung bei medizinischen Experimenten mit der Eibe aussprechen.

Der Name MacIvor oder MacIver stammt vermutlich aus dem Gälischen und bedeutet »Sohn der Eibe«. Das kleine Dorf Dunure in Ayrshire, Schottland, hat seinen Namen von einem alten gälischen Titel »Festung der Eibe«. Einige Autoren meinen, dass die winzige Burgruine eine Verbindung zur Arthussage hat und es sich eventuell um Camelot handelt. Sicherlich gibt die Nähe des Dorfes zur Insel Arran, die einst Avalon war, dieser Theorie einiges Gewicht.

Mentale Ebene

Das Wort-Ogham von Morrain und die Textbeschreibung für die Eibe lauten »ältestes Holz« und »Ido, Eibe«. Diese kurzen und bündigen Hinweise bergen keine tieferen Aussagen. Doch paradoxerweise wird uns genau dadurch über die Eibe mehr gesagt als über jeden anderen Baum. Denn die Eibe repräsentiert die Gesamtsumme von allem, was davor lag. Die Eibe ist einfach nur, und das ist auch schon alles. Sie ist der langlebigste Baum des Baum-Ogham, ein Immergrün und ein sehr giftiger Baum. Der giftige Aspekt auf der physischen Ebene lässt sich auch auf alle anderen Ebenen übertragen. Wenn Sie die Eibe physisch missbrauchen, werden Sie physisch vergiftet. Wenn Sie die Eibe mental missbrauchen – zum Beispiel, indem Sie meinen, mehr zu wissen als die Eibe, dann werden Sie mental vergiftet. Als Ergebnis davon würde jene traurige Person vor Ihnen stehen, deren Ego komplett außer Kontrolle geraten ist. Leider ist dies in der Welt der Magie sehr häufig der Fall.

Das Einzige, was sich über die mentale Ebene der Eibe sagen lässt, ist, dass sie existiert und dass Sie sich darum nicht zu kümmern brauchen. Wenn Sie die magische Kraft und die wirkliche Fähigkeit erlangt haben, dies zu verstehen und damit klug umzugehen, so wie es die Eibe symbolisiert, dann genügt es zu wissen, dass die Eibe in einer Reihe mit den anderen Bäumen steht, die ihr vorangegangen sind.

Das alte Wort für Eibe, *Eo,* ist auch ein altes Wort für »Lachs«. In der keltischen Sage galt der Lachs als jenes Tier, das die Summe aller Weisheiten in seinem Körper trägt. Wer vom *Lachs der Weisheit* aß, erhielt beim Essen Antwort auf alle Fragen, die er oder sie stellen wollte. Das ist die Erfahrung der Eibe. Einigen Menschen mag dies so erscheinen, als biete die Eibe eine Art Abkürzung durch den Wald des Baum-Ogham. Es könnte in dem Sinne missverstanden werden, dass ein Studium der Eibe allein bereits alles enthält, was an Kenntnissen auch über die anderen Bäume zu erhalten ist. Warum also den langen, mühsamen Weg gehen und diese alle einzeln studieren, wenn sich das Ende des Weges auf diese Weise viel schneller erreichen lässt? Doch so funktioniert es nicht, und der giftige Aspekt der Eibe soll als Warnung davor dienen. In der Magie gibt es keine Abkürzungen. Im Wort-Ogham von Aonghus und seiner merkwürdigen Beschreibung der Eibe als »Missbrauch eines Vorfahren« oder »angenehme Übereinstimmung« wird deutlich, was geschieht, wenn Sie Abkürzungen gehen, denn Sie missbrauchen dann Ihre Vorfahren, vor denen Sie große Achtung bewahren sollten. Wenn Sie jedoch denselben langen und langsamen Pfad wie sie gehen, gewinnen Sie deren freudige Zustimmung und Unterstützung in der Anderswelt.

Spirituelle Ebene

Die Eibe war der Baum, der von den irischen Druiden am meisten verehrt wurde. Sie benutzten ihn zur Herstellung von Zauberstäben und zur Weihung; aber die Druiden haben ein hartes Training absolvieren müssen, ehe ihnen erlaubt wurde, diese gefährlichen Aufgaben auszuführen. Es ist unwahrscheinlich, dass einer von uns jemals denselben Ausbildungsgrad erreicht wie sie. Die spirituelle Lektion der Eibe entspricht der physischen und mentalen und lautet: Was ist, ist. Und das ist alles, was Sie wissen müssen. Es ist dumm und gefährlich, an der Eibe auf spiritueller Ebene herumzupfuschen.

Die Bedeutung der Eibe wird auch dadurch hervorgehoben, dass zwei Eiben zu den Fünf Großen Bäumen Irlands zählen. Es heißt, dass diese speziellen Bäume als Versammlungsstätten für Armeen und Druiden dienten; es ist wohl kein Zufall, dass dafür Eiben ausgewählt wurden.

Je weiter Sie auf dem Weg des Baum-Ogham gehen, desto weniger lässt sich über jeden einzelnen Baum sagen, und desto weniger Nutzen scheint ein einzelner Baum zu haben. Die Eibe ist das letzte Beispiel dafür, denn über deren Absichten und Zwecke kann nichts gesagt werden. In genau diesem Zustand haben wir einst diese Welt betreten. Unser Potenzial ist unendlich. Ebenso wie die Eibe alle Eigenschaften, Zwecke und Symbole aller Bäume in sich vereint, die vor ihr lagen, so vereinen auch wir bereits bei unserer Geburt alle Erfahrungen, alles Wissen und alles Verständnis unserer Vorfahren in uns. Die Technik der Magie besteht darin, dieses Wissen zu erkennen und die Instrumente und Methoden zu finden, mit denen sich diese Kenntnisse erschließen lassen. Wenn Sie wirklich das Niveau der Eibe erreicht haben, dann ist es Zeit, an den Anfang zurückzukehren, zur demütigen Birke, und von vorne zu beginnen.

Ein Bezug auf die Eibe findet sich in einer der »Lays of Fionn«, bekannt unter dem Titel »Lament for the Fianna« (»Klage um die Fianna«). Hier wird angedeutet, dass die mächtige Kriegerschar am Ende angelangt ist:

> Eine Prophezeiung, die Fionn machte, am Abend von Samhain in einer Eibenschlucht: dass die untadeligen Fianna aufbrechen sollten und dass diese Nacht ihr Ende sein soll. Heute Nacht ist wirklich ein Ende.[34]

Die Eibe ist ins Spiel gekommen, und alles, was erfahrbar war, ist erfahren worden. Alles scheint am Ende angelangt zu sein. Die Tatsache, dass diese Feststellung am Abend von Samhain und in einer Eibenschlucht getroffen wurde, zeigt, dass alles erfahren worden ist und auf einer Ebene abgeschlossen wurde. Jetzt beginnt alles auf einer neuen Ebene von vorn. Samhain ist im keltischen Kalender der Beginn des neuen Jahres, ein Anfang, wenn es denn je einen gab. Die Eibe symbolisiert das letzte Stadium einer bestimmten Ebene des Lernens, aber, was noch wichtiger ist, gleichzeitig auch den Neubeginn auf der nächsten Ebene.

---

34 Zit. aus: Gerard Murphy, Übers., *Duanaire Finn*. Dublin: Irish Texts Society, 1933. Übs. ins Deutsche von Gabriele Broszat.

Praktische Arbeit

Untersuchen Sie Ihre Beziehung zur Eibe und Ihr Verständnis von diesem Baum, indem Sie das Grundritual ausführen. Wenn dies geschehen ist, werfen Sie einen Blick darauf, wie sich die vorherigen fünf Bäume aufeinander beziehen, indem Sie die bereits beschriebenen Methoden zur Visualisierung anwenden. Fahren Sie damit fort, die letzten zehn Bäume zusammen zu untersuchen, dann die letzten fünfzehn und schließlich alle Konsonanten- und Vokalbäume zusammen. Ihnen wird sich nun ein kompletter Wald aus zwanzig Bäumen eröffnen, den Sie betreten und erforschen können.

Dies wird eine lange Zeit in Anspruch nehmen, aber Sie sollten alle Bäume genau verstehen, damit Sie deren Sprache fließend sprechen können. Das letzte Stadium in dieser praktischen Arbeit besteht darin, an den Anfang des Baum-Ogham zurückzukehren, zurück zur Birke, und mit ihr von vorne zu beginnen. Diesmal werden Sie die Bäume mit größerer Aufmerksamkeit betrachten und ein tieferes Verständnis von ihrer wechselseitigen Beziehung in der Reihenfolge des *Beithe Luis Nion* entwickeln. Vielleicht entschließen Sie sich auch dazu, einen Schritt zur Seite zu machen und, anstatt alle Bäume noch einmal durchzuarbeiten, mit dem Studium eines anderen Ogham zu beginnen, wie etwa des Vogel-Ogham oder des Farb-Ogham. Mit einem neuen Satz von Entsprechungen und Symbolen zu arbeiten kann eine gute Idee sein, denn damit bleibt die praktische Arbeit frisch und lebendig. Die Wahl liegt bei Ihnen.

In Teil III werden einige Beispiele dafür gegeben, wie sich jene Passagen aus den Legenden interpretieren lassen, in denen mehrere Bäume zusammenwirken. Außerdem stelle ich eine leichte Abwandlung des Grundrituals vor, um Ihr Verständnis für die einzelnen Bäume und Ihre spezielle Beziehung zu ihnen zu erweitern. Diese Konzepte dienen dazu, die Anwendung Ihres Wissens im Alltag und in Ihrem magischen Leben zu verbessern.

TEIL III

Kapitel 25

Baum-kombinationen

Wenn Sie es geschafft haben, dem Pfad durch den Wald der Ogham-Bäume bis hierher zu folgen, ist Ihnen sicher klar, dass darin viele Lehren enthalten sind und es einige Zeit dauern wird, bis dies alles aussortiert ist. Die beständige und geduldige Arbeit mit den Bäumen wird sich bezahlt machen. Sie haben mittlerweile genügend Informationen erhalten, um auch eigene Theorien über die Arbeit mit den Bäumen auszuarbeiten. Dieser Grundstock, kombiniert mit dem Studium der Bäume selbst, soll Sie dabei unterstützen, ein eigenes System von Baumentsprechungen und deren Anwendung zu entwickeln. Doch dies ist noch nicht das ganze Bild. Die Baum-Magie ist lediglich ein Aspekt der keltischen magischen Tradition. Sie müssen lernen, wie sich diese Form der magischen Arbeit in das gesamte Schema der Dinge einfügt. Sie müssen verstehen, woher die Kenntnisse über die keltische Baum-Magie stammen und wie diese Informationen über so viele Generationen weitergereicht wurden.

Die Hauptquelle dieses Wissens sind die großen irisch-keltischen Legenden. Wenn Sie in diesen phantastischen Geschichten zwischen den Zeilen lesen und den Symbolismus erkennen, den der äußere Erzählrahmen anbietet, werden Sie den Schlüssel für die magischen Anleitungen finden, die darin enthalten sind.

Die Bedeutung der Bäume auf der magischen Ebene kommt in diesen Legenden immer wieder zum Ausdruck.

Plötzlich taucht in einer der Geschichten ein Baum auf, und uns wird genau erzählt, um welche Baumart es sich handelt. In den Legenden finden sich nur selten vage Umschreibungen wie »Sie trafen sich unter einem Baum« oder »Sie suchte unter einem großen Baum Schutz«. Die Beschreibungen sind immer sehr genau. Es heißt zum Beispiel »Sie trafen sich bei einer Eberesche« oder »Sie suchten unter einer großen Eibe Schutz«. Die Benennung der Bäume erfolgt absichtlich, und wenn Sie deren magische Bedeutungen, deren Nutzen und Symbolismus im Gedächtnis behalten, werden Sie erkennen, wie viele Informationen diese alten Legenden beinhalten. Auch obskure Passagen erhalten dann plötzlich einen Sinn, den Sie erkennen werden, sobald die Zeit dafür gekommen ist.

Aus diesem Grund sollten Sie Textstellen nicht überspringen, die zunächst keinen Sinn zu ergeben scheinen. Sie enthalten eventuell Informationen, die Sie jetzt nicht benötigen, vielleicht aber später. Darin zeigt sich oft ein wirklicher Fortschritt. Wenn Sie Ihre magische Intuition und Ihr Bewusstsein öffnen, erhalten selbst obskure Passagen plötzlich klare und verständliche Aussagen. Ebenso wie Sie sich selbst beim Lernen ändern, werden sich auch die Legenden ändern. Zu einer bestimmten Zeit werden sie einen Teil ihrer inneren Bedeutung freigeben und zu einer anderen Zeit einen anderen Teil. Dies geschieht immer dann, wenn Sie selbst für dieses Wissen bereit sind.

Was unsere augenblickliche Studie betrifft, sind die wichtigen Teile in den Legenden jene Abschnitte, in denen sich ein gleichzeitiger Bezug auf mehr als einen Baum befindet. Diese »Mehrfach-Baum-Passagen« können auf magischer Ebene schwer zu interpretieren sein, insbesondere wenn Sie bedenken, wie abstrakt und facettenreich einige dieser Bäume sind. Wer von Ihnen ein Interesse an dieser Decodierungsarbeit hat, sollte das Gesamtkonzept als Herausforderung begreifen, denn im Wesentlichen wird dies unter die Lupe genommen. Jeder Baum ist ein Symbol oder eine Ziffer. Wenn diese einzelnen Symbole mit anderen in einer bestimmten Folge zusammengefügt werden, hat die kombinierte Bedeutung der Einzelsymbole einen viel tieferen und bei weitem lehrreicheren Charakter.

Kindern, die das Alphabet und die Rechtschreib- und Grammatikregeln lernen, werden oft einfache Lieder und Verse beigebracht. So erinnern sie sich daran und erhalten praktische Beispiele für die Verwendung der Worte. Auf ähnliche Weise wollen wir die Untersuchung der Kombinationen der Bäume mit einem einfachen Lied beginnen. Es ist ein altes englisches Volkslied, das einige sehr gute praktische Ratschläge dafür enthält, welche Holzarten gut brennen und welche man besser meidet.

Eichenscheite sollen gut wärmen,
alt und trocken sind sie gut;
Kiefern bringen Duft zum Schwärmen
Vorsicht vor der Funkenglut!

Zu schnell brennt der Birkenscheit,
Kastanie nur dann und wann;
Weißdornscheite reichen weit –
Im Herbst man fälle ihren Stamm.

Die Stechpalme, die brennt wie Wachs,
Du kannst sie brennen grün;
Das Ulmenholz, das schmort wie Flachs,
keine Flamm' ward je geseh'n.

Buchen braucht's zur Winterzeit,
Auch Eiben gern in Haufen;
Grüner Holunder ist nicht gescheit,
den sollte man nicht kaufen.

Birnenscheite und Apfelscheite
Bringen ins Haus guten Duft,
Kirschholz auf der heißen Seite
Nach Ginster riecht's in der Luft.

Eschenscheite grau und glatt,
brennen ob grün oder alt,
kauf alles, was davon kommt in die Stadt,
es wird zu Gold schon bald.[35]

---

[35] Das Holzfällerlied ist ein traditionelles englisches Gedicht, hier zum besseren Verständnis des Inhalts ins Deutsche übersetzt von Gabriele Broszat. Die Originalausgabe *The Woodcutter's Song* wurde vertont von Robin Williamson und Chris Caswell. Das Album *A Glint at the Kindling* wurde 1992 unter dem Label TMC veröffentlicht, Katalognummer TMC 9201. In der Diskographie im Anhang finden Sie genauere Informationen darüber, wo Sie die Stücke von Robin Williamson erhalten können.

Mag sein, dass in diesem Lied ursprünglich auch eine tiefere Bedeutung lag, aber diese ist uns heute verloren gegangen; uns wurden nur die Aspekte des physischen Lebens hinterlassen. Das Lied enthält auch Bezüge auf Bäume, die im Baum-Ogham nicht vorkommen und in Großbritannien erst lange nach den Aufzeichnungen des Baum-Ogham Einzug gehalten haben. Dies mag ein Hinweis auf eine Komposition neueren Datums sein. Trotzdem erinnert es ein wenig an eine bestimmte Passage in einer alten irischen Legende. Es könnte sein, dass es im Laufe der mündlichen Überlieferung immer mehr verfälscht wurde, und die Anweisungen und tieferen Bedeutungen, die in älteren irischen Versionen noch vorhanden waren, mit der Zeit verloren gegangen sind.

Diese alte irische Legende heißt *Aided Fergusa meic Leide,* der »Tod von Fearghus mac Leide«, und handelt von den Aktivitäten des Iubhdan (ju-dan), des Königs der Leprechauns. Iubhdan reist darin zum Hof des Königs von Ulster, um selbst zu sehen, ob es wirklich Menschen gibt, die größer, stärker und tapferer als die Leprechauns sind. Oberflächlich betrachtet ist diese Legende eine Komödie mit vielen bizarren Figuren und Vorfällen, die nur wenig Bedeutung zu haben scheinen. Aber – wie oft bei solchen lächerlichen Geschichten – enthält sie verschiedene Interpretationsebenen und einige gut versteckte Hinweise auf Initiationen und Entwicklungen auf dem Pfad der Magie.

Iubhdan gibt im Verlauf der Legende mehrere bruchstückhafte Ratschläge und Anweisungen. Eine, mit der wir uns hier beschäftigen wollen, scheint zunächst nur eine Auflistung von verschiedenen Hölzern und Hinweisen darauf zu sein, ob diese gut brennen oder zu meiden seien – ähnlich wie in obigem Lied. Doch wie wir noch sehen werden, liegt darin auch ein tieferer Aspekt verborgen. Es ist ein gutes Beispiel dafür, wie Bäume manchmal in Legenden dazu benutzt werden, jenen magische Ratschläge zu geben, die das Wissen haben, diese auch zu verstehen. Der folgende Abschnitt befasst sich mit einem Mann namens Fear Diadh (fahr djaya), Mann des Rauches, der ein Feuer anzündet und dieses auf verschiedene Hölzer wirft. Iubhdan ist entsetzt über die offensichtliche Dummheit des Mannes und dessen rücksichtsloses Handeln in Bezug auf das Holz. Er spricht folgende Worte zu Fear Diadh:

Oh Mann, der für das Fest von Fearghus leuchtende Feuer entfacht, ob auf See oder am Ufer, brenne niemals den König der Hölzer an. Monarch von Innisfails Wald ist das Geißblatt, das niemand gefangen halten kann; es ist nicht das Bestreben eines schwachen Herrschers, alle starken Bäume in seiner Umarmung festzuhalten. Geißblatt, wird es verbrannt, bringt Unglück herbei; extreme Begegnungen mit Waffenspitzen oder Ertrinken in großen Wellen kommt danach. Verbrenne nicht den wertvollen Apfelbaum mit seinen ausgebreiteten, niedrig ausladenden Ästen in immer währender weißer Blüte, gegen dessen schöne Krone alle Männer die Hand ausstrecken. Der mürrische Schwarzdorn ist ein Wanderer und ein Holz, das der Künstler nicht verbrennt; in seinem ganzen Körper, so kärglich er auch ist, trillern die Vögel in ihren Federn. Die edle Weide brennt nicht, ein Baum geweiht den Gedichten, an seiner Blüte nähren sich die Bienen, alle lieben den kleinen Käfig. Den anmutigen Baum mit Beeren, den Baum des Magiers, die Eberesche, verbrenn' sie nur; aber schone das geschmeidige Holz: Verbrenne nicht den schlanken Haselstrauch. Dunkel ist die Farbe der Esche: Das junge Holz lässt die Räder laufen; Stangen liefert es für die Hände der Wagenlenker, und seine Form dreht die Schlacht im Flug. Der Spannhaken unter den Hölzern ist der boshafte Dornbusch; mit allen Mitteln sollst du ihn verbrennen, der so scharf und grün ist; er schneidet, er peitscht den Fuß, und wer ihn durchdringen will, wird heftig zurückgestoßen. Stärkstes Feuer schürt die grüne Eiche, ihr entkommt niemand unverletzt: Durch Zuneigung zu ihr bekommt der Kopf Schmerzen, und durch ihre beißende Kohlenglut wird das Auge wund. Die Erle, größte Schlachthexe aller Hölzer, Baum, der im Kampf am heißesten ist – zweifellos verbrenne beide nach deinem Gutdünken, die Erle und den Weißdorn. Stechpalme, verbrenne sie grün; Stechpalme, verbrenne sie trocken: Von allen Bäumen auch immer der eindeutig beste Baum ist die Stechpalme. Der Holunder mit seiner harten Rinde, Baum, der in Wirklichkeit schwer verletzt: ihn, der Pferde für die Armeen der Sidhe liefert, verbrenne, bis er angekohlt ist. Die Birke verspricht, wenn sie umgelegt wird, ein beständiges Vermögen: Brenne zuvor jedoch die Stängel ab, die die konstante Saat tragen. Lass' die rostbraune Espe leiden, wenn es dir so gefällt, dass sie mit ihrem Kopf nach unten fällt: Brenne den Baum, ob spät oder früh, mit dem wackeligen Zweig. Patriarch der am längsten lebenden Hölzer ist die Eibe, geweiht den Festen, dies ist bekannt: Aus ihr baue nun die dunkelroten Fässer von guter Größe. Fear Diadh, du Getreulicher, würdest du auf mein Geheiß handeln: Für deine Seele und deinen Körper, oh Mann, wäre es von Vorteil![36]

Zwischen den Gedanken in dieser Passage und den Informationen im zuvor angeführten Volkslied besteht eine gewisse Ähnlichkeit, aber Sie bemerken sicherlich auch, dass in letzterem Text einiges verborgen ist, was man mit bloßem Auge nicht erkennen kann. Wenn wir die Kommentare von Iubhdan über die verschiedenen Bäume ein wenig genauer ansehen, finden wir darin ähnliche Feststellungen wie in den Abhandlungen über das Wesen der Bäume aus dem Baum-Ogham sowie deren Sinn und symbolische Bedeutung in der Anderswelt. Die Bäume werden hier in einer bestimmten Reihenfolge aufgeführt, um dem wissenden Zuhörer eine eindeutige Aussage und eine Reihe von Anweisungen zu geben.

Die von Iubhdan erwähnten Bäume und die Reihenfolge, in der sie auftauchen, sind: Geißblatt, Apfelbaum, Schwarzdorn, Weide, Eberesche, Haselstrauch, Esche, Dornbusch, Eiche, Erle, Weißdorn, Stechpalme, Holunder, Birke, Espe und Eibe. Alle diese Bäume sind im Baum-Ogham aufgeführt, beachten Sie aber, dass der Weinstock, der Ginster, die Föhre und das Heidekraut fehlen.

Der zuerst von Iubhdan erwähnte Baum ist das Geißblatt, das er »Monarch von Innisfails Wald« nennt. Innisfail bedeutet wörtlich »Insel des Schicksals« und ist ein alter poetischer Name für Irland. Es ist eindeutig, das Iubhdan das Geißblatt für den mächtigsten aller Bäume hält, nicht nur, weil er diesen Baum zuerst erwähnt, sondern weil er ihn auch am längsten beschreibt. Wenn Sie überlegen, dass das Geißblatt und der Efeu austauschbar sind, erkennen Sie, dass dies genau bei unseren Untersuchungen zum Efeu in Kapitel 16 gesagt wurde. Der Efeu oder das Geißblatt ist der mächtigste aller Bäume, weil er alle anderen Bäume vereinen und töten kann. Iubhdans Beschreibung »es ist nicht das Bestreben

---

36 Zit. aus: S. H. O'Grady, Silva Gadelica, Band 2. Dublin: Williams & Norgate 1892. Übs. ins Deutsche von Gabriele Broszat.

eines schwachen Herrschers, alle Bäume in seiner Umarmung festzuhalten« suggeriert die Aktion des Efeus. Sie sollten den Efeu bei magischen Arbeiten niemals bewusst einsetzen. Dies ist ein Baum, der in der Anderswelt dazu dient, Sie zu warnen, wenn etwas in eine falsche Richtung läuft. Genau auf diese Weise wird er auch in der obigen Passage verwendet. Iubhdan, ein Leprechaun oder Mann aus der Anderswelt, versucht Fear Diadh, einen Mann aus dieser Welt, zu warnen. Er teilt ihm mit, dass er auf der falschen Spur ist und dass er anhalten und die Dinge korrigieren muss. Ein tieferes Wissen über das Geißblatt würde ihn in eine bessere Position bringen, um die übrigen Bäume zu verstehen. Iubhdans Feststellung »ob auf See oder am Ufer, brenne niemals den König der Hölzer an« scheint sich nicht auf die physische Ebene zu beziehen (Wie sollte Holz auf dem Meer verbrennen können?). »Auf See oder am Ufer« sind »Kennings« (druidische Umschreibungen) für einen Aufenthalt in der Anderswelt oder in dieser Welt. Mit anderen Worten, dies ist ein Baum, mit dem in keiner der beiden Welten hantiert werden sollte. Iubhdans Warnung ist stark: »Geißblatt, wird es verbrannt, bringt Unglück herbei; extreme Begegnungen mit Waffenspitzen oder Ertrinken in großen Wellen kommt danach.« In den Legenden wird oft darüber geschrieben, dass die Anderswelt mit einem Boot zu erreichen ist. Dieser erste Baum sagt, dass Fear Diadh etwas begonnen hat, was nicht ratsam ist, und dass er in die Anderswelt reisen muss, um zu lernen, welche korrigierenden Aktionen er vornehmen kann. Einige dieser Informationen werden ihm bereits in den übrigen Anweisungen von Iubhdan gegeben.

Der nächste genannte Baum ist der Apfelbaum, wodurch alles in den Blickwinkel der Anderswelt verschoben wird. Der Apfelbaum ist sowohl ein machtvolles Symbol für Reisende in die Anderswelt als auch ein hilfreiches Instrument, sobald diese dort angekommen sind. Das Wort-Ogham von Morrain unterstreicht die schützenden Eigenschaften des Apfelbaums, und genau darauf bezieht sich Iubhdan, wenn er dessen »ausgebreitete, niedrig ausladende Äste« beschreibt. Dies sollte symbolisch verstanden werden, denn Apfelbäume haben keine weit ausgebreiteten oder niedrig ausladenden Äste. »Gegen dessen schöne Krone alle Männer die

Hand ausstrecken« ist eine Anspielung auf den silbernen Apfelzweig als Symbol der Anderswelt, der von den Bewohnern der Anderswelt benutzt wird, wenn sie in diese Welt kommen, oder von den Bewohnern dieser Welt, wenn sie in die Anderswelt reisen wollen. Dies ist jenes besondere Emblem, das Zeichen für Schutz, das Cuchulain in seinem Wort-Ogham beschreibt. Beachten Sie, dass der Apfelbaum als »in immer währender weißer Blüte« beschrieben wird, was natürlich real nicht der Fall ist. In dieser Welt blüht der Apfelbaum nur im Frühling oder Frühsommer, aber in der Anderswelt steht er permanent in Blüte. Iubhdans Anweisung für Fear Diadh lautet, den Schutz des Emblems, des Apfelzweigs, in Anspruch zu nehmen und damit in der Anderswelt weiter zu gehen.

Der Schwarzdorn ist eine Verlängerung jener Aussage, die bereits zum Apfelbaum gemacht wurde. Beide stehen mit der Bewegung von dieser Welt in die Anderswelt in Verbindung, und beide haben die schützende Eigenschaft eines Schamanen. Der Baum, in dem »Vögel in ihren Federn trillern«, kann auch auf physischer Ebene verstanden werden, denn viele Vogelarten bevorzugen diesen Baum für den Nestbau. Der Bezug auf die Vögel lässt sich aber auch auf einer höheren Ebene verstehen, als Bezug auf den Schamanen, jenen Reisenden zwischen den Welten, in seinem Federgewand. Die Blüten des Schwarzdorns sind weiß mit roten Tupfen, und dies ist ein starkes Symbol in der Anderswelt. Tiere in der Anderswelt, etwa Kühe und Hunde, werden in den Legenden immer mit weißer Haut und roten Ohren beschrieben. Iubhdan bezeichnet den Schwarzdorn als einen Wanderer. Dies lässt sich ebenfalls auf zwei Ebenen verstehen. Es kann sich auf die Tatsache beziehen, dass sich der Schwarzdorn selbst in alle Richtungen ausdehnt, anstatt einfach gerade in den Himmel hinauf zu wachsen, wie dies die meisten Bäume tun. Auf einer höheren Bedeutungsebene wissen wir, dass dieser Baum den Übergang von dieser Welt in die Anderswelt symbolisiert. Seine wesentliche symbolische Funktion ist für den Magier, über den eigenen Tod nachzudenken, und genau dies wird Fear Diadh geraten. Ebenso wie bei den beiden anderen Bäumen wird Fear Diadh dringend empfohlen, den Schwarzdorn nicht zu verbrennen.

Die Weide wird von Iubhdan als »kleiner Käfig« bezeichnet. Dies könnte ein Bezug auf die Tatsache sein, dass die Weidenwurzeln häufig zur Herstellung kleiner Kästen, Körbe und Käfige verwendet wurden. Die Anderswelt-Symbolik der Weide wird durch Iubhdans Beschreibung als »ein Bäum, geweiht den Gedichten, an seiner Blüte nähren sich die Bienen« gegeben. Früher glaubte man, dass beides, die Gedichte und die Bienen, Verbindungen zur Anderswelt hätten. Iubhdan sagt Fear Diadh, sobald er das Stadium des Schwarzdorns durchschritten habe, müsse er darauf vorbereitet sein, sein Bewusstsein auf eine neue Ebene zu heben – einer der symbolischen Bedeutungen der Weide. Er muss außerdem alle Fesseln, die ihn noch an diese Welt binden, aufgeben – eine weitere Bedeutung der Weide.

Die Eberesche ist ebenfalls stark mit der Anderswelt und mit der Magie verbunden. Iubhdans Name für die Eberesche ist »Baum des Magiers«. Es ist der erste Baum, den Fear Diadh verbrennen soll. Für uns, in dieser Welt, wäre eine solche Aktion extrem unselig. Die Umkehr davon, was selig machend ist und was nicht, hängt damit zusammen, dass diese Worte aus der Anderswelt kommen, und aus dieser Perspektive drehen sich die Dinge meist um. Dies zeigt die Notwendigkeit, beide Seiten einer Medaille anzuerkennen, das Gute und das Schlechte – wie bereits in Kapitel 6 erläutert. Auf diesem hohen Level der Anderswelt existieren die scheinbar eindeutigen Unterschiede zwischen Gut und Böse nicht mehr. Die Tatsache, dass dies der erste Baum ist, den Fear Diadh abbrennen soll, ist ebenfalls von Bedeutung. Es weist darauf hin, dass dies der erste Baum ist, der sich auf positive Weise nutzen lässt. Die Anweisungen, die Iubhdan an Fear Diadh erteilt hat, haben ihn auf die höchste Ebene der Anderswelt geführt; von dieser Ebene aus kann er nun positive Aktionen mit seinen eigenen magischen Kräften ausführen. Die Arbeit hat begonnen!

Der Haselstrauch wird, trotz seiner Bedeutung im Baum-Ogham, in diesem Text nur kurz erwähnt. Es gibt auch keinen Grund dafür, hier jedem Baum eine lange Abhandlung zu widmen. Wie bereits erwähnt, werden Weinstock, Ginster, Föhre und Heidekraut nicht einmal erwähnt. Der Haselstrauch ist ein Hinweis darauf, nach Wissen zu suchen, denn darum geht es bei der magischen Arbeit von Fear Diadh in der Anderswelt. In diesem Zusammenhang genügt es, einen Baum kurz zu erwähnen, um auf dessen Bedeutung aufmerksam zu machen.

Die Esche ist stark mit dem Brechen des Friedens verbunden und damit, sicher und bestimmt fortzuschreiten, um neuen Herausforderungen entgegen zu treten. Dies wird von Iubhdan poetisch ausgedrückt, wenn er sagt »das junge Holz lässt die Räder laufen; Stangen liefert es für die Hände der Wagenlenker«. Es ist bekannt, dass Eschenholz für den Bau von Pferdewägen verwendet wurde, und die Stachelstöcke der Kutscher waren vermutlich aus starkem, geradem Eschenholz. Die tiefere Bedeutung, der Wille des Magiers, zeigt, dass es Zeit ist, den Speer oder Zauberstab in die Hand zu nehmen und mit der praktischen magischen Arbeit zu beginnen. Am Anfang der Beschreibung der Esche gibt es einen Hinweis darauf, dass diese Arbeit duster und deprimierend sein könnte. Iubhdan sagt »Die Farbe der Esche ist dunkel«. Dies kann sich nicht auf den physischen Baum beziehen, der eine helle Rinde und ein fast weißes Holz hat. Iubhdan muss sich also auf eine innere Bedeutung beziehen, die nicht so hell und freundlich ist.

Der Dornbusch oder Stechginster, als nächster Baum im Text erwähnt, und dessen Beschreibung scheinen durch einfache Tatsachen eingeführt zu werden. »Mit allen Mitteln sollst du ihn verbrennen, der so scharf und grün ist« und »er peitscht den Fuß« spielt auf die Mühe beim Verbrennen und die spitzen Dornen des Stechginsters an; und »wer ihn durchdringen will, wird heftig zurückgestoßen« bezieht sich auf die Notwendigkeit der Reinigung, nachdem eine magische Operation ausgeführt und die nächste Stufe eingenommen werden soll. Iubhdan rät Fear Diadh, seine kreativen Aktivitäten durch den reinigenden Effekt des Stechginsters abzuschließen. Das eine ist in dieser Folge deutlich mit dem anderen verbunden. Beachten Sie den strengen Befehl »mit allen Mitteln sollst du ihn verbrennen«. Wann immer Sie eine so genaue Anleitung erhalten, einen Baum zu verbrennen, was auf der physischen Ebene bedeutet, dessen Energie loszulassen, sollten Sie dies als »Kenning« lesen, mit dem Ihnen geraten wird, den betreffenden Baum positiv und kraftvoll auf einer höheren Ebene einzusetzen.

Die Beschreibungen der Eiche »stärkstes Feuer schürt die Eiche, ihm entkommt niemand unverletzt ... bekommt der Kopf Schmerzen ... wird das Auge wund« scheinen darauf hinzuweisen, dass dieser Baum den Höhepunkt der gesamten Arbeit symbolisiert, und dass in diesem Stadium alle Auswirkungen zu spüren sind. Zudem wird auf die Verbindung von Eiche und Kriegern Bezug genommen, wodurch die martialischen Aspekte, die bereits durch Esche/Speer und Stechpalme/Töten noch weiter vorangetrieben werden. Dieser Baum symbolisiert die Vollendung, aber auch die sehr reale Notwendigkeit, sich selbst fest in der physischen Welt zu verankern, wo Sie den größten Teil Ihrer physischen Inkarnation ausleben und wo Sie lernen, von Ihren bisherigen Erfahrungen auszugehen. Dies legt nahe, dass Iubhdan Fear Diadh mitteilen will, dass seine Arbeit nun beendet sei, aber da das Gedicht noch einige Zeilen weitergeht, scheint dies nicht der Fall zu sein. Durch die Erwähnung der »grünen Eiche« und die Hinweise »bekommt der Kopf Schmerzen« sowie »wird das Auge wund« werden eindeutige Bezüge zum Herrn der Jagd – Grüner Mann – gegeben, der in der Grünen Welt mit dem Eichenbaum assoziiert wird. Er hatte nur ein Auge und soll den Menschen mit seinem massiven Eisenknüppel auf den Kopf geschlagen haben. Auf einer rein physischen Ebene könnten sich diese Bemerkungen auch auf die Reaktionen zurückführen lassen, die durch das Einatmen des starken Rauchs auftreten, der beim Verbrennen grüner Eichen entsteht. Aber wie immer gibt es auch hier verschiedene Bedeutungsebenen für diese kryptische Aussage.

Die Verbindungen zwischen der Eiche und den nächsten beiden Bäumen, der Erle und dem Weißdorn, werden durch die Aussage hergestellt, dass diese drei alle gut brennen. Das martialische Thema wird auf ähnliche Weise bei der Erle fortgeführt, die als »Schlachthexe aller Hölzer« und als »Baum, der im Kampf am heißesten ist« bezeichnet wird. Dies ist ein Hinweis auf das Schild aus Erlenholz, das von den Kriegern bei Feldzügen getragen wurde. Es soll eine Warnung an Fear Diadh sein, nach andauernden Reaktionen auf seine frühere magische Arbeit Ausschau zu halten, und dies, obwohl er das Stadium der Vollendung – die Eiche – bereits hinter sich gelassen hat. Er soll darauf vorbereitet sein, sich selbst gegen etwas zu verteidigen, was noch kommt. Letzteres wird durch den Weißdorn ausgesagt. »Zweifellos verbrenne« den Weißdorn, könnte ein Hinweis auf dessen eher schrecklichen Aspekt sein, doch dies wird durch den Einschub »nach deinem Gutdünken« abgemildert. Urteilsvermögen und Besonnenheit sind die beiden wichtigsten Tugenden, die ein Magier beherrschen muss. Dies und das beschützende Wesen der Erle scheinen Fear Diadh sagen zu wollen, dass er aus seinen magischen Überzeugungen Mut schöpfen und unter dem Schutz des Erlenschildes fortschreiten soll, um dem Schrecken und dem Horror des Schwarzdorns ins Auge zu sehen, die er sich aufgeladen hat, weil seine frühere magische Arbeit so machtvoll und erfolgreich war. Indem er den unerfreulichen Nebeneffekten seiner Arbeit ins Auge sieht, wird er sie negieren oder ausbrennen und dann in der Lage sein, das nächste Stadium dieses komplizierten Anweisungssatzes zu befolgen.

Der nächste genannte Baum ist die Stechpalme. Ihr Dreifach-Aspekt wird hier dargestellt, indem der Name des Baumes dreimal erwähnt wird. »Verbrenne sie grün, verbrenne sie trocken« bezieht sich auf den Reinkarnationsaspekt der Stechpalme und auf die Tatsache, dass dieser Baum die Kontinuität des Lebens symbolisiert, den Wechsel von einem Zustand in einen anderen oder einfach gesagt, die Weiterentwicklung. Es ist angemessen, dass dies, unmittelbar nachdem Fear Diadh ermutigt wurde, in die Schlacht zu ziehen und dem Schrecken ins Auge zu sehen, im Gedicht erscheint. Iubhdan will damit zeigen, dass die Dinge immer noch nach Plan laufen und dies auch weiterhin tun werden. Das »Kenning« für Fortschreiten und Energie-Loslassen – das Verbrennen von Holz – wird hier sehr stark verwendet, denn Iubhdan sagt: »von allen Bäumen auch immer, der eindeutig beste Baum ist die Stechpalme«. – Auf der physischen Ebene wird die Stechpalme sicher nicht als bestes Brennholz bezeichnet.

Der Holunder ist der Baum, »der in Wirklichkeit schwer verletzt«. Das ist der Baum, der Sie dazu zwingt, schreckliche Wirklichkeiten anzusehen. Sie müssen eine »harte Rinde« haben, um diese Wahrheiten über sich selbst zu akzeptieren. Damit wird die Lektion der Stechpalme, die unmittelbar davor erteilt wurde, fortgesetzt. Der Text lautet dann weiter: »verbrenne ihn, bis er angekohlt ist«. Dies sagt uns, dass hier nichts komplett zerstört wird, sondern nur so weit abbrennt, bis die nicht mehr benötigten Teile weggebrannt sind. Die Beziehungen des Holunders zur Anderswelt werden hier durch die Erwähnung von Sidhe, der Behausung der Feen, stark unterstrichen. Als Nächstes wird Fear Diadh mitgeteilt, dass die Birke »wenn sie umgelegt wird, ein beständiges Vermögen verspricht«. Dies ist eine Anspielung auf den selbstaufopfernden Aspekt. Auch auf die Reinkarnationskräfte der Birke wird noch Bezug genommen: »Brenne zuvor jedoch die Stängel ab, die die konstante Saat tragen«. Dies ist eine weitere Rückversicherung für den armen alten Fear Diadh, der zu diesem Zeitpunkt entweder sehr verblüfft von den Ratschlägen Iubhdans gewesen sein muss oder vollkommen erschrocken.

Schließlich führt Iubhdan noch die Espe und am Ende des Gedichts die Eibe an. Diese symbolisieren den Abschluss der Arbeit. Es ist zu bemerken, dass hier beide Bäume in derselben Reihenfolge auftreten wie im Baum-Ogham, wo sie ebenfalls den Abschluss und die Errungenschaften einer Arbeit darstellen. Der Espe wird nur eine kurze Erwähnung zuteil, die besagt, dass sie in dieser besonderen magischen Formel nicht aktiv angerufen werden muss. Im Zusammenwirken mit der Eibe wird aber noch einmal deutlich, dass Iubhdan alle Anweisungen an Fear Diadh ausgegeben hat, die ihm möglich waren. Jetzt, nachdem er dieses Stadium erreicht hat, kann er über seine Errungenschaften nachdenken. Fear Diadh wird nicht angewiesen, die Eibe zu verbrennen, sondern es heißt: »Baue nun die dunkelroten Fässer von guter Größe«, und weiter wird erwähnt, dass die Eibe »den Festen geweiht« ist. Die magische Arbeit, die in Iubhdans langer Formel enthalten war, ist nun komplett ausgesprochen, und es ist an der Zeit zu feiern.

Wir können diese Reihe von Anweisungen, die Iubhdan Fear Diadh gegeben hat, wie folgt zusammenfassen: Du tust etwas Falsches (Geißblatt) und musst in die Anderswelt gehen und dabei die Symbole deines Amtes und deiner Kräfte tragen (Apfelbaum), um diesen Fehler zu korrigieren. Du musst dazu deine schamanischen Kräfte einsetzen und diese Welt ganz hinter dir lassen (Schwarzdorn), dann begibst du dich auf die höchste Ebene in der

Anderswelt (Weide). Jetzt beginnst du mit deinen magischen Fähigkeiten auf dieser Ebene, aber achte darauf, dass sich hier Gegensätzliches umgekehrt verhält (Eberesche). Halte Ausschau nach Wissen oder Inspiration, die du dazu benötigst, um deine Arbeit zu erledigen (Haselstrauch). Sobald du dies gefunden hast, gehe weiter, verwende deinen Speer oder deinen Zauberstab (Esche), um Änderungen hervorzurufen, die der Sinn hinter dieser Reise in die Anderswelt sind. Ein Teil dieser Operation wird darin bestehen, etwas zu reinigen, was unfertig geblieben ist (Stechginster). Dies wird große Mühen, magische Kräfte und ein bestimmtes Risiko bei der Vollendung bedeuten (Eiche, Erle und Weißdorn). Sobald dies abgeschlossen ist, realisiere, dass sich die Dinge gut weiterentwickeln (Stechpalme), wenn du jene Teile deiner Persönlichkeit aufgibst, die nicht mehr notwendig sind (Holunder). Dieser schmerzhafte Prozess ist eine notwendige Form der Selbstaufgabe (Birke). Nachdem all dies erfolgreich erledigt ist, realisiere, dass das Gute durch deine Bemühungen entstanden ist (Espe). Schließlich erkenne den Abschluss dieser wichtigen magischen Arbeit (Eibe).[37]

Nachdem alle symbolischen Anweisungen gegeben wurden, schließt Iubhdan mit diesen Worten an Fear Diadh:

> Fear Diadh, du Getreulicher, würdest du aber auf mein Geheiß handeln: für deine Seele und deinen Körper, oh Mann, wäre es von Vorteil![38]

---

[37] Dies ist meine eigene Interpretation dieser Passage. Vielleicht finden Sie für sich selbst eine andere Einschätzung, die auf Ihren eigenen Vorhaben beruht und der Arbeit mit den Bäumen. Die Bäume ändern ihre Form, ihre Größe, Breite, Farbe und jeden anderen Aspekt ihrer physischen Erscheinung, wenn sie wachsen und sich entwickeln. Entsprechend ändern sich auch ihre inneren Bedeutungen jeweils in Bezug auf diejenige Person, die sie gerade studiert. Nehmen Sie meine Erklärungen als eine Art Einstieg zum Prinzip der Interpretation der Bäume auf einer höheren Ebene. Sobald Sie dieses Prinzip verstanden haben, versuchen Sie, ein eigenes Verständnis von diesen Passagen aus den keltischen Legenden zu entwickeln.

[38] Zit. ebd.

Praktische Arbeit

Der nächste Schritt der praktischen Arbeit besteht darin, alle Bäume noch einmal durchzuarbeiten, aber dieses Mal soll der Schwerpunkt auf dem Verständnis für die Beziehung der Bäume zu den vier Elementen Erde, Wasser, Feuer und Luft liegen – den Grundbausteinen unseres Universums.

Öffnen Sie den Kreis wie gewohnt und verbringen Sie einige Momente der Stille, um Ihren Geist zu beruhigen und die Gedanken zu verlangsamen. Wenn Sie sich bereit fühlen, nehmen Sie den Stein von seiner Position am Kreisrand, setzen Sie sich zu Füßen Ihres Baumes mit dem Stein im Schoß und blicken Sie in Richtung des nördlichen Kreisviertels. Denken Sie über den Symbolismus nach, der mit dem Norden verbunden ist, und über dessen Verbindung zum Element Erde. Bedenken Sie, wie Ihr Baum aus der Erde entstanden ist. Stellen Sie sich den wundervollen Vorgang vor, den der Baum durchlaufen hat, wie er aus einem kleinen Samenkorn oder einer Nuss seine ersten winzigen Wurzeln in den Boden ausgestreckt hat und wie sich diese kleinen Wurzeln zu starken, tief reichenden Lebenslinien entwickelt haben, die auch jetzt noch die Erde aufsaugen und daraus jenen Baum formen, der jetzt gerade Ihren Rücken stützt. Dieser wirklich bemerkenswerte Vorgang ist genau derselbe, mit dessen Unterstützung auch Sie selbst und jener Körper, in dem Sie jetzt wohnen, groß geworden sind. Der einzige Unterschied besteht darin, dass Sie mobil sind und auf Nahrungssuche gehen können, während der Baum statisch ist und von jenem Fleckchen Erde abhängt, auf dem er steht. Versuchen Sie zu verstehen, wie der Baum diese Beziehung zum Element Erde sieht. Denken Sie über Ihre eigene Beziehung zu dem Land und dem Element Erde nach. Können Sie Ähnlichkeiten zwischen Ihren Voraussetzungen und denen des Baumes erkennen?

Wiederholen Sie diesen Vorgang bei einer anderen Gelegenheit mit dem Zauberstab und dem Element Feuer im Süden. Denken Sie darüber nach, wie die Hitze der Sonne und die innere Wärme der Erde und des Baums zusammenwirken, um dem Baum zum Wachstum zu verhelfen und seine Gesundheit zu erhalten. Vergleichen Sie Ihre eigene Beziehung zum Element Feuer damit.

Führen Sie die Übung dann auch im Osten mit dem Messer und dem Element Luft aus. Denken Sie über Ihre Beziehung zur Luft nach und auch über die sehr spezielle Beziehung des Baums zu diesem so wichtigen Element. Die Bäume atmen Sauerstoff als Geschenk für das Leben aller anderen Geschöpfe aus. Halten Sie das für eine Selbstverständlichkeit, oder können Sie sehen, wie sehr wir alle von den Bäumen abhängen?

Werfen Sie dann zum Abschluss mit Ihrem Kelch und dem Element Wasser einen Blick in das westliche Viertel. Denken Sie darüber nach, wie die Baumwurzeln das Wasser aufsaugen und es durch den ganzen Baum fließen lassen, wie das Blut in den menschlichen Venen. Überlegen Sie, wie die Baumwurzeln den Lauf von unterirdischen Wasserströmen ändern können und damit auch das gesamte physische Erscheinungsbild des Landes.

Entwickeln Sie ein tieferes Verständnis von der Beziehung der Bäume zu diesen Elementen und ergänzen Sie es durch ein tieferes Verständnis Ihrer eigenen, zerbrechlichen Beziehung zu ihnen.

Vergessen Sie nicht, Ihre praktische Arbeit wie gewohnt abzuschließen, indem Sie dem Baum für seine Hilfe und Kooperation danken. Ehe Sie den Kreis in umgekehrter Folge schließen, legen Sie die magischen Waffen wieder zurück in die entsprechenden Kreisviertel. Nach dem Schließen des Kreises können Sie die Waffen entfernen. Schreiben Sie alle Aktionen und Erkenntnisse in Ihrem magischen Tagebuch auf.

Es könnte sehr schmerzhaft sein, sich mit dem Rücken gegen einen Weißdorn oder Stechginster zu lehnen. Auch das Anlehnen an ein Geißblatt, einen Wein oder eine Eibe könnte problematisch sein. In diesen Fällen ist es akzeptabel, wenn Sie aufrecht im Kreis im betreffenden Viertel sitzen und dabei einen Zweig, ein Blatt oder einen Ast des entsprechenden Baumes in Ihren Schoß legen, zusammen mit der magischen Waffe.

Kapitel 26

Der Wahnsinn des verrückten Sweeney

Von allen irischen Legenden, die Bezüge zur Baum-Magie enthalten, ist die längste und informativste Legende sicherlich *Buile Suibhne Geilt*, der »Wahnsinn des verrückten Sweeney«. Es ist schwer zu sagen, wann diese komplexe Kombination aus Prosa und Poesie zum ersten Mal zusammengestellt wurde, aber eine linguistische Analyse des Textes hat ergeben, dass es vermutlich um das Jahr 1200 war. Die niedergeschriebene Version basiert wahrscheinlich auf einer noch viel älteren, mündlichen Überlieferung, deren Ursprungsdatum sich nicht feststellen lässt. Ein historischer Bezug darauf findet sich im Text über die Schlacht von Magh Rath, die im Jahr 637 ausgefochten wurde. Es kann sein, dass sich der zentrale Charakter, Suibhne (Sweeney), an eine wirkliche Person anlehnt, die sowohl in anderen Legenden als auch in einigen historischen Annalen erwähnt wird.

Doch es ist Vorsicht geboten bei der Zuordnung von Personen aus Legenden oder Annalen. Suibhne war ein gängiger Name, und es gab viele Suibhnes, die in den Legenden erwähnt wurden. Behalten Sie während der Untersuchung im Gedächtnis, dass es irrelevant ist, ob Suibhne eine real existierende Person war oder nicht. Wichtig ist für uns eigentlich nur die Beschreibung seines Charakters.

Die Geschichte von Suibhne ist folgende: Suibhne, der zu jener Zeit nackt war, greift den heiligen Ronan an, der versucht, auf seinem Territorium Dal Araidhe eine Kirche zu bauen. In seiner Wut wirft Suibhne den Psalter des Heiligen in einen See. Genau in diesem Moment kommt ein Bote des Königs von Ulster an und bittet Suibhne um Hilfe in der Schlacht von Magh Rath. Suibhne geht fort, um an der Schlacht teilzunehmen, und der heilige Ronan verflucht ihn und sagt, Suibhne werde verrückt werden und würde den Rest seines Lebens damit verbringen, nackt durch den Wald zu wandern, bis er eines Tages von einem Speer getötet würde, und zwar an jenem Tag, an dem er den Psalter des Heiligen wieder sähe (der Psalter war bereits von einem Otter wieder gerettet worden). Während der Schlacht wird Suibhne vom Lärm, dem Töten und der Zerstörung verrückt und flieht in die Wälder. Dort verbringt er viele Jahre damit, nackt herumzulaufen, so wie es der Heilige prophezeit hatte. Während dieser langen Periode komponiert er Verse, in denen er seine eigene Zerrüttung und sein Leben darlegt. Er beschreibt sich als Vogel. Mehrmals wird er von seinen Gefolgsleuten gefunden und zurück in sein Königreich gebracht, wo er seine Sinne wiedergewinnt. Aber jedes Mal geschieht etwas, was ihn wieder verrückt werden lässt, und erneut flieht er zu den Bäumen.

Bei einer Gelegenheit setzt Suibhne nach Schottland über, wo er einen anderen nackten Mann trifft, der bei den Bäumen lebt. Der Name dieses Verrückten ist Ealadhan; sie tauschen ihre Gedichte und Erfahrungen aus. Als Suibhne schließlich nach Irland zurückkehrt, wird er von dem heiligen Moling aufgenommen, der sich um ihn kümmert. Ein Mann namens Mongan ersticht Suibhne dann mit dem Speer, weil er fälschlicherweise glaubt, Suibhne habe eine Affäre mit seiner Frau. Der heilige Moling segnet den Verrückten und vertraut seinen Leichnam dem Himmel an; dabei stirbt er.

Viele dieser Vorfälle und auch das Hauptthema dieser Legende erscheinen auch in anderen Beschreibungen über das Leben bekannter Schamanen, beispielsweise bei Merlin und dem schottischen Verrückten Lailoken. Vermutlich basieren diese Geschichten auf früheren Stammesschamanen, die Vogelfedern trugen, verrückt wurden und in die Wälder gingen, wenn sie in die Anderswelt reisten.

Es ist sicher interessant für das Studium der Baum-Magie, einen Blick auf die Prophezeiungen für Suibhne zu werfen, die in Form eines Naturgedichts ausgesprochen wurden. Ich verwende dazu die Übersetzung von J.G. O'Keefe aus dem Altirischen ins Englische, die von der Irish Texts Society (Band 12) veröffentlicht wurde, denn dies ist die kompletteste und verständlichste Version, die ich gefunden habe. Die Interpretationen, die jeweils folgen, stammen von mir und sollen als eine Art Richtschnur dienen, damit Sie diese Art der Analyse verstehen lernen. Wenn Sie diese durchgearbeitet haben, sollten Sie diese Legende und andere noch einmal neu lesen und sich eigene Gedanken über die Bedeutung dieser Geschichten für Ihr Leben und Ihre Arbeit machen.

Laut Legende geschah Folgendes, als Suibhne das erste Mal verrückt wurde:

> Lange Zeit reiste er danach durch ganz Irland, besuchte und durchsuchte hohe Felsklüfte und buschige Äste großer Efeubäume.

Suibhnes Phase des »Besuchens und Durchsuchens« wird mit der Dauer eines Jahres angegeben. Dies ist exakt jene Initiationsperiode, in welcher ein Schamane eine harte Zeit durchmachen muss, um jene Fähigkeiten zu erlangen, die ihm eine Kommunikation mit den Mächten und Energien der Grünen Welt ermöglichen. Die »hohen Felsklüfte« symbolisieren den Kampf, der notwendig ist, um auf eine höhere Wissensebene zu gelangen, und die »buschigen Äste großer Efeubäume« symbolisieren das Wissen aller Bäume und das Wissen, wie sich dies in Kombination verwenden lässt. Sobald das Jahr der Suche für Suibhne vorbei ist, heißt es weiter:

> Eines Nachts geschah es, dass er oben auf einem von Efeu umrankten Weißdornbaum lag. Es war hart für ihn, es in diesem Bett auszuhalten, denn jede Drehung und Bewegung fügte ihm viele Dornenstiche zu. Suibhne wechselte deshalb sein Bett und ging an einen anderen Platz, wo ein dichtes Dickicht aus Dornbüschen mit feinen Dornen auf ihn wartete. Ein einziger Zweig eines Schwarzdorns wuchs einsam durch dieses Dickicht empor.

Der Weißdorn symbolisiert die unvermeidlichen Rückschläge, die sich aus jeder erfolgreichen magischen Arbeit ergeben. Genau dies widerfährt dem armen Suibhne. Er hat sein Jahr der Studien des Baum-Ogham erfolgreich abgeschlossen und muss nun eine Periode des Ausgleichs durchlaufen, die das Einfließen von Wissen und Energie mit sich bringt. Er erleichtert sich die Angelegenheit ein wenig, indem er auf seine Baumkenntnisse zurückgreift und die Hilfe des Stechginsters (Dornbusch) anruft, der all jene Teile reinigt und aufräumt, die nicht mehr benötigt werden. Er kombiniert diesen Effekt der Säuberung mit den Einflüssen des Schwarzdorns, der die Anderswelt und die Wanderung zwischen diesen beiden Welten symbolisiert. Auf diese Art erleichtert er sich den Übergang von seinem Anderswelt-Bewusstsein, in dem er sich mehr als ein Jahr lang befunden hat, in seinen normalen Bewusstseinszustand.

Der Rest des Textes beschreibt die vielen Orte, die Suibhne besucht hat, und die Menschen, denen er begegnete. Wenn er sich auf diesen Wanderungen bedroht fühlte oder wenn er verfolgt wurde, nahm er immer Zuflucht in einer Eibe. Die Eibe symbolisiert den Gipfel der Errungenschaften. Wer eine Eibe verwendet oder wie in diesem Fall darin Schutz sucht, stellt eine Person dar, die alles erreicht hat, was es über das Baum-Ogham zu wissen gibt. Suibhne war berechtigt, in der Eibe Schutz zu suchen und Menschen zu vermeiden, die wenig oder nichts von den Mächten und Energien der Bäume wussten.

An einem bestimmten Punkt der Geschichte wird er ausgetrickst, damit er in sein Königreich zurückkehrt. Dort wird er in Fesseln gehalten. Während dieser Zeit kehren seine Sinne zurück zu ihm, was bedeutet, dass er vorübergehend sein Schamanendasein aufgibt und wieder ein normales Leben aufnimmt. Eine alte Frau regt ihn an, über sein Leben im Wald zu erzählen, und bittet ihn um eine Vorführung seiner erstaunlichen Beweglichkeit (man glaubte, Suibhne sei so leicht wie ein Vogel und könne von Baumwipfel zu Baumwipfel springen, ohne einen Ast abzubrechen). Suibhne gab der alten Hexe nach und befreite sich aus seinen Fesseln. Unvermeidlicherweise kehrte damit auch seine Verrücktheit zurück, und er musste in seinem Schamanengewand zu den Bäumen zurückkehren. An diesem Punkt in der Geschichte steht das längste Gedicht, 65 Verse zu je vier Zeilen. Darin sind zahlreiche Baumbezüge enthalten. Ein Teil dieser Verse liest sich wie folgt:

> Du Eiche, buschig, blättrig,
> Du hohe Kunst jenseits der Bäume;
> Oh Haselstrauch, mit deinen kleinen Zweigen,
> Oh Wohlgeruch der Haselnuss.
>
> Oh Erle, du nicht feindliche Kunst,
> Erfreulich ist dein Wesen,
> Deine Kunst ist nicht erschütternd und bohrend
> In die Lücke, in welcher dein Werk liegt.
>
> Oh kleiner Schwarzdorn, kleiner dorniger;
> Oh kleiner schwarzer Schlehenbaum;
> Oh Wasserkresse, kleine Grüne, oben auf,
> Am Ufer der Quelle.
>
> Oh Apfelbaum, kleiner Apfelbaum,
> Viel Kunst, dich zu schütteln;
> Oh schnelle, kleine Beerige,
> Angenehm ist deine Blüte.
>
> Oh Stechginster, mit dem kleinen Bogen,
> Du garantierst keine fairen Bedingungen,
> Du hörst nicht auf, an mir zu ziehen,
> Bis du deine Füllung Blut bekommen hast.
>
> Oh Eibe, kleiner Eibenbaum,
> In Kirchhöfen stehst du auffallend;
> Oh Efeu, kleiner Efeu,
> Du bist zu Hause im finsteren Holz.
>
> Oh Stechpalme, kleine schützende,
> Du Tür gegen den Wind;
> Oh Eschenbaum, du unheilvoller,
> Handwaffe der Krieger.
>
> Oh Birke, glatt und gesegnet,
> Du melodische und stolze,
> Erfreulich jeder Ast und Zweig
> In der Spitze deiner Krone.

> Die Espen zittern;
> Jede Drehung höre ich,
> Ihre Blätter erschauern,
> Mir scheint das ein Scharmützel!
>
> Meine Aversion in den Wäldern –
> Ich gestehe es nicht jedem –
> Wenn das blättrige Laub der Eiche
> Wieder einmal winkt.

Der Rest des Gedichts zählt die vielen Orte auf, an denen Suibhne Schutz gefunden, die vielen Vögel, die er in der Luft gesehen, und die vielen Tiere, die er im Wald getroffen hat. Es kann gut sein, dass diese Orte, Vögel und Tiere andere Formen des Oghams darstellen, wie in Kapitel 1 beschrieben, und ebenfalls verborgene Informationen enthalten.

Der erste, im Gedicht genannte Baum ist die Eiche, die Verteidigung und Schutz bietet, wie in Kapitel 11 beschrieben. Es ist das, was Suibhne nach der langen Periode der Entbehrung und Gefangennahme braucht. Die Eiche repräsentiert auch den Hohen König und die Herrschaft über das Land, was sich auf beiden Ebenen klar für Suibhne aussagen lässt. Er war der politische König von Dal Araidhe, ehe seine Wanderungen begannen; nun hat er bereits auf einem höheren Level so viel erreicht, dass er sein eigener spiritueller Hoher König geworden ist, verbunden mit dem Land. Die Eiche ist auch eng mit dem Herrn der Jagd verknüpft, und Suibhne selbst scheint eine Art Herr der Jagd geworden zu sein. Die Verwendung der Eiche fasst zusammen, was bisher geschah.

Der nächste Baum, der Haselstrauch, symbolisiert den Tod des alten Selbst, damit der Weg für neue Erkenntnisse und neue Erfahrungen frei wird. Suibhnes Verwicklungen und seine Flucht aus der Schlacht von Magh Rath symbolisieren diesen Tod. Die Entbehrungen, die daraus folgten, brachten ihm neue Erkenntnisse über die Bäume. Er bezieht sich noch ein zweites Mal auf den Haselstrauch als »mit deinen kleinen Zweigen«. Auch einige andere Bäume werden in diesem Gedicht zweimal erwähnt, zuerst mit ihrem Namen und dann mit dem Adjektiv »klein«. Die Verwendung dieses Wortes in irischen Gedichten und Legenden ist eine Art

Koseform. Hier wird es verwendet, um zu zeigen, dass Suibhne eine sehr gute Beziehung zu diesen Bäumen aufgebaut hat (ein Zustand, nach dem auch wir streben).

Der Haselstrauch führt zum nächsten Baum, der Erle, die das Schild darstellt, das von jenem Krieger getragen wird, der den Schutz des Geistes der Erle verdient hat und sicher damit vorwärts schreiten kann, um neuen Boden zu finden. Das Gedicht sagt von der Erle »du nicht feindliche Kunst … deine Kunst ist nicht erschütternd und bohrend«. Dies ist eine Erinnerung daran, dass das Schild der Erle nur zur Verteidigung verwendet werden soll. Die Zeile, in der die Erle eine »Lücke in ihrem Werk« besitzt, beschreibt, an welchem Punkt sich Suibhne befindet. Er hat zwar Kenntnisse über die Bäume erhalten, muss seine schamanischen Studien aber noch weiter vertiefen. Er befindet sich in einer Lücke zwischen dem bereits erreichten Wissen und den Kenntnissen, die er sich noch aneignen muss. Das schützende Schild der Erle füllt die Lücke zwischen ihm und den neuen Erfahrungen, die noch vor ihm liegen. Dazu gehört das gesamte Wissen und Verständnis des Schwarzdorns.

Der Schwarzdorn symbolisiert die Notwendigkeit aufzublicken und sich auf den eigenen Tod vorzubereiten. Im momentanen Stadium hat Suibhne realisiert, dass er die Bäume nicht allein auf physischer Ebene verstehen kann. Es wird für ihn notwendig, höhere Ebenen zu betreten, um weiter fortzuschreiten. Dieser symbolische Tod ist eine ernste Herausforderung für Suibhne, wie seine Erzählung anschaulich darlegt. Weil eine Aktion ein rein symbolischer Akt ist, wird sie dadurch nicht unbedingt einfacher. In diesem Fall verursachte der Anblick des eigenen Todes Suibhne beträchtliche Schmerzen. Er starb, indem er sein altes Leben für immer aufgab.

Wenn magische und symbolische Akte korrekt und ehrlich ausgeführt werden, haben sie einen ebenso starken Effekt wie physische Aktionen. Die Einführung der Wasserkresse unmittelbar nach dem Schwarzdorn ist eine Art Trost für Suibhne, denn dadurch weiß er, dass alles gut werden wird. In der frühen irischen Literatur wurde die Wasserkresse immer mit Verrückten in Verbindung gebracht und wurde häufig sogar als deren Nahrung bezeichnet. Die Bedeutung dessen mag etwas damit zu tun haben, dass die Wasserkresse halb unter und halb über dem Wasser, dem Licht entgegenstrebend, existiert. Ebenso lebt der Schamane in den verschwommenen Reichen der Anderswelt, und mit der anderen Hälfte sucht er nach Erleuchtung in dieser Welt.

Als Suibhne vorübergehend seine Sinne verliert, ist der Apfelbaum da, um ihm zu helfen und ihn zu trösten. Der Apfelbaum ist der »Schutz für einen Wahnsinnigen« und verknüpft mit dem Tod, dem Schwarzdorn, während der Zeit, in der die Sinne eines Wahnsinnigen zu ihm zurückkehren. Die Einführung des Apfelbaums an jenem Punkt zeigt dessen Verwendung und Bedeutung auf praktischer und magischer Ebene. Er ist auch der Schlüssel zur Anderswelt und das Symbol für jene, die zwischen den Welten reisen. Diesen Zustand hat Suibhne erreicht und seinen Apfelzweig damit verdient.

Suibhne verwendet den Ausdruck »kleiner Apfelbaum«, um seine Nähe und Zärtlichkeit zu diesem Baum kundzutun. Die Beschreibung »viel Kunst dich zu schütteln« ist ein Hinweis darauf, dass dieser Baum von jenen Menschen angerufen werden muss, die versuchen, die vollen Kräfte eines Schamanen zu entwickeln. Apfelzweige werden in den Legenden auch häufig mit kleinen Glöckchen behängt und müssen in der Anwesenheit derjenigen geschüttelt werden, die Anderweltreisen ausführen.

Der nächste Baum wird hier als Stechginster bezeichnet. In der altirischen Originalausgabe steht das Wort *dhriseog*, was alle jene Pflanzen beschreibt, deren Dornen dazu in der Lage sind, Fleisch tief einzuritzen und Schmerzen zu verursachen, also auch den Dornbusch oder die Brombeere. Hier kommen die dunklen Seiten der Grünen Welt zum Vorschein, die Suibhne erkennen und akzeptieren muss. Suibhne erzählt uns, wie hart dies ist: »du garantierst keine fairen Bedingungen ... hörst nicht auf, an mir zu ziehen, ... bis du deine Füllung Blut bekommen hast«. Auch Sie werden diesem Ziehen und Reißen begegnen, wenn Sie auf dem Weg durch das Baum-Ogham fortschreiten. Es gibt keine Abkürzung um diesen Dornbusch, Sie müssen durch ihn hindurch gehen und kommen am anderen Ende wieder heraus, zerkratzt und blutig, aber weiser und tapferer.

Suibhnes Erfolg bei dieser Unternehmung wird durch die nächsten beiden Bäume deutlich, die Eibe und den Efeu. Die Eibe repräsentiert den Höhepunkt des Erfolgs, und der Efeu symbolisiert die gesamte Macht und das Wissen aller Bäume. Nachdem er alle diese Härtetests eines Schamanen, die Entbehrungen und die Folterungen durchlaufen hat, kann Suibhne nun die Eibe benutzen, wie es nur jenen gestattet ist, die diese Ebene erreicht haben. Seine Kenntnisse über jeden einzelnen Baum, was dieser tun kann und wofür er sich verwenden lässt, wird vom Efeu repräsentiert. Aber der Efeu warnt auch davor, nicht allzu selbstsicher zu werden – es gibt immer noch etwas zu lernen. Wenn Sie dieser Warnung keine Aufmerksamkeit schenken, wird der Efeu Sie so lange binden, bis Sie vollständig unfähig sind, sich weiter zu entwickeln. Suibhne ist sich dieses Umstands immer bewusst und erwähnt deshalb den Efeu in seinem Anleitungsgedicht genau an der richtigen Stelle.

Der Efeu und die Stechpalme sind Immergrüne und symbolisieren die Fortdauer des Lebens. Die Stechpalme stellt die *Tainaiste* oder den Ersatz für den Hohen König dar, für alle jene, die noch nicht dazu in der Lage sind, ihr eigener Hoher König zu sein. Sie stellt auch die Notwendigkeit der Selbstaufgabe dar, um eine Weiterentwicklung zu ermöglichen. Suibhne ist es möglich, als sein eigener Hoher König zu agieren, weshalb hier der Ersatzaspekt der Stechpalme nicht gemeint sein kann. Die Erwähnung findet deshalb statt, um Suibhne anzukündigen, dass noch weitere Selbstopfer auf ihn warten. Dies wird durch die weiteren Qualen und harten Prüfungen bestätigt, die Suibhne schon bald erleidet. Er bezieht sich auf die Stechpalme als »kleine schützende«, eine Beschreibung, die in keinem der Wort-Oghams auftaucht, aber in diesem Kontext treffend ist. Alle Bäume, die mit Schutzaspekten beschrieben werden, der Apfelbaum und die Eiche, sind Bäume, die auch den werdenden Magier oder Schamanen prüfen. Dadurch bieten sie auch jenen Schutz, die tapfer genug sind, sich ihnen zu stellen. Die Stechpalme ist kein wirklicher Testbaum, nur in diesem Falle schon. Suibhne ruft ihre ausbalancierende, freundliche Seite an, damit sie ihm beim Bestehen dieses Tests hilft. Dies ist auch die Bedeutung des Satzes »du Tür gegen den Wind«.

Die Versuchungen und Proben, die in diesem Gedicht so lebendig beschrieben werden, überbringt der nächste Baum, die Esche, die das Fortschreiten durch positive Handlungen symbolisiert. Suibhne hat hier die Wahl. Er könnte ganz legitim entscheiden, es beim augenblicklichen Stand der Dinge zu belassen und nicht weiterzumachen. Er hat bisher bereits sehr viel erreicht und könnte beschließen, dass er mit dem zufrieden ist, was er hat. Er könnte auch beschließen, auf einer neuen Ebene der Entwicklung fortzufahren. Die nächsten drei Bäume zeigen, welche weitere Entwicklung eingeschlagen wird.

Der erste dieser drei Bäume ist die Birke, die ein Fortschreiten durch Selbstaufgabe symbolisiert und Sie weiter und höher stößt, als Sie je zuvor waren. Es mag überraschen, dass die Birke als erster Baum des Baum-Ogham an dieser Stelle eingeführt wird, aber jeder Baum lässt sich zu jeder Zeit anführen, wenn die Bedeutungen der Bäume gelernt und verstanden worden sind. In Suibhnes Fall kann nur gesagt werden: Er weiß mehr über die Bäume, als jeder von uns jemals wissen wird. Die Erwähnung der Birke an diesem Punkt zeigt, dass er noch weiterkommen kann, wenn er gewillt ist, noch mehr Opfer zu bringen.

All dieses Gerede über Opfer, Entbehrungen und Selbstaufgabe ... möchten Sie vielleicht fragen, ist es das alles überhaupt wert? Gibt es keine andere Möglichkeit, sich auf etwas befriedigendere Art durch das Baum-Ogham weiterzuentwickeln? Es gibt viele Arten, sich durch das Baum-Ogham zu begeben, die nicht so hart sind wie der Weg, den Suibhne gewählt hat. Wir studieren hier alte Anweisungen, die für die Ohren von Stammesschamanen geschrieben wurden. Diese sollten die Verantwortung für das Wohlergehen und den Fortschritt des gesamten Stammes und dessen geistige Entwicklung tragen. Eine solche Person musste ungeheuer fähig und wissend sein, damit ihr eine so große Verantwortung übertragen werden konnte. Es ist sehr unwahrscheinlich, dass einer von uns jemals eine so belastende Aufgabe übernehmen muss, aber die Prinzipien bleiben dennoch dieselben: Wir alle müssen ein gewisses Maß an Proben und Tests ertragen und bis zu einem gewissen Grad auch die Selbstaufgabe, wenn wir auf unseren eigenen geistigen Wegen weitergehen möchten. Suibhne erinnert uns freundlich an die Tatsache, dass dies letzten Endes ein Vorteil ist, wie unerfreulich es auch im Moment sein mag. Er beschreibt die höhere Verwendung der Birke als »glatt und gesegnet, du melodische, du stolze, erfreulich jeder Ast und Zweig in der Spitze deiner Krone«. Hinter jedem Leiden und jeder Qual steckt ein Sinn und Zweck.

Der nächste Baum ist die Espe, die Anerkennung und Akzeptanz für Suibhnes Errungenschaften darstellt. Dies ist Suibhnes zweite Wahl – sich zurückzulehnen und das, was er bereits erreicht hat, zu akzeptieren und damit zufrieden zu sein. Früher oder später werden wir alle diese Wahl haben. Vielleicht finden Sie, dass dies keine einfache Entscheidung ist. Vielleicht denkt jemand: »Oh ja, ich will weiter fortschreiten, darüber gibt es überhaupt keinen Zweifel«; aber andere werden vielleicht zur Vorsicht neigen, sich ansehen, was sie erreicht haben, und denken: »Ich habe alles, was ich im Moment brauche, und bin zufrieden damit«. Keine dieser Entscheidungen ist besser als die andere. Ihre Erwartungen und Lebensumstände werden Ihnen die Wahl diktieren, wenn es so weit ist. Es gibt niemals die Notwendigkeit, eine Entscheidung sofort zu treffen, wenn die Konsequenzen sehr lange Zeit andauern. Wenn Sie sich dazu entschließen zu bleiben, wo Sie sind, gibt es keinen Grund, warum Sie Ihre Meinung ein paar Jahre später nicht wieder ändern können, Ihre Studien dann wieder aufnehmen und in das Dickicht des Waldes zurückkehren, zu dessen Wissen und dessen Prüfungen.

Der letzte Baum in der Folge ist die Eiche, die bereits ganz am Anfang erwähnt wurde. Damit schließt sich der Kreis, und wir sind wieder dort, wo wir begonnen haben, allerdings auf einer höheren Ebene. Das zeigt uns, dass wir in allen Dingen, einschließlich des Lebens selbst, schließlich dorthin zurückkehren, wo wir begonnen haben. Wir müssen dann unsere Wahl treffen, ob wir bleiben oder weitergehen wollen. Wie der Rest dieser Legende enthüllt, beschließt Suibhne, in tiefere Ebenen seiner schamanischen Studien vorzudringen und sich freiwillig weiterer Entbehrungen und Verrücktheit zu unterwerfen. Der Rest des Gedichts beschreibt seine Prüfungen, aber diesmal werden dafür Orte, Tiere und Vögel anstelle der Bäume benutzt. Dies kann die Anweisung beinhalten, das Festungs-Ogham, das Tier-Ogham oder das Vogel-Ogham zu durchlaufen, wie bereits in Kapitel 1 erwähnt.

Aus dieser Untersuchung nur eines Abschnittes aus einem Gedicht ergibt sich klar, dass die Legende von Suibhne eine detaillierte Beschreibung zur Ausbildung von Schamanen der keltischen Stämme enthält. Ein Teil dieser Ausbildung setzt ein volles Verständnis des Baum-Ogham und viele Arbeitskenntnisse voraus. Der Bedarf an Schamanen ist in der heutigen Gesellschaft notwendiger denn je, und es gibt nur sehr wenige Menschen, die in der Lage dazu sind, eine komplette Ausbildung und Initiation zu durchlaufen, die für eine solche Disziplin erforderlich sind. Jeder von uns kann jedoch zumindest ein bisschen über das Baum-Ogham lernen und es auf praktische Weise verwenden, um die eigene Weiterentwicklung auf allen drei Ebenen voranzutreiben und anderen dabei zu helfen, dasselbe zu tun. Das sind das Leiden und die Unbequemlichkeit sicherlich wert.

Praktische Arbeit

Mein letzter Vorschlag für Ihre praktische Arbeit ist, einen Bereich im Haus als Arbeitsbereich einzurichten. Dies sollte ein Platz in Ihrer Wohnung, nicht unbedingt ein ganzes Zimmer, sein, der zum Zentrum Ihrer Energien und der Energien der Grünen Welt werden soll. Dieser Platz sollte gut beleuchtet, frei von anderen Objekten und lediglich mit einem kleinen Tisch oder einer glatten Oberfläche bestückt sein. Im Rücken sollte sich eine glatte, leere Wand befinden. Mit zunehmender Entwicklung werden Sie vielleicht feststellen, dass dieser Bereich bestimmte Dinge auf natürliche Weise anzieht, zunächst aber sollte er von allen Objekten befreit werden, die ursprünglich dort waren.

Nach all der Betonung auf die Arbeit im Freien, in der Grünen Welt, damit Sie die Kommunikation mit den Bäumen in deren eigener Umgebung lernen, fragen Sie sich jetzt vielleicht, warum ich zu einem Arbeitsbereich im Haus rate. Dies hat überwiegend praktische Gründe. Für einige Menschen ist es aus verschiedenen physischen Gründen unmöglich, außerhalb ihrer Wohnungen zu arbeiten. Einige müssen vielleicht beträchtliche Entfernungen zurücklegen – oder große Ausgaben tätigen –, ehe sie in ein noch wildes Gebiet der Grünen Welt gelangen. Diese Menschen werden von einem Arbeitsbereich im Haus profitieren. Von Zeit zu Zeit wird es für jeden – ob physisch dazu in der Lage oder nicht – auch Momente geben, in denen er mit einem bestimmten Baum oder mehreren Bäumen kommunizieren möchte, aber die Reise zu jenem Ort, an dem der Baum lebt, nicht antreten kann. Ein solcher Wunsch kann sich bei bestimmten magischen Arbeiten ergeben oder zum Beispiel aus einem starken intuitiven Gefühl heraus oder durch einen erinnerten Traum mit großer Bedeutung.

Ein solcher Bereich im Haus wird eröffnet, indem Sie zunächst einige Tage damit verbringen, sich vorzustellen, dass dieser bisher gewöhnliche Teil ihres Lebensraums schon bald eine neue und besondere Bedeutung erhalten wird. Bereiten Sie sich selbst mental etwa eine Woche lang darauf vor, ehe Sie diesen Bereich aufräumen und putzen. Sobald die physische und mentale Vorbereitung abgeschlossen ist, bringen Sie die spirituelle Ebene ins Spiel, indem Sie nach und nach Ihre Ogham-Stäbe in diesen Bereich einführen. Legen Sie pro Tag nur einen Stab dort ab. Auf diese Weise benötigen Sie einen knappen Monat, um die Energie an diesem Ort aufzubauen. Bringen Sie die Stäbe in einer beliebigen Reihenfolge in den Arbeitsbereich. Sie können die Reihenfolge aus dem Baum-Ogham einhalten, die Reihenfolge, in der Sie die Stäbe in der Grünen Welt gefunden haben, oder eine zufällige Auswahl treffen. Benutzen Sie für diese Aufgabe ausschließlich Ihre Intuition, nicht ihre »vernünftigen« Gedanken.

Die Ogham-Stäbe werden zu physischen Verbindungen mit jenen Bäumen im Wald, von denen sie abstammen. Sie können die Ogham-Stäbe auch als Talismane verwenden – magische Objekte, die Sie sofort mit ihren größeren Kräften und Energien verbinden, die sie symbolisieren. Legen Sie die Stäbe in Ihren Schoß, wenn Sie in die Anderswelt, zu den höheren Reichen des Baum-Oghams, reisen. Vielleicht finden Sie selbst Möglichkeiten, die Ogham-Stäbe in Ihre rituelle Arbeit einzubinden. Und eventuell bevorzugen Sie es, ab und zu einen Blick auf die Stäbe zu werfen und sich einfach für das zu öffnen, was kommt. Die Ogham-Stäbe lassen sich auch als Instrumente für die Wahrsagung verwenden: Deren Deutung ergibt sich dadurch, wie die Stäbe fallen, nachdem sie in die Luft geworfen wurden, oder dadurch, welche Stäbe Sie nach dem Zufallsprinzip von einem Tuch aufheben. Sie können eigene Techniken für das Ziehen der Stäbe entwickeln oder sich dabei ganz auf Ihre Intuition verlassen. Die Ogham-Stäbe lassen sich in ähnlicher Weise wie die Tarot-Karten verwenden. Im Anhang finden Sie als Hilfe für eine solche Verwendung der Ogham-Stäbe eine Zusammenfassung der Deutung für jeden Baum.

Erlauben Sie Ihren Ogham-Stäben, auf dem Tisch zu liegen, wo sie in Ihrem Blickfeld sind. Vielleicht stellen Sie fest, dass einige Stäbe wie von selbst immer vorne liegen und andere ihren Platz im Hintergrund finden. Nehmen Sie diese Beobachtung zur Kenntnis und überlegen Sie, ob sich daraus ein Muster ergibt, wann die einzelnen Stäbe im Lauf der Monate und Jahre kommen und gehen. Werden auch andere Objekte von diesem Bereich angezogen? Zum Beispiel persönliche Dinge, Photographien, Schmuck, Steine, Muscheln oder andere Teile der Grünen Welt. Diese werden für Ihre Arbeit von Bedeutung sein und ihren gerechten Platz auf der Arbeitsfläche finden. Vielleicht ist es auch hilfreich, eine Zeichnung oder die Photographie eines Baumes an der leeren Wand hinter dem Tisch anzubringen, um die Visualisierung zu erleichtern. Sie können auch Gemälde und Darstellungen der Charaktere oder Gottheiten aus den Legenden, die mit dem Ogham in Verbindung stehen, aufhängen, um die Kommunikation mit der Anderswelt optisch zu unterstützen.

Versuchen Sie, einen Sinn für Flexibilität und Freiheit zu entwickeln, wenn Sie in diesem Arbeitsbereich zu Hause arbeiten. Lassen Sie die Dinge auf natürliche Weise geschehen und öffnen Sie sich selbst, sosehr Sie können, all jenem, was Ihnen bisher gesagt wurde.

Wenn Sie die Legenden lesen und mit den Charakteren und Gottheiten vertraut werden, werden Sie feststellen, dass viele von ihnen mit einem bestimmten Baum in Verbindung stehen. Wenn Sie bewusst Kontakt zu einer dieser Personen aufnehmen möchten, verwenden Sie deren Baum unter vorübergehendem Ausschluss der anderen. Legen Sie den betreffenden Ogham-Stab auf den Tisch und konzentrieren Sie sich auf ihn, ehe Sie mit der Reise in die Anderswelt beginnen, bei der Sie Kontakt zu diesem Charakter oder dieser Gottheit aufnehmen möchten. Viele andere Verwendungszwecke und Techniken werden Ihnen in den Sinn kommen, je mehr Sie über die Baumarbeit drinnen und draußen lernen. Entwickeln Sie Ihre eigenen Rituale und Arbeitssysteme und kommen Sie jedem einzelnen Baum so nahe wie möglich.

Da die Ogham-Stäbe zu magischen Waffen werden, kann auch der Wunsch entstehen, diese in einem Ritual oder einer Zeremonie für Ihre Arbeit zu weihen. Das wird ihnen zusätzliche Energie geben und Ihnen dabei helfen, ihre Bedeutung zu erkennen. Das Ritual muss nicht besonders ausgearbeitet sein. Es ist die Absicht, die zählt. Vielleicht lässt sich ein solches Ritual unterstützen, wenn Sie Ihre kleineren magischen Waffen in den jeweils zugehörigen Kreisvierteln auf den Tisch legen, während Sie die magische Arbeit mit den Stäben ausführen.

Der Sinn dieser praktischen Arbeit ist enorm. Während Sie mit den Bäumen arbeiten, werden Sie trotz der offensichtlichen Einfachheit nützliche, praktische und durchführbare Anleitungen, Informationen und Führung für und bei allen Aspekten des Lebens erhalten. Die hier vorgestellten Richtlinien sind lediglich Vorschläge für Ihre praktische Arbeit. Sie basieren auf einem System, das ich im Laufe der Jahre für mich selbst entwickelt habe und das für mich arbeitet. Vielleicht möchten oder sollten Sie eigene Übungen und Techniken entwickeln, um sich mit den Bäumen zu verbinden. Die obigen Vorschläge sollen Sie lediglich dabei unterstützen, den Fuß auf den richtigen Pfad zu setzen. Ich wünsche Ihnen eine lange, sichere und angenehme Reise.

Kapitel 27
Bäume, die nicht im Baum-Ogham enthalten sind

Obwohl das Baum-Ogham eine umfassende Liste von Namen, Verwendungen und Bedeutungen enthält sowie die magischen Eigenschaften von 20 Bäumen beschreibt, ist die genannte Anzahl im Vergleich zum Reichtum der Grünen Welt nur ein Bruchteil. Denn was ist mit den vielen bekannten europäischen und amerikanischen Baumarten wie der Buche, der Kastanie, dem Ahorn und der Ulme? Was mit den vielen anderen Büschen und Sträuchern, die in der Grünen Welt von ähnlicher Bedeutung scheinen? Warum sind diese nicht in das magische System aufgenommen worden?

Es gibt zwei Antworten auf diese Fragen: Erstens muss die Anzahl der Bäume der Anzahl der Kerben entsprechen, die in der Ogham-Schrift verwendet werden. Wenn mehr Bäume in das System aufgenommen würden, müssten auch mehr Kerben hinzukommen, und dies würde ein überladenes und nicht mehr praktikables System ergeben. Eine Erweiterung des Systems wurde bei der Einführung der *forfeda* versucht, aber – wie wir gesehen haben – diese Buchstaben sind in dem funktionalen und anwendbaren System überflüssig. Der andere Grund ist, dass viele dieser Bäume und Büsche, die heute in unseren Landschaften und Gärten wachsen, nicht in den ursprünglichen keltischen Gebieten heimisch und den Erfindern des Ogham-Systems daher unbekannt waren. Viele Pflanzen, die wir heute als geläufigen Bestandteil unserer Landschaften kennen, wurden durch Immigranten eingeführt, die sie aus ihren Ländern mitbrachten. Sie brachten auch Vögel und andere Tiere mit, die bis zu ihrer Ankunft auf den Britischen Inseln unbekannt waren.

Die Menschen spielen dieselbe Rolle wie die Vögel oder die Tiere, die eine Saat weitertragen und auf anderem Boden einführen. Ein Vogel isst eine Frucht, fliegt Hunderte von Kilometern und legt dann den Samen durch seinen Kot dort ab. Säugetiere auf dem Land essen ebenfalls Pflanzen und Bäume, tragen deren Saat in ihren Mägen tagelang herum und scheiden sie dann fern der Mutterpflanze wieder aus. Die Menschen mit ihren Möglichkeiten, den Globus mit Leichtigkeit zu umrunden, sind vermutlich die größten Transporteure von Saatgut und Pflanzen, die die Grüne Welt je gekannt hat. Diese Querverbindungen betreffen auch unsere eigene Art. Wir tragen unseren menschlichen Samen über die Welt und vermischen ihn mit anderen Rassen, um immer wieder neue, wundervolle Geschöpfe hervorzubringen. Dies ist ein natürlicher Vorgang, der allem Lebenden in der Grünen Welt widerfährt.

Die Bäume, mit denen wir heute vertraut sind, sind nicht dieselben, die unsere keltischen Vorgänger kannten. Wie sollen wir also mit der vollständigen Baum-Magie arbeiten, ohne ein System zu erneuern, das nicht länger relevant ist? Es gibt zwei Antworten auf diese Frage: Erstens ist das Baum-Ogham nach wie vor aus einem einfachen Grund relevant: Denn die Bäume in diesem System gibt es auch heute noch häufig. Und zweitens sollte das Baum-Ogham als Ausgangsbasis für ein Verständnis der Arbeit mit den Bäumen und anderen Lebewesen in der Grünen Welt gesehen werden. Es gibt also keinen Grund, warum die hier beschriebenen Techniken nicht auch für die Untersuchung von Bäumen angewandt werden sollten, die nicht im Ogham enthalten sind. Auf diese Weise lassen sich auch deren einmalige Eigenschaften und Verwendungszwecke kennen lernen. Dies wird viel Mühe und Experimentierfreude beanspruchen, aber Sie sollten das auf sich nehmen, wenn Sie die Dinge weiterentwickeln und die erhaltenen Informationen an die Nachwelt weitergeben möchten.

Die einfachste Möglichkeit, dieses neue Terrain zu bearbeiten, wäre, einen genauen Blick in die *forfeda* zu werfen. Viele Informationen darüber lassen sich auch anderen Büchern entnehmen. In der Bibliographie sind einige dieser Werke aufgeführt. Der wirkliche Test wird jedoch darin bestehen, in die Grüne Welt hinaus zu gehen, eine Buche oder Ulme zu suchen, sich neben sie zu setzen und mit Hilfe der Kenntnisse, die Sie nun über die Grüne Welt und die anderen Bäume besitzen, zu erspüren, was dieser neue Baum ausstrahlt. Öffnen Sie sich dem Baum gegenüber auf einer Ebene der Anderswelt und beginnen Sie die Kommunikation mit dem Baum in einem Gebiet, in dem er häufig vorkommt. Beobachten Sie, ob Sie den einmaligen Zweck dieses Baumes identifizieren können. Wenn Sie an die Bäume aus dem Baum-Ogham zurückdenken, erinnern Sie sich daran, dass jeder Baum einen sehr speziellen Zweck hat. Legen Sie sich selbst keine Schranken auf. Die Lebensformen in der Grünen Welt sind so vielfältig, dass der Verstand dies gar nicht fassen kann. Die Informationen, die wir aus ihr gewinnen können, sind grenzenlos. Einige Bücher, die sich mit dem Baum-Ogham befassen, erteilen den Rat, Bäume, die nicht im Alphabet enthalten sind, einfach zu ignorieren, aber das ist lächerlich. Wenn Sie das Baum-Ogham genau kennen, ist klar, dass dessen Verfasser nicht die Absicht hatten, statisch zu bleiben, sondern zu wachsen, sich weiterzuentwickeln und sich ebenso auszudehnen wie jede andere Facette der Grünen Welt.

Verbringen Sie die Zeit damit, die Bäume, Büsche und Pflanzen in Ihrer Nähe zu studieren, auch wenn diese nicht im Baum-Ogham erscheinen. Beachten Sie, dass das Baum-Ogham nur eines von über 100 verschiedenen Grund-Oghams ist. Es gibt also keinen Grund, warum Sie nicht ein eigenes System entwerfen sollten, das auf etwas basiert, was nie zuvor durch eine Ogham-Kerbe festgehalten wurde. Ich würde jedoch sehr dazu raten, dass Sie vor dem Sprung in diese aufregende Welt der freien Experimente auf allen drei Ebenen einen festen Zugang zu den Zweigen und Stämmen jener Bäume aus dem Baum-Ogham bekommen. Bevor ein Baum wachsen kann, muss er Wurzeln schlagen, die ihn sicher in der Erde verankern. Dies ist die Lektion für Sie. Halten Sie die Mächte und Energien dieser Welt gut im Griff, ehe Sie in neue, unbekannte Gebiete aufbrechen. Vielleicht finden Sie auch, dass die zwanzig Bäume des Baum-Ogham Ihnen bereits mehr als genug Aufgaben für ein Leben stellen. Wenn dies der Fall ist, dann soll es so sein. Hören Sie auf Ihre Intuition und folgen Sie deren kluger und solider Führung.

Danksagung

Dieses Buch ist in einem langen, schwierigen Prozess entstanden und war keine einfache Aufgabe für mich. Ich möchte all denen meinen Dank aussprechen, die mir dabei geholfen haben, die mich ermutigt und angespornt haben, wenn ich nicht mehr weiterkam. Besonders möchte ich allen meinen guten Freunden in Eamhain Abhlach danken – vor allem Nikkii, der mit seinen gelungenen Illustrationen dafür gesorgt hat, dass die Bäume in diesem Buch wirklich zum Leben erwachen. Großen Dank schulde ich auch der Irish Texts Society für die Erlaubnis, Zitate aus den exzellenten Übersetzungen der irischen Legenden zu entnehmen.

Doch mein größter Dank und meine Liebe gebühren meiner wunderbaren Helen, die meine beständige Inspiration, eine verständnisvolle und liebe Freundin und gute Partnerin ist.

Anhang

Wahrsagen mit den Ogham-Stäben

Das Wahrsagen mit den Ogham-Stäben funktioniert am besten mit Fragen zur magischen Arbeit. Ich habe die Stäbe bei Fragen zum weltlichen Leben für nicht sehr hilfreich gehalten. Der Begriff Wahrsagen ist hier vielleicht nicht ganz richtig. Die Ogham-Stäbe definieren nicht die Zukunft, aber sie helfen vielleicht dabei, Situationen in ihrer ganzen Komplexität zu erkennen. Denn das ist es, was meist notwendig ist, um über die eigenen künftigen Handlungen zu entscheiden.

Es gibt keine richtige und keine falsche Methode bei der Verwendung der Ogham-Stäbe als Weissagungsinstrumente. Die einzige Empfehlung, die ich aussprechen kann, ist: Jedes System sollte auf einer zufälligen Auswahl der Stäbe basieren. Dies kann geschehen, indem Sie diese in die Luft werfen und dann interpretieren, wie sie gefallen sind. Sie können die Wichtigkeit eines Stabs dann danach bestimmen, ob er oben oder unten liegt, bzw. die Reihenfolge der Stäbe von oben nach unten als Anweisung interpretieren. Eine weitere Möglichkeit besteht darin, die Stäbe in einen Sack zu stecken und einzeln nacheinander – zufällig und blind ausgewählt – herauszuziehen. Auch dadurch erhalten Sie eine Reihenfolge der Wichtigkeit und eine relative Position der Bäume zueinander.

Wenn Sie die Stäbe dazu verwenden, Fragen zu beantworten, die von jemand anderem gestellt wurden, können Sie die betreffende Person darum bitten, eine Liste mit den Zahlen eins bis zwanzig in beliebiger Reihenfolge zu erstellen. Dann ordnen Sie die Ogham-Stäbe den Zahlen in der Liste zu, entsprechend ihrer

Position im Baum-Ogham. Sie können die betreffende Person auch bitten, so viele Baumnamen wie möglich aufzuschreiben, und entnehmen dieser Liste dann alle Bäume, die zum Baum-Ogham gehören entsprechend ihrer Reihenfolge in der Liste.

Je vertrauter Sie mit den Ogham-Stäben werden, während Sie auf diese Weise mit ihnen arbeiten, desto mehr Bedeutung werden jene bekommen. Diese Bedeutung und jeder zugehörige Symbolismus werden dann sofort beim Anblick des Ogham-Stabes ersichtlich. Eigentlich kommt dieses Wissen aber aus Ihrem eigenen höheren Selbst und von Ihrem Führer aus der Anderswelt. Auf diese Weise agiert auch ein guter Tarotkartenleser. Er erlaubt dem Bild auf jeder Karte, die betreffende Symbolik auszulösen; dies ist allerdings nur möglich, wenn auch ein gewisses Maß an Intuition ins Spiel kommt.

Im Folgenden finden Sie eine einfache Liste von Bedeutungen für jeden Baum, sozusagen eine Art kurze Bezugnahme auf dessen Haupteigenschaften. Beachten Sie jedoch, dass sich diese Attribute je nach der Konstellation zu den anderen Bäumen auch ändern können. Hierbei sind Ihnen die Anmerkungen in Ihrem magischen Tagebuch sicher hilfreich.

Birke: Neuanfänge; Wechsel zu einer höheren Ebene; Selbstaufgabe für die Allgemeinheit; Hingabe an die Große Arbeit.

Eberesche: Magische Arbeit; konzentrierte innere Bemühung ist notwendig.

Erle: Vorwärtsgehen, um Feinden oder Schwierigkeiten entgegenzutreten; nach Stärke suchen, um Dinge anzupacken, die bisher vermieden wurden.

Weide: Neue Reisen; Kontakte zur Anderswelt; Vertrauen in das eigene Handeln, auch wenn es falsch oder zweifelhaft erscheint.

Esche: Unsicherheit; Langeweile oder Lethargie müssen durchbrochen werden; Änderung der Perspektiven ist notwendig; schwirige Zeit; besondere Anstrengung ist nötig.

Weißdorn: Unerfreuliche Zeiten stehen bevor; signalisiert letztlich Erfolg; Vollendung einer Sache.

Eiche: Höhere Mächte sind am Werk; Zeit für Erholung von einer Aktion; der eigene spirituelle Aspekt.

Stechpalme: Ersatz; die Dinge sind nicht, wie sie scheinen; eine mittlere Position zwischen zwei Gegensätzen; ein neuer Führer erscheint.

Haselstrauch: Tod; Veränderung; Weisheit.

Apfelbaum: Erwachen von Anderswelt-Sinnen; die momentane Arbeit ist geschützt; die spirituelle Arbeit trägt Früchte.

Weinstock: Verborgene Kenntnisse; Besiegen der Gegner durch Stärke aus der Anderswelt; Inspiration.

Efeu: Warnungen; zweimal über das eigene Handeln nachdenken; Beschränkungen.

Ginster: Unvollständigkeit; weitere Arbeit ist notwendig, um das Projekt abzuschließen; Zeit, das wegzuwischen, was nicht mehr gebraucht wird oder abgelaufen ist; aus vergangenen Fehlern lernen.

Schwarzdorn: Seien Sie auf einen Übergang vorbereitet; Vorbereitung auf das Ende einer Angelegenheit; plötzliche Änderung; Tod.

Holunder: Sehen Sie der Wahrheit ins Gesicht; Zeit für Selbstprüfung und Ehrlichkeit.

Föhre: Beobachten Sie, wie Sie selbst in Beziehungen passen, großes Spektrum an Erfahrungen; neue Verwirklichungen bahnen sich selbst ihren Weg.

Stechginster: Zeit zum Töten; Widerstand ist zu spüren; versuchen Sie zu erkennen, was aus den unmittelbaren Schwierigkeiten geboren wird.

Heidekraut: Verantwortlichkeit; Zeit, ihre Handlungen zu prüfen – sind Sie sich der Konsequenzen sicher? neues Leben; ein Baby.

Espe: Geistige Errungenschaften; großer Erfolg; hüten Sie sich davor, zu selbstsicher zu werden; Schutz.

Eibe: Liebe. (Dieser Ogham-Stab kann auch bedeuten, dass Sie die anderen Stäbe auf einer höheren Ebene betrachten sollten, oder – wenn sich das richtig anfühlt – ziehen Sie alle noch einmal neu.)

Über den Autor

Steve Blamires wurde 1955 in Ayr, Schottland, geboren und lebt zurzeit in Alaska. Im Alter von 19 Jahren begann er seine Studien mit Gareth Knight und der legendären *Company of Hawkwood*. Nach zwölfjährigem Studium der westlichen mythologischen Traditionen konzentrierte sich sein Interesse zunehmend auf seine keltischen Ursprünge. Seitdem befasst er sich mit den verschiedensten Facetten dieser alten Tradition und versucht, diese zu entschlüsseln.

1986 gründete Steve Blamires die *Celtic Research and Folklore Society* (CRFS), um andere auf dem keltischen Weg zu unterstützen. In Großbritannien und den Vereinigten Staaten hat er in verschiedenen Zeitschriften Artikel veröffentlicht und gibt das CRFS-Journal *Seanchas* heraus. Ferner führt er für andere Autoren oder Gruppen Forschungen durch. Er hält in ganz Großbritannien und den USA Vorträge über die geistige und magische Welt der Kelten und führt die alte Tradition des Geschichtenerzählens fort. In Chicago vertritt Steve Blamires im Rat für ein Parlament der Weltreligionen die Interessen der ortsansässigen Kelten. Erst kürzlich arbeitete er mit tibetischen buddhistischen Mönchen zusammen, um die Insel Holy in Schottland zu einem geistigen Hort für Menschen verschiedensten Glaubens zu machen.

Glossar

Anderswelt
Kein physisches Reich, das sich mit dieser Welt überlagert und mit den normalen Sinnen nicht zu erkennen ist. Die Welt der Gottheiten und der nicht-menschlichen Wesen, die in unserem Universum leben. Heute wird die Anderswelt meist als »innere Welten« bezeichnet.

Aonghus
Irisch-keltischer Gott der Liebe, mit dem Charakter eines Schauspielers.

Baumkalender
Ein Kalender, der sich am Baum-Alphabet orientiert und jedem Monat des Jahres einen Baum zuordnet. Relativ moderne Erfindung.

Baum-Ogham
Eines der vielen Alphabete des Ogham, das besonders mit den Bäumen in Verbindung gebracht wird.

Bealtaine
Eines der vier wichtigsten Feste der irischen Kelten. Dieses Fest kündigte den Sommeranfang an und wurde zu Beginn der Wachstumszeit begangen. Heute ist dieser Festtag identisch mit dem 1. Mai.

Beithe Luis Nion
Der altirische Name für das Baum-Alphabet, ähnlich dem ABC, auf das wir heute mit unserer Schrift Bezug nehmen.

Bobel-Loth-Alphabet
Ein Alphabet, das soweit wir wissen, nicht benutzt wurde und aus den Namen von mythischen Lehrern und Gelehrten besteht.

Brighid
Irisch-keltische Göttin, die mit der Schmiedekunst, der Heilkunst und der Dichtkunst in Verbindung stand. Auch heute noch eine populäre Figur in Irland und Westschottland.

Cath
Eine Schlacht, und eine der wichtigsten Erzählarten. Wir wissen von etwa zwanzig Schlacht-Erzählungen; die bekanntesten sind *Cath maige Tured*, die Schlacht von Moytura und *Cath Maige Mucrime*, die Schlacht von Moy Mucrame.

Coracle
Schmales Boot aus Holz, das meist mit Leder bezogen war und von den Kelten in Schottland, Irland und Wales verwendet wurde.

Druide
Mitglied der wichtigsten Kaste im keltischen Irland, die es in allen keltischen Gesellschaften gab. Diese waren nicht die Hüter der keltischen Religion, wie meist angenommen wird, sondern eher Gesetzgeber, Ratgeber und Praktiker der Magie. In Irland gab es auch Druidinnen.

Feda
Altirisches Wort mit der Bedeutung »Buchstaben«, besonders der Buchstaben im Ogham-Alphabet.

Fianna
Altirisches Wort für »Krieger«. Heute wird es verwendet, um eine mythische Gruppe raubender keltischer Krieger zu bezeichnen, die als eine Art Polizei operierten. Sie unterstanden ihrem Anführer Fionn mac Cumhaill. Die Fianna patrouillierten sowohl in Irland als auch in Westschottland.

Findias
Eine der vier Städte in der Anderswelt, in denen die Tuatha De Danann ihre Ausbildung in Magie erhielten, ehe sie in Irland ankamen. Nuadhus Schwert stammte aus dieser Stadt.

Fionn
Altirisches Wort, das »weiß« bedeutet und seine Wurzeln im alten Wort für »Wissen« hat. Fionn mac Cumhaill war der Anführer der Fianna, und der Hauptteil der Erzählungen des Fianna-Zyklus handelt überwiegend von Fionn und den Fianna.

Flesc
Altirisches Wort, das dazu verwendet wurde, die eigentlichen Einkerbungen in den Steinen, in Holz usw. im Ogham-Alphabet zu benennen.

Formorier
Ein mysteriöses Volk nicht-menschlicher Gestalten, das in Irland siedelte, ehe es von den Tuatha De Danann vertrieben wurde. Meist werden sie als gefährlich und böse beschrieben.

Forfeda
Ergänzende Zeichen des Ogham-Alphabets, die den ursprünglich 20 Zeichen später hinzugefügt wurden.

Führer
Allgemeine Beschreibung für eine Person oder Sache aus der Anderswelt, die auf Reisen in die Anderswelt erscheint und Unterstützung anbietet. Einige Führer erscheinen regelmäßig, andere erscheinen eventuell nur bei einer bestimmten Arbeitssitzung und dann nie wieder. Sie sollten immer mit Respekt und Höflichkeit behandelt werden. Bedanken Sie sich anschließend für ihre Hilfe.

Geis
Plural: Geasa. Ein Verbot oder Tabu, das jemandem auferlegt wurde, meist dem Hohen König. Der Geis legte fest, was er oder sie tun durfte oder nicht. Ein wichtiger Teil in vielen Legenden und

auch im wirklichen Leben der normalen Kelten. Einige Geasa standen mit Totemtieren in Zusammenhang, einige mit bestimmten Aspekten der Gastfreundschaft, einige mit Reisen und Fahrten. Was auch immer der Geis besagte, sollte eine Person diesen wissentlich oder unwissentlich brechen, dann würde ein bestimmtes Geschick darauf folgen.

Geflecht
Flechtwerk von ineinander verwobenen Stöcken und Zweigen, das für die Herstellung von Wänden und Unterteilungen benutzt wurde.

Gorias
Eine der vier Städte in der Anderswelt, in denen die Tuatha De Danann ihre Ausbildung in Magie erhielten, ehe sie in Irland ankamen. Aus Gorias stammte der Speer von Lugh.

Großes Jahr
Eine Periode von etwa 19 Jahren, in welcher der Mond einmal seinen kompletten Zyklus um die Erde macht, ehe er wieder am selben Punkt des Horizonts aufgeht.

Grüne Welt
Ein Äquivalent für den gebräuchlicheren Begriff »Welt der Natur«, einschließlich des mineralischen Reiches, der Pflanzen und der Tierwelt. Ein sehr wichtiger, aber häufig vernachlässigter Aspekt der irisch-keltischen Tradition der Magie.

Grimoires
Mittelalterlicher Name für magische Textbücher. Stammt von einer Abwandlung des Begriffs für »Grammatik«.

Intarsien
Einlegearbeiten aus Holz, um kreative Designs zu erschaffen.

Kelten/Keltisch
Ursprünglich besiedelten die Kelten große Bereiche in Europa und in manchen Teilen Asiens, aber in diesem Buch werden nur jene

Menschen und Praktiken erläutert, die im alten und modernen Irland und Westschottland zu finden waren.

Kenning
Ein Wort oder ein Satz, der von Druiden, Barden und Dichtern dazu verwendet wird, Menschen, Orte oder Dinge in einer sehr symbolischen Sprache zu beschreiben. (Zum Beispiel ist »die Ebene von Tethra« ein Kenning für den Ozean. »Das Vieh auf der Ebene von Tethra« ist ein Kenning für Fisch und »der Mann, der das Vieh auf der Ebene von Thetra hütet« ist ein Kenning für Fischer).

Klage
Praxis, laut zu jammern und zu schreien, um den Tod von jemandem zu beklagen. Sie soll von Brigid erfunden worden sein.

Lia Fail
Der Stein des Schicksals, der aus der Stadt Falias in der Anderswelt auf diese Welt gebracht wurde und bei Tara stand. Seine Funktion war es, den wirklichen Hohen König von Irland zu erkennen. Dies geschah, indem der Kandidat seinen Fuß auf den Stein setzte, und wenn der Stein dann laut aufschrie, war der richtige gefunden. Der Stein, der heute bei Tara steht, ist vermutlich nicht das Original.

Magisches Tagebuch
Ein persönliches Begleitbuch, in dem Sie Details aus Reisen in die Anderswelt oder über durchgeführte Rituale bei Ihrer praktischen Arbeit aufzeichnen sollten. Wenn Sie dieses Tagebuch genau führen, werden Sie in der Lage sein, Ihre Entwicklung zu beurteilen und in den folgenden Jahren viel lernen. Das Tagebuch kann auch dazu verwendet werden, Zufälle aufzuschreiben, die Ihnen im täglichen Leben widerfahren, oder Gedanken, Realisierungen oder Ideen, die Ihnen bei Tag oder Nacht widerfahren. Dies kann später einmal von großer Bedeutung sein.

Magische Waffen
Es gibt zwei Sätze von magischen Waffen: die größeren Waffen, zu denen Speer, Schwert, Kessel und Schild gehören, und die kleine-

ren Waffen, zu denen Zauberstab, Messer, Kelch und Stein zählen. Dies sind die wichtigsten Instrumente, mit denen sich alle rituellen Arbeiten ausführen lassen.
Die größeren Waffen werden in großen Gruppenarbeiten benutzt, die kleineren für kleine Gruppen oder persönliche Arbeiten drinnen und draußen.

Morainn
Oberster Richter und wichtiger Druide des Ulsterzyklus.

Murias
Eine der vier Städte in der Anderswelt, in denen die Tuatha De Danann ihre Ausbildung in Magie erhielten, ehe sie in Irland ankamen. Der immer volle Kessel von Dagda stammt aus dieser Stadt.

Ogham
Alte Schrift, die aus verschiedenen Einkerbungen besteht, die am Rand von aufrecht stehenden Steinen angebracht wurden. Obwohl die Schrift traditionsgemäß häufig mit der Magie in Zusammenhang gebracht wird, enthalten die einzig authentischen Ogham-Inschriften ausschließlich Widmungen an tote Krieger. Die Schrift soll vom Gott Oghma, dem Gott der Beredsamkeit, erfunden worden sein. Das Original-Ogham ist eventuell eine sehr formalisierte Form von Fragen und Antworten gewesen. Das Ogham steht mit dem Baum-Alphabet in Zusammenhang.

Ogham-Stäbe
Kurze Stäbe aus verschiedenen Holzarten, in die der entsprechende Ogham-Buchstabe eingeritzt oder aufgemalt ist. Die Stäbe werden für Rituale oder Wahrsagungen benötigt.

Oghma
Irisch-keltischer Gott der Stärke und Beredsamkeit.

Ogmios
Gälisch-keltischer Gott der Stärke und Beredsamkeit.

Pikten
Altes keltisches Volk, das einst den Nordosten von Schottland und vermutlich auch Teile Irlands besiedelte. Die Pikten sind mit nur wenigen historischen Hinterlassenschaften verschwunden. Zu ihren Hinterlassenschaften gehören die großen Ogham-Steine.

Piktisch
Zu den Pikten gehörend.

Runen
Ein altes Alphabet, das von germanischen, teutonischen und skandinavischen Völkern verwendet wurde.

Samhain
Einer der vier großen Festtage der Kelten. Er signalisiert das Ende des Sommers und den Anfang des neuen Jahres. Eine sehr magische Zeit. Heute standardisiert auf den 31. Oktober und 1. November festgelegt, im englischsprachigen Raum als Halloween gefeiert. Ein Fest für die Toten und eine Zeit für viel Magie, die im kommenden Jahr praktiziert wird.

Satire
Ein kurzes Gedicht, das die Fehler einer Person oder deren schlechte Charaktereigenschaften hervorhebt. Es dient dazu, die Person so zu beschämen, dass sich diese ändert.

Sid
Singularform von Sidhe.

Sidhe
Allumfassender Begriff, der sich ursprünglich auf die unterirdischen Behausungen des Feenvolks bezog, aber mittlerweile verwendet wird, um die Feen oder nicht-menschlichen Bewohner der Anderswelt selbst zu bezeichnen.

Taebomnai
Die Konsonanten des Ogham-Alphabets.

Tain
Plündernde Expedition, meist in Form eines Viehraubs. Eine der wichtigsten Erzählformen. Wir kennen die Namen von mindestens vierzehn dieser Raubzüge. Der bekannteste ist der große *Tain Bo Cuailnge*, der Viehraub von Cooley.

Tara
Sitz des Hohen Königs, wo der Stein Lia Fail stand. Auch unter dem Namen Teamhair bekannt. Spirituelles Zentrum Irlands.

Tarot-Karten
Altes Kartenspiel, das aus einer Gruppe von 22 Bildkarten plus vier Sätzen zu je 14 Karten besteht, ähnlich den modernen Kartenspielen. Heute überwiegend zu Zwecken der Wahrsagung verwendet.

Tuatha de Danann
Volk der Göttin Danu – ein Geschlecht der Götter und Göttinnen, die im Grunde das gesamte irische und schottische keltische Pantheon darstellen.

Ulsterzyklus
Eine Hauptgeschichte um König Conchobhar mac Neasa und seine Ritter vom Roten Zweig, die sich bei Eamhain Mhacha in Ulster niedergelassen hatten – daher der Name dieses Mythenzyklus.

Wort-Ogham
Abfolge von Kennings, die zur Beschreibung eines jeden Buchstaben im Ogham-Alphabet dienen.

Bibliographie

Zum Thema »Kelten«

Bellingham, D.: *An Introduction to Celtic Mythologie.* London: The Apple Press, 1990
Berresford Ellis, P.: *A Dictionary of Irish Mythology.* London: Constable, 1987
Blamires, S.: *The Irish Celtic Magical Tradition.* London: The Aquarien Press, 1992
-----: *Glamoury: Magic of the Celtic Green World.* St Paul: Llewellyn, 1995
Book of Leinster Tain. Dublin: Irish Texts Society, 1969
Buile Suibhne Geilt. Dublin: Irish Texts Society, 1913
Caldecott, M.: *Frauen in keltischen Mythen.* Saarbrücken: Neue Erde/Lentz, 2000
Campbell, J. F.: *Popular Tales of the West Highlands.* 4 Bände, Aldershot: Wildwood House, 1983
Carmichael, A.: *Carmina Gadelica.* Edinburgh: Floris Books, 1992
Carr-Gomm, P.: *The Elements of the Druid Tradition.* Shaftesbury: Element Books, 1991
-----: *Der Weg des Druiden.* Kreuzlingen/München: Hugendubel Verlag, 1998
-----: *Das keltische Tierorakel.* Braunschweig: Aurum, 1998
Cath Maige Mucraime. Dublin: Irish Texts Society, 1975
Cath Maige Tuired. Dublin: Irish Texts Society, 1983
Chadwick, N.: *The Celts.* London: Pelican, 1971
Cross, T.P. & C.H. Slover: *Ancient Irish Tales.* Dublin: Figgis, 1936
Cunliffe, B.: *Die Kelten und ihre Geschichte.* Bergisch-Gladbach: Lübbe Verlag, 1992
Delaney, F.: *The Celts.* London: BBC Publications, 1986

-----: *Legends of the Celts.* London: Hodder & Stoughton, 1989
Dillon, M.: *Cycles of the Irish Kings.* Oxford: Oxford University Press, 1946
-----: *Irish Sagas.* Dublin: Mercier, 1985
Dillon, M. & N. Chadwick: *The Celtic Realms.* London: Wiedenfield & Nicolson, 1967
Duanaire Finn. 3 Bände. Dublin: Irish Texts Society, 1908, 1933, 1954
Fled Bricrend. Dublin: Irish Texts Society, 1899
Forman, W. & V. Kruta: *The Celts of the West.* London: Orbis, 1985
Gantz, J.: *Early Irish Myths & Sagas.* London: Penguin, 1981
Gregory, Lady Augusta. *Cuchulainn of Muirthemne.* Gerrerds Cross: Smythe, 1984
-----: *Gods & Fighting Men.* Gerrards Cross: Smythe, 1979
Harbison, P.: *Pre-Christian Ireland.* London: Thames & Hudson, 1988
Hull, E.: *The Cuchulainn Saga.* London: George G. Harrap, 1911
Jackson, K.: *A Celtic Miscellany.* London: RKP, 1951
Joyce, P.W.: *Old Celtic Romances.* London: Kegan Paul, 1879
-----: *A Social History of Ancient Ireland.* Harlow: Longmans, 1903
Keating, G.: *The History of Ireland.* 4 Bände. Dublin: Irish Texts Society, 1902, 1908, 1914
Kendrick, T.D.: *The Druids.* Banton Press, 1990
Kinsella, T.: *The Tain.* Oxford: Oxford University Press, 1986
Kruta, V.: *Die Kelten. Aufstieg und Niedergang einer Kultur.* Freiburg: Herder Verlag, 2000
Lebor Gabala Ereen. 5 Bände. Dublin: Irish Texts Society, 1938–56
Lebor Na Cert. Dublin: Irish Texts Society, 1962
MacCana, P.: *Celtic Mythology.* London: Hamlyn, 1975
-----: *The Learned Tales of Medieval Ireland.* Dublin: Dublin Institute for Advanced Studies, 1980
Macleod, F.: *The Collected Works.* 7 Bände. London: Heinnemann, 1910
Matthews, C.: *The Elements of the Celtic Tradition.* Shaftesbury: Element Books, 1989
-----: *The Celtic Book of the Dead.* London: St. Martins Press, 1910
Matthews, C. & J.: *Der westliche Weg.* Reinbek: Rowohlt 1999

Matthews, J.: *The Grail: Quest for Eternal Life.* London: Thames & Hudson, 1988
-----: *The Elements of the Arthurian Tradition.* Shaftesbury: Element Books, 1989
-----: *Keltischer Schamanismus.* Kreuzlingen/München: Diederichs, 1998
-----: *A Celtic Reader.* London: The Aquarian Press, 1990
-----: *Fionn MacCumhaill.* Dorset: Firebird Books, 1988
Matthews, J. & C.: *The Aquarian Guide to British and Irish Mythology.* London: The Aquarian Press, 1988
Meyer, Kuno: *Death Tales of the Ulster Heroes.* Dublin: Hodges, 1906
-----: *The Voyage of Bran Son of Febal.* Dublin: Nutt, 1895
Neeson, E.: *1st Book of Irish Myths & Legends.* Dublin: Mercier, 1981
-----: *2nd Book of Irish Myths & Legends.* Dublin: Mercier, 1982
Nichols, R.: *Das magische Wissen der Druiden.* München: Wilhelm Heyne Verlag, 1998
O'Grady, S.H.: *Silva Gadelica.* 2 Bände. Dublin: Williams & Norgate, 1892
O'hOgain, D.: *Myth, Legend & Romance.* New York: Ryan, 1991
O'Rahilly, T.F.: *Early Irish History & Mythology.* Dublin: Dublin Institute for Advanced Studies, 1946
Powell, T.: *The Celts.* London: Thames & Hudson, 1983
Rees, A. & B.: *Celtic Heritage.* London: Thames & Hudson, 1974
Rhys, J.: *The Hibbert Lectures.* Dublin: Williams & Norgate, 1888
Rolleston, T.W.: *Celtic Myths & Legends.* London: Bracken Books, 1985
Ross, A.: *Pagan Celtic Britain.* London: RKP, 1967
-----: *The Life & Death of a Druid Prince.* London: Rider, 1989
Rutherford, W.: *The Druids.* London: The Aquarian Press, 1983
Sharkey, J.: *Celtic Mysteries.* London: Thames & Hudson, 1975
Smyth, D.: *A Guid to Irish Mythology.* Dublin: Irish Academic Press, 1988
Spence, L.: *History & Origins of Druidism.* London: The Aquarian Press, 1971
-----: *Magic Arts in Celtic Goddesses.* London: The Aquarian Press, 1970

Squire, C.: *Celtic Myth & Legend.* Henely-on Thames: Gresham, 1905
Stewart, R. J.: *Celtic Gods Celtic Goddesses.* London: Blandford, 1990
-----: *Cuchulainn.* Dorset: Firebird Books, 1988
-----: *The Underworld Initiation.* London: The Aquarian Press, 1988
-----: *Living Magical Arts.* London: Blandford Press, 1987
-----: *Advanced Magical Arts.* Shaftesbury: Element Books, 1988
Toraidheacht Dhiarmada Agus Ghrainne. Dublin: Irish Texts Society, 1967
Williamson, R.: *The Craneskin Bag.* Edinburgh: Canongate, 1989
Young, E.: *Keltische Mythologie.* Stuttgart: J. Mellinger Verlag, 1985.

Zum Thema »Ogham und Baumalphabet«

Brash, R. B.: *The Ogam Inscribed Monuments of the Gaedhil.* Dublin, 1879
Calder, G.: *Auraicept na nEces.* Edinburgh: Long, 1917
Diack, F. C.: *The Origin of the Ogam Alphabet.* Edinburgh: Scottish Gaelic Studies, Band 3, 1931
Diringer, D.: *The Alphabet, the Key to the History of Mankind.* London, 1968
Elliott, R. W. V.: *Runes, an Introduction.* London: RKP, 1980
Fell, B.: *American B. C.* New York: Pocket Books, 1989
Jackson, K. H.: *Language & History in Early Britain.* London: RKP, 1953
Macalister, R. A. S.: *The Secret Languages of Ireland.* Dublin: Mercier, 1937
McManus, D. A.: *A Guid to Ogam.* Maynooth: Maynooth Studies Series, 1991
Wainwright, F. T., Hrsg.: *The Problem of the Picts.* London: Penguin, 1980

Diskographie

Viele traditionelle und zeitgenössische irische und schottische Sänger und Gruppen stehen nicht bei großen Plattenfirmen unter Vertrag, weshalb kein weltweiter Vertrieb ihrer Aufnahmen möglich ist. Vermutlich haben Leser, die sich außerhalb dieser Länder befinden, deshalb Probleme, diese Aufnahmen zu besorgen. Die meisten großen Musikläden besitzen aber eine Importabteilung, in der diese Aufnahmen vielleicht bestellt werden können.

Black Family (Frances, Martin, Mary, Michael und Shay). Irische Familie mit zwei Schwestern und drei Brüdern, die viele Alben zusammen, solo und in verschiedenen Kombinationen aufgenommen haben.

Capercaillie. Schottische Gruppe, die mehrere ausgezeichnete Alben sowohl auf Gälisch als auch auf Englisch herausgebracht hat.

Clannad. Irische Gruppe aus Schwestern und Brüdern, die viele Alben in Irisch und Englisch veröffentlicht hat.

The Iron Horse. Zeitgenössische schottische Gruppe mit einem einmaligen und sehr aufregenden Sound, sowohl auf der Bühne als auch im Studio.

Dougie MacLean. Schottischer Sänger und Texter, der einige schöne moderne Stücke geschrieben hat, die er selbst mit eindrucksvoller Stimme und gekonnter Gitarrenbegleitung oder auf der Geige vorträgt.

Christy Moore. Irischer Sänger und Texter, der bereits seit vielen Jahren tätig ist und eine tiefe Leidenschaft für sein Land und sein Volk vermittelt. Mein Geheimtipp.

The Old Blind Dogs. Zeitgenössische schottische Gruppe, die auf beiden Seiten des Atlantiks zahlreiche Anhänger hat. Großartige Live-Band.

Planxty. Irische Band, die sich leider aufgelöst hat. In ihren großen Tagen gehörten sie zu den einflussreichsten Bands aus Irland.

Runrig. Außergewöhnliche, moderne schottische Rockband, die sowohl Gälisch als auch Englisch singt, live und im Studio.

Alan Stivell. Bretonischer Harfenist und Sänger mit einer großen, internationalen Fangemeinde.

Sulis Music and Tapes. BCM Box 3721, London WC1N3XX. Produziert viele magische Musikaufnahmen auf sehr hohem Niveau.

The Tannahill Weavers. Einer der standhaften Vertreter in der traditionellen schottischen Musikszene – international bekannt.

The Whistlebinkies. Eine der wenigen Gruppen, die ausschließlich traditionelle schottische Musik auf traditionellen schottischen Instrumenten spielen. Die Band komponiert aber auch eigene zeitgenössische Stücke.

Robin Williamson. Produziert ausgezeichnete Erzählstücke, aber auch hervorragende Musik. Schreiben Sie direkt an Robin Williamson Productions, BCM 4797, London, WC1N 3XX, England oder P.O. Box 27522, Los Angeles, CA 90027, USA, wenn Sie einen kompletten Katalog wünschen.

Zeitschriften und Gesellschaften

Cambrian Medieval Celtic Studies, Department of Welsh, University of Wales, Aberystwyth, SY23 2AX, Wales.

Celtica (Journal der School of Celtic Studies), 10 Burlington Road, Dublin 4, Irland.

Dublin Institute for Advanced Studies, 10 Burlington Road, Dublin 4, Irland.

Eigse (Journal für irische Studien), National University of Ireland, 49 Merrion Square, Dublin 2, Ireland.

Emania (Journal der Navan Fort Research Group, Abteilung für Archäologie), Queen's University, Belfast, BT7 1NN, N. Irland.

Irish Texts Society, c/o The Royal Bank of Scotland, Drummonds Branch, 49 Charing Cross, Admiralty Arch, London SW1A 2DX, Great Britain.

Order of Bards, Ovates, and Druids, PO Box 1333, Lewes, E. Sussex, BN7 3ZG, Great Britain.

Pagan Life (Zeitschrift der irisch-heidnischen Bewegung), The Bridge House, Clonegal, Enniscorthy, Co. Wexford, Irland.

Pas Newsletter, Pictish Arts Society, School of Scottish Studies, 27 George Square, Edinburgh, EH8 9LD, Schottland.

Shadow (Journal der Traditional Cosmology Society), School of Scottish Studies, 27 George Square, Edinburgh, EH8 9LD, Schottland.

Register

Ahornbaum 151
Ailm 47, 180
Alphabet 47
Anderswelt 80, 141, 254
Aonghus 52, 254
Apfelbaum 48, 138, 225, 251
Apfelzweig 141
Arran 76, 143, 206
Artussage 143
Auraicept 44
Auraicept Na nEces 17
Avalon 143, 206

Balor 78, 133
Baum-Alphabete
   Buch von Ballymote 40
Baumkalender 34, 254
Baumkombinationen 213
Baum-Ogham 20, 39, 47, 254
Baum-Ritual 63
Bealtaine 254
Beithe 47, 67
Beithe Luis Nion 254
Bienen 52, 93, 221
Birke 48, 67, 201, 225 f., 238, 250
Blaubeere 68
Bobel-Loth-Alphabet 42, 255
Bolg 98
Bran mac Feabhail 26
Brigid 255
Buch von Ballymote 18, 48
Buch von Lecan 17
Buch von Leinster 17
Buche 151

Buchstabenkombinationen 45
Buile Suibhne Geilt 229

Cartan 77
Cath Maige Tuired 28, 255
Cernunnos 79
Coll 47, 131
Conchobar 85, 142
Coracle 255
cu 111
Cuchulain 25, 50, 78

Dagda 60, 73, 79
dair 119
DeLorean 109
dhriseog 236
Diarmaid 69, 80
Dindsenchas 77, 102
Donn 171
Dornbusch 217, 222
Druiden 17, 77, 255
Duanaire Finn 77
Duir 47, 115

Eadhadh 198
Eamhain Abhlach 143
Eberesche 48, 75, 88, 221, 226, 250
Edhadh 47
Efeu 48, 62, 154, 162, 218, 237, 251
Eibe 49, 204, 208, 225, 226, 232, 237, 252
Eiche 45, 48, 115, 126, 128 f., 167 f., 223, 226, 251

REGISTER   269

Erle 48, 84, 226, 250
Esche 48, 97, 226, 250
Espe 49, 198, 226, 252

Fahrendes Volk 161
Falias 258
Farben-Ogham 21
Farn 48
Feabhail 141
Fear Diadh 216
Fearn 47, 84
feda 16, 255
Fenius Farsaidh 39
Festungs-Ogham 22
Fianna 77, 208, 255
Findias 99, 256
Fiona Macleod 145
Fionn 256
Fionn mac Cumhaill 156
Fir Bolg 98
flesc 16, 256
Fluss-Ogham 21
Föhre 49, 180, 251
forfeda 45, 256
Formorier 133, 256
Fraoch 118
Friuch 140
Führer 256
Fuß-Ogham 24

Geflecht 257
Geheimschrift 17
Geis 256
Geißblatt 218, 225
Ginster 48, 160, 251
Goidel mac Etheoir 39
Goll mac Morna 117
Gorias 99, 257
Gort 47, 154
Grainne 69
Grimoires 257
Große magische Waffen 99
Großes Jahr 35 f., 257
Grüne Welt 161, 257
Grüner Mann 223

Hand-Ogham 24
Haselstrauch 48, 131, 221, 226, 251
Heidekraut 49, 62 f., 192, 252
Herne der Jäger 79
Hoher König 120
Holunder 48, 173, 226, 251
Huath 47, 108

Iar mac Nema 39
Idhadh 47, 204
Ido 49, 204
Intarsien 257
Iubhdan 216

Karma 171, 196
Kastanie 151
Kelch 122, 228, 259
Kelten 257
Kenning 101, 258
Kessel 99, 121, 258
Klage 258
Kleinere magische Waffen 60

Lachs der Weisheit 206
Lady Eimhear 30
Lailoken 141
Lays of Fionn 117, 119, 156, 169
Lebor Na Cert 117
Lebor Ogham 17
Leprechauns 216
Lia Fail 258
Lugh 78, 99, 103, 133
Luis 47, 75

Magische Hygiene 162
Magische Waffen 258
Magisches Tagebuch 258
Manannan 133
Medb von Connacht 25
Merlin 141
Messer 259
Morainn 259
Morainn mac Moin 49

Muin 47, 147
Murias 259

Nasen-Ogham 24
Newgrange 36
nGetal 47, 160
Nion 47, 97, 101
Nuadhu 99

Ogham 15, 259
Ogham-Schrift 11, 15
Ogham-Stäbe 60, 259
Oghma 259
Ogmios 27, 259
Onn 47, 187

Pikten 260
Piktisch 260

Queirt 47, 138

Reinkarnation 128
Rinder 79
Rot 168
Ruadan 101
Rucht 140
Ruis 47, 173
Runen 17, 260

Sadhbh 168
Sail 47, 90
Samhain 260
Scathach 200
Scham 48
Schamanen 141
Schild 85, 258
Schlacht von Moytura 29, 255
Schöpfungsmythos 197
Schwarzdorn 48, 166, 169, 220, 224 f., 235, 251
Schwert 87, 258
Searbhan Lochlannach 80
Sidhe 260
Speer 99, 258
Speermänner 98

Stechginster 49 f., 161, 187, 195, 222, 226, 232, 236, 252
Stechpalme 45 f., 48, 125, 168, 224, 226, 251
Stein 259
Straiph 47, 166
Streitwägen 126
Suibhne Geilt 141
Sünde 171
Sweeney 141, 229

taebomnai 16, 260
Tain 261
Tain Bo Cuailnge 25
Tain Bo Fraoch 79
Tainaiste 46
Tairngire 80
Taliesin 141
Tara 29, 261
Tarbh Fheis 77
Tarot-Karten 261
Testbaum 49
Tinne 47, 125
Tod 92, 128, 140, 168, 171
Toruigheacht Dhiarmada Agus Ghrainne 69
Tuatha De Danann 24, 261

Ulme 151
Ulsterzyklus 261
Ur 47, 192

Verfolgung von Diarmaid und Grainne 79
Vieh 79
Viehraub von Cooley 25, 79
Viehraub von Fraoch 79
Vogelbeere 75, 80
Vogel-Ogham 22

Waffen 258
Wahnsinn 229
Wahrsagen 249
Wasserkresse 235
Webschiff 101

Weide 48, 90, 102, 167, 221, 226, 250
Weinstock 48, 62, 147, 156, 251
Weißdorn 48, 108, 120, 224, 226, 232, 251
Wiedergeburt 92
Wort-Ogham 261
Wort-Ogham von Cuchulain 53
Wort-Ogham von Morainn 49, 54

Zauberstab 70, 259
Zeichen des Ogham-Alphabets 20